档案管理与信息统计

张鹤　石晓秀　闫景晖　著

辽海出版社

图书在版编目（CIP）数据

档案管理与信息统计 / 张鹤，石晓秀，闫景晖著. --沈阳 ：辽海出版社，2017.12

ISBN 978-7-5451-4538-0

Ⅰ．①档… Ⅱ．①张… ②石… ③闫… Ⅲ．①信息技术－应用－档案管理－研究 Ⅳ．①G270.7

中国版本图书馆 CIP 数据核字(2017)第 287159 号

责任编辑：丁　凡　高东妮

封面设计：瑞天书刊

责任印制：程　祥

责任校对：齐巧元

北方联合出版传媒（集团）股份有限公司

辽海出版社出版发行

（辽宁省沈阳市和平区11纬路25号沈阳市辽海出版社　邮政编码：110003）

廊坊市国彩印刷有限公司　　全国新华书店经销

开本：710mm×1000mm　　1/16　　印张：23　　字数：350 千字

2017 年 12 月第 1 版　　2022 年 8 月第 3 次印刷

定价：80.00 元

档案管理与信息统计
编委会成员

前　言

　　档案管理学是中国档案学的基本学科之一，是档案学的"基干体"，对于档案学而言，档案管理学的重要地位毋庸置疑。当然，经过广大档案学理论工作者和档案教育工作者的研究以及工作在档案管理第一线的实际工作者的共同努力，档案管理学取得了长足的发展，其研究所涉及的范围不断拓宽，档案管理学研究的内容逐步深化。取得成绩的同时，我们也应清醒地看到，档案管理学还存在着不少问题，需要细化、完善。

　　档案信息资源管理是相对于传统档案管理提出的一种全新的工作理念和方式。传统档案管理主要靠人工劳动，工作重心是档案实体的整理和保管，在提供利用上以档案信息供给为导向，实质上是人对物的管理。而档案信息资源管理则体现出人对档案管理认识的深化，将注意力从档案实体管理转向了档案内容的开发利用。对档案信息资源加以管理是传统档案管理的必然进步，是档案工作的发展趋势，需要从技术、管理、服务等多种角度对档案信息资源进行科学规划、整合、控制，确保档案信息资源的开发利用，有效满足社会对档案信息的需求。

　　本书共十六章，合计 35 万字。由山东省聊城市第三人民医院的张鹤担任第一主编，负责第九章至第十六章的内容，合计 12 万字。由来自安徽省金寨县梅山镇人民政府的石晓秀担任第二主编，负责第一章、第二章、第七章、第八章的内容，合计 10 万字。由来自冀中能源股份有限公司东庞矿的闫景晖担任第三主编，负责第四章至第六章的内容，合计 10 万字。由来自雅砻江流域水电开发有限公司的罗坤琴担任副主编，负责第三章的内容，合计 3 万字。由来自辽宁建筑职业学院图书馆的李建明担任第一编委，由来自华南理工大学的袁杰担任第二编委，由来自河北对外经贸职业学院的朱丽担任第三编委，都对本书的编写做出了贡献。

　　本书在编写过程中参考借鉴了一些专家学者研究成果和资料，在此特向他们表示感谢。由于编写时间仓促，编写水平有限，不足之处在所难免，恳请专家和广大读者提出宝贵意见，予以批评改正，以便改进。

目 录

第一章 现代档案管理工作概述

　　档案管理工作是档案部门直接对档案实体和档案信息进行管理并提供利用服务的各项业务工作的总称，也是国家档案事业最基本的组成部分。具体讲，即对于处理完毕并具有保存价值的各种文件实体及信息进行收集、整合、鉴定、保管、开发和提供利用的一系列业务活动。

　　在现代社会，档案不仅是各类单位在行政管理、产品研发、生产和销售、经营管理等活动中必然生成的原始记录，而且档案还是各单位管理创新、技术创新和提高竞争力的一种重要的智力资源。为此，档案管理就成为各单位一项必不可少的、具有较强专业性的管理工作。

第一节 档案的形成、分类和作用

　　档案是社会组织或个人在工作活动中采用书写、绘制、拍照、录音、录像等方式记载，并保存下来供查考的原始信息。档案的历史可谓源远流长。我国古代的档案，在各个朝代有着不同的称谓。商代称为"册"，周代叫作"中"，秦汉称作"典籍"，汉魏以后谓之"文书"、"文案"、"案牍"、"案卷"、"薄书"，清代以后多用"档案"，今统一称作"档案"。

　　根据考古证实，我国现存最古老的甲骨档案出现在公元前 14 世纪前后的殷商时期，至今已经存在了四千余年。千百年来，随着生产的发展和技术的进步，档案的载体由早期的龟甲兽骨、青铜器皿、竹简木牍、石料、缣帛等材料发展为纸张，近、现代以后又出现了以胶片、磁带、计算机磁盘、光盘等为载体的新型档案。与此同时，档案形成者的范围不断扩大，从以官方机构为主要形成者，发展到各类企业、学校、医院、社团，以至于家庭或个人都形成档案；档案的内容从主要记载国家事务，逐渐扩展为大量记载各种社会生产、生活和自然现象，档案因此成为一种全面记录和反映国家和社会历史发展状况的宝贵的信息资源。

一、档案的形成

（一）档案的定义

中国档案学界从 20 世纪 50 年代起，就一直在不断地探讨档案的定义，直到 1987 年 9 月 5 日公布、1988 年 1 月 1 日实施的《中华人民共和国档案法》诞生，才对档案的定义有了一个比较一致的认识基础。档案是指过去和现在的国家机构、社会组织以及个人从事政治、军事、经济、科学、技术、文化、宗教等活动直接形成的对国家和社会有保存价值的各种文字、图表、声像等不同形式的历史记录。所谓历史记录，是指首次生成并以一定方式记录在某种载体上的信息。它包括行政文件、经济文书、科研设计材料、手稿、日记、书信、家谱、照片、录音、录像、数字化信息等。比如：单位在行政管理工作中形成并保留下来的决定、会议记录，在生产活动中形成并保存下来的生产计划、产品设计图纸，在商务活动中形成的客户信息记录、销售情况记录，在员工聘任和考核中形成并保存下来的表格，在财务管理中形成的会计凭证、报表，等等。

（二）档案的渊源

1.档案形成者的类型

从形成者看来源，有三类：机构、组织、个人。即国家所有、集体所有、个人所有。档案形成者的类型非常广泛，就组织的角度而言，档案来源于依法成立并能以自己的名义行使权利和承担义务的各种组织，即"法人"，它包括各级党政机关，各种工商业、金融保险业、房地产业、信息产业、服务业的公司，各类教育、科研、卫生、文艺、体育、社会福利机构，还有学会、协会、商会等社会团体。档案在这些单位内是按照职责分工连续地、有规律地形成的。从个体的角度来说，档案来源于依法享有权利并承担义务的个人，即"自然人"，以及家庭、家族。在这个范围内，档案是围绕个人、家庭、家族的社会活动或家庭事务形成的。

2.档案与其形成者的关系

档案是其形成者在自身的活动中形成的，属于同一个形成者的档案之间存在着不可分割的密切联系。比如：一个企业进行管理、开展经营活动形成的工作制度、操作流程和规范、各种会议记录、各种合同和客户登记、产品生产或销售记录、产权证明、财务账目等，这些文件既是这个企业开展工作的工具，又记录了其活动的实际过程，能够全面、系统地反映这个企业的历史活动面貌，是一个有机的整体，因此，这些档案不能分散，应集中管理。

（三）档案的形成

档案是由文件有条件地转化而来的，这里的"文件"是指广义文件，即一切由文字、图表、声像等形式形成的各种材料。档案和文件是同一事物在不同价值阶段的不同形态，两者具有同源性和阶段性的共性，也具有实效、功用、离合等个性差异。从文件到档案是一个批判继承的辩证运动过程。从信息的内容和形式来说，两者完全相同；但从时效、价值和系统性上来说，档案是对文件的不断扬弃。首先是实效性批判，档案是已经办理完毕的文件；其次是价值批判，档案是办理完毕的文件中具有保存价值的部分；最后是系统性批判，档案是把分散状态的文件按一定逻辑规律整理而成的信息单元。因此，文件是档案的前身，档案是文件的归宿；文件是档案的基础，档案是文件的精华；文件是是档案的素材，档案是文件的组合。档案是单位或个人在现实工作中形成和使用的各种文件的转化物。由于单位和个人的社会职能、活动方式、沟通渠道不同，因此，其档案在形成过程上也存在一定的差异。个人、家庭或家族的档案以手稿、日记、书信、契约、账册、家谱、音像材料为主，一般在形成之后经过一定的整理，进行有序积累，就可以作为档案保存。而单位档案的形成过程比个人档案要复杂一些，它们一般都要经过一系列的工作程序之后才能形成。在这里我们以单位的档案为主描述和分析其形成过程。

1.处理完毕的文件才能成为档案

档案是从文件转化来的，档案与文件是同一个事物的不同运动阶段。文件是单位开展各项工作的办事工具和沟通媒介，具有时效性。而档案的主要作用是备考。所以，只有当文件处理完毕以后，不需要在单位的现行工作中运行了，才可以作为档案保存。

在这里，文件的"处理完毕"是指其完成了收文、发文等文书处理程序。需要指出的是：文件的处理完毕与文件内容所针对事务的办结并非完全同步。在实际工作中，一些文件内容的办结与文书处理程序的完结可以同步，比如《××机械设备公司关于开展青年职工技能大赛的通知》，这个技能大赛一结束，该通知的内容就办结了，其承办环节也结束了；而另一些文件在完成了文书处理程序之后，其内容仍然处于生效的状态，如法规类文件、政策性文件和契约类文件的内容往往在很长的时期内有效。那么，文件可以转化为档案的"节点"主要是指其完成了文书处理程序，而不是说文件完全丧失了现行效用。由此可见，文件处理完毕转化为档案之后，其中一部分丧失了现行效用。由此可见，文件处理完毕转化为档案之后，其中一部分丧失了现行效用，成为历史文件；另一部分则仍然具有法律上和行政上的效用，可作为现实工作的依据。

2.对日后工作活动具有一定查考利用价值的文件，才有必要作为档案保存

在现实工作活动中产生和使用的所有文件对人们今后的活动未必都具有查考利用价值，其中一部分文件在工作任务结束后，自身的利用价值随之完结，不需要继续保存，而另一部分文件则因为对今后的工作活动具有查考利用价值而被人们作为档案保留下来。因此，文件能否转化为档案需要人们通过鉴定来决定。文件的查考利用价值主要是指其在事实、证据、知识等方面对人们和社会的有用性。在文件像档案转化的过程中，查考利用价值是档案形成的关键因素和条件。因此，"有文必档"会导致档案质量的良莠不齐和管理资源的浪费；而不重视积累档案则会造成工作的被动和历史的空白。

3.经过立卷归档集中保存起来的文件，才最后成为档案

文件是伴随着单位完成各项工作任务的过程而逐渐生成的，这就使文件分散于各个承办部门或人员手中。文件的这种分散状态不符合档案管理与利用的要求。为此，人们需要将具有保存价值的文件集中起来，按照一定的规律对其进行系统化整理，并移交给档案部门，这就是立卷归档的文件才能转化成为档案。

由此可见，档案虽然是由文件转化来的，但是文件不能自动地成为档案，其间必须经过有关人员开展鉴定和立卷归档工作，才能使具有保存价值的文件最终转化成为档案。在这里，归档既是文件向档案转化的程序和条件，又是文件转化为档案的一般标志和界限。

从档案形成的过程看，档案与文件之间有着天然的密切联系，也有着明显的区别，具体表现为：文件是档案的前身，档案是文件的归宿；文件是档案的基础，档案是文件的精华；文件是档案的因素，档案是文件的组合。档案是由各种文件有条件地转化来的，这就是档案形成的一般规律。掌握档案的形成过程和条件，是我们正确地处理文书工作和档案工作之间的关系，科学地开展档案管理工作的前提。

（四）档案的外在形式

档案的外在形式是指其外貌特点。社会活动中原始信息记录方式的多样性决定了档案形式的多样性。

1.档案实体的构成要素

档案实体的构成要素包括档案的载体、档案信息的表达方式和档案信息的记录方式三个方面。

档案的载体是指承载档案信息的各种物质。我国从古至今使用过的档案载体材料有甲骨、青铜、石材、竹简木牍、缣帛、纸张、胶片、磁带、磁盘、光盘等；从发展进程来看，档案载体制造工艺中的科技含量越来越高，提及越来越小，越来越轻便，而它们所承载的信息量则越来越大。

档案信息的表达方式包括文字、图示、图像、声音四种类型，例如，行政文件多采用文字表达方式，产品设计文件多采用图示或图像的表达方式等。

档案信息的记录方式是指档案信息与档案载体结合的手段，包括刻铸、手写、印刷、晒制、摄影、录音、录像、录入、刻录等方式。

2.文件用途的表示方式

文件有不同的用途，文种名称则是文件用途的表示方式。时代不同，文件种类以及名称也各不相同。例如：我国封建时代的官方文件有制、诏、谕、题、奏、表等。而现代社会，各单位在行政管理中有章程、条例、命令、决定、意见、请示、报告、通知、通报、公告、计划、总结等；在生产活动中有设计方案、工艺图纸、数据库等；在经济活动中有市场分析报告、市场预测报告、产品营销策划书、广告文案、报表、账簿、合同等。

3.档案的版本

档案的版本是指文件从拟写到办理过程中所形成的不同稿本，如草稿、定稿、正本、试行本、副本等。在实际工作中，各单位都必须使用定稿、正本、试行本、修订本等经过正式程序制发的有效文本。当文件转化为档案之时，在版本上，第一，注重选择可靠程度最高的定稿、正本、试行本、修订本等版本；第二，一般只保留原稿、原本，不留存副本。所以，档案是以孤本为主，不像图书那样存在大量的副本。档案的版本特点给管理工作提出了更高的要求。

（五）档案的本质属性

1.社会性

档案是人们在社会活动中直接形成的，其内容是对社会活动的内容、过程及结论的原始记录，而非自然界的产物。因为自然界也存在着大量的对自然现象及其演变过程具有原始记录作用的东西，如动物化石、树的年轮、岩石、山川、河流、森林、沙漠等等。这些直观的东西对于人们进行自然科学研究不仅具有原始记录价值，而且是重要的凭据与基础。人们借助相应的理论和技术手段可对其进行研究，发现自然界演化的历史进程和规律，为保护、利用、开发自然资源奠定基础。但档案不是自然界形成的原始记录，而是人类在社会活动中形成的原始记录，其内容虽然会大量涉及自然界，但它毕竟是人类研究、开发、利用自然界的社会实践活动的产物，与自然界形成的原始记录不可混为一谈。

2.历史性

从时态上讲，档案是已经形成的而不是正在形成的或尚未形成的东西。也正因为如此，这种以往社会活动的原始记录，就可以把过去带到现在或者是未来，也就是所谓的"让历史告诉未来"，从而将过去、现在和将来联系在一起，维系人类社会的时空统一性与整体连续性。所以，人们一般由此将档案看作是一种历史文化遗产。当然，它不是人类历史文化遗产的全部，而是其中具有基础性支撑意义的重要部分。

3.确定性

档案内容信息具有清晰性和确定性。换句话说，档案所记录的内容是清清楚楚、明明白白的，而且这些清晰、确定的信息内容又是依附于一定的物质载体形式而存在的，二者缺一不可。这是档案区别于最为邻近的事物——文物的根本点。没有载体形式的原始性信息不能成为档案；没有清晰、确定的信息内容的原始记录物也不能成为档案。

4.原始记录性

档案是人们在社会活动中直接形成的原始性信息记录，对以往社会活动具有直接的原始记录作用。所以，学术界一般认为："原始记录性"是档案的本质特性之一，是档案区别于其他事物的本质规定性所在。但这一本质属性在现实中和许多复杂事物的本质特性一致，并不是表现得很固化，而是具有明显的相对性和动态性特点。因为事实上，并不是除了某种具体的信息物，其他都不是档案，而是许多信息物只要对于人们理解、考证以往的历史事实具有程度较高、最可信赖的原始作用，人们就会将其视为档案，并将其作为档案来保存、使用。这也是档案的实际存在形式广泛复杂、多种多样的根本原因。从信息理论和人类之所以保存、使用档案的心理根源及实际需求角度讲，档案实际上是人类追求信息的确定性和可靠性的产物，是社会实践必须有确定、可靠的信息支撑方能有效进行的现实需要的产物。

原始记录性是档案具有可靠的凭证作用的原因所在。因此，保持档案的原始记录性就成为档案管理与利用工作中的一项神圣职责。我们应该明确，无论何时何地，都不允许任何人改变档案的原始信息内容记录的状态；否则就会使档案失真，从而造成历史事实的扭曲。在我国，档案的原始记录性受到国家法律的保护。《中华人民共和国档案法》规定，对损毁、涂改、伪造档案等行为，根据情节轻重，给予行政处分，直至依法追究刑事责任。因此，各单位的工作人员以及每个公民必须依法保护档案的原始面貌，维护好历史真实性的源头。

二、档案的分类

档案的分类是指根据一定的标准，按照档案在来源、内容、时间、形式等方面的异同进行分门别类。我们可以从三个层面对档案进行分类。

（一）档案实体分类

以档案实体为对象，按照其形成特点和历史联系，逐级分为多种类别。档案实体指档案原件，档案实体分类是出于保管的需要而对档案原件进行的分类，分类的结果是构成档案的保管体系。档案实体分类包括如下两个范围。

1.全宗内档案的分类

全宗内档案的分类是对一个独立的单位或个人全部档案的分类，通过分类使该单位或个人的档案构成有机的联系，并能够显示出其历史活动的面貌。

2.档案馆档案的分类

档案馆集中了许多单位和个人的档案，为此，也需要实行分类管理。目前，我国的档案馆对全部馆藏档案一般是按照全宗群的原则，根据档案形成过程中历史的、工作系统的或载体形式的特点进行分类。

（二）档案信息分类

档案信息主要指档案所记述和反映的内容。档案信息分类就是对档案检索工具所存贮的信息类别进行区分与组织。它是根据社会实践活动的领域以及单位或个人的职能分工内容进行划分。因此，档案信息分类的结果是建立档案信息检索体系。

（三）档案种类的划分

与前两者的分类不同，档案种类的划分属于对档案进行概念上的分类。所针对的是我国的全部档案。由于认识的角度不同，所以，形成了多种档案种类的划分方法。

1.按照所有权划分

根据《中华人民共和国档案法》，我国的档案按照所有权分为国家所有的案、集体所有的案和个人所有的案三类。

2.国家所有档案的划分

我国档案行政管理机关从行政管理的角度对国家所有的档案进行划分。

首先，按照历史时期将国家所有的档案划分为中华人民共和国时期的档案和中华人民共和国成立以前的档案两个部分。其次，按照政权的性质将中华人民共和国成立以前的档案划分为革命政权档案（亦称革命历史档案）和旧政权档案两个部分。其中，中华人民国和国时期的档案是指 1949 年 10 月 1 日中华人民共和国成立以后形成的归国家所有的档案；革命政权档案是指 1919 年百四运动至 1949 年 10 月 1 日，由中国共产党及其所领导的军队、政权、企事业单位、社团等组织或个人所形成的归国家所有的档案；旧政权档案是指中华人民共和国成立之前，除了革命政权档案之外，历代没落的政权机关、军队、企事业单位、党团或个人形成的归国家所有的档案。

3.按照档案工作中通行的方法划分

在档案管理的实践中，档案工作者还将档案划分为：文书档案、科技档案、专业档案（也称专门档案）三种类型，并在档案界得到了普遍的认同。其中，文书档案主要指由各类单位在管理活动中形成和保存的各种行政或业务文件，如命令、请示、通告、计划、总结、合同、市场调查和预测报告、营销策划方案、客户记录等；科技档案主要指由企业或科研单位在生产和科研活动中形成和保存的科技文件材料，如图纸、科研成果报告等；专业档案则主要指除了文书档案和科技档案之外，所有在专业活动中形成的档案。

为了保证国家档案资源的完整,国家档案局在 2011 年 10 月和 11 月分两批发布了《国家基本专业档案目录》。国家档案局在关于印发《国家基本专业档案目录》的通知中指出:"凡列入本目录的专业档案,是满足各项事业和人民群众基本需求必须建立的档案种类。"该目录将我国的专业档案划分为:人事类、民生类、政务类、经济类和文化类五大门类,各门类下列出了具体的专业档案名称。比如:政务类档案包括人民检察院诉讼档案、人民法院诉讼档案、公安业务档案、公证档案等;经济类档案包括:会计档案、房屋产权登记档案、企业法人登记档案、审计档案、商标档案等。

4.按照档案的载体形态划分

按照档案的载体形态不同,可以将档案划分为甲骨档案、金石档案、简牍档案、缣帛档案、纸张档案、照片档案、录音档案、录像档案、计算机磁盘档案及光盘档案等。

三、档案的作用

档案的作用是指档案对人们的社会实践活动所产生的积极影响;同时,档案作用的发挥具有一定的规律性。了解这方面的知识对于我们做好档案工作具有重要的意义。

(一)档案的基本作用

1.机关工作的查考凭据

档案记录了各种机关、单位过去活动的状况,其中包括行使行政职权的法律依据,处理行政事务的过程与结果以及管理活动的经验,它是任何一人政府、任何一个机关单位连续工作必须查考的凭据。

自古以来,如《周礼》中即不乏执掌王命典法令则,"以考政事","以逆邦国都鄙官府之治"之类的记载。《现代档案——原则与技术》认为档案"是一个政府借以完成其工作的基本行政工具"。我们党和国家历来强调办事要实事求是,各种机关单价为了有效地实行管理,必须切实地掌握材料。

档案可以为党、政、军等机关、企事业等单位的领导工作和业务管理，提供证据和咨询资料，借以熟悉情况、总结经验、制订计划、进行决策、处理各种问题。否则，只靠记忆处理工作则有时无以为凭，或往往有失准确，对间隔日久的事务难免被人遗忘。

例如，许多机关在建立和健全工作制度、进行改革、落实各项政策和制订规则等各种活动中，大量地查考了档案，顺利地推动了工作。有的地方档案散失，"无案可查"，则给工作造成许多困难。事实证明，大至制定党和国家的方针政策，小至处理机关单位的具体事务，档案乃是行政管理的一种工具，充分发挥档案的作用有助于克服官僚主义，提高工作效率。

2.生产建设的参考依据

档案中记载了各种生产活动的情况、成果、经验和教训。从自然资源、生产手段到生产过程以及计划管理和生产技术等各方面的信息，可以作为工农业生产和经济管理的科学依据和参考材料。当今日益增多的科学技术档案，更是进行现代化生产管理和科学技术管理的重要条件。但是，无论普通档案，还是科学技术等专门档案，总的来说，都在不同程度上和不同的方面反映了经济活动的情况，都能为以经济建设为中心的现代化建设提供咨询研究、统计监督的情报信息，对制订经济计划，检查和总结生产情况，推广先进生产技术和管理经验以及防止灾害等等，都是重要的参考材料。

比如，有的地方为了切实规划和组织农业生产，查阅了几十年作物种植面积、单产、总产、水利设施、生产建设、气象雨量、管理措施、灾情记录，综合分析研究，制订了适合地区特点、扬长避短、发挥地区优势的生产计划，促进了大幅度的增产。有些地方，查阅历年档案，汇总分析，找出了本地区发生水旱冰雹灾害的规律和防止经验，据此采取相应措施，防止或减轻了灾害，从而促进了生产，获得了丰收。与此相反，有些地方因为没有档案可考，或"有案不查"，以致生产计划不当、管理混乱、重复劳动、返工浪费、甚至发生事故，给国家和人民造成很多损失。大量的实践证明，充分利用有关的档案，对加强经济管理，促进生产力发展，提高经济效益，具有直接的作用。

3.政治斗争的必要工具

档案中记载了社会、阶级、经济、政治、法律等各方面的状况，这些原始材料，历来都成为阶级统治和进行各种政治斗争的工具。在奴隶制和封建社会中，统治阶级把档案看作"插入鞘中的剑"，君主的"护卫"。民国时期的档案学著作中，也不断载有档案乃"政治之工具"方面的论述。我国现存的大量档案，记有国内外敌对势力在中国所进行的许多罪恶活动以及中国人民进行革命斗争的情况和有关的历史事实。

我们党和国家，一向重视利用档案，把它作为从事政治斗争的可靠根据和锐利武器。全国人民在粉碎林彪、"四人帮"帮派体系的斗争中，有关机关从档案里查取了充分的材料，揭露他们反革命的历史面貌和各种阴谋活动。同时，通过档案也查证了许多同志的历史情况，澄清了有关事实，纠正了冤、假、错案。在国际斗争中，档案也是维护我国主权、同霸权主义进行斗争的一种有力工具。今后，政治斗争还将在一定范围内长期存在，仍须正确发挥档案的政治作用。

4.科学研究的可靠资料

无论是自然科学，还是社会科学、思维科学的研究，都必须详细地占有材料，才能据以潜心钻研，探索事物发展的规律。档案可以从两方面为科学研究提供丰富的历史资料：一方面，专门进行科学研究的原始记录，可供现实的研究工作直接借鉴；另一方面，从记录的广泛事实和经验中，为各项研究活动提供大量的实验、观察和理论概括的基础材料。所以，档案是科学研究的必要条件。1956年，周恩来同志在《关于知识分子问题的报告》中指出："为了实现向科学进军的计划，我们必须为发展科学准备一切必要的条件。在这里，具有首要意义的是要使科学家得到必要的图书、档案资料、技术资料和其他工作条件。"我国水利、气象、地震等方面取得的某些科研成果，也是利用几百年来大量有关档案材料经过分析研究的结果。

马克思在撰写《资本论》巨著的过程中，曾大量收集、研究和利用过工厂视察员报告、皇家铁道委员会记录、证词以及其他各种文件中有关工作劳动、童工、工资、生活、居住条件等大批原始的档案材料，进行了创造性的理论概括和阐发。所以人们常常比喻说，它是从事科学研究不可缺少的"食粮"。

5.宣传教育的生动素材

档案之所以成为宣传教育的生动素材，是因为它以历史性、直观性和原始性等而见长。

6.档案能够以其内容、含义和外形特征如实地说明历史上的某些事实，作为证实国家、集体和个人正当利益的书面文件。

因为档案在反映社会各种具体活动的同时，也反映了当事者应有的合法权益，其中包括立法性质的文件，证明文件和相互交往的各种材料。例如法律、法规、协议、合同、名单、记录、报告与批件、书信、账本、单据、存根等等，这些原始材料有的规定了各种社会关系、经济关系和政治关系的组成，有的记载了有关事件的过程，各方面承担的权利和义务以及当事人具有的资历、待遇和荣誉。在这些方面发生疑问、争执或纠纷时，档案最能有力地说明权益的归属，成为权威性的法律证书，并有一定的物证作用。

长期以来，为了证实国家、机关单位和个人的合法权益，档案发挥了广泛的作用。许多单位和个人以档案为证据，解决了债务、产权和著作权等各种纠纷，证实了个人的学历、经历以及工资、福利待遇方面的诸多问题。

（二）档案发挥作用的规律

档案的作用是客观存在的，但是其实现的方向、程度和方式却因时空环境的不同而有所不同，并表现出一定的规律性。

1.档案作用从形成单位向社会扩展

档案对其形成单位和对社会的作用具有双重性和过渡性。档案对于形成单位的作用被称为"第一价值"，对于社会的作用被称为"第二价值"。在实践中，出于多种原因，档案的"第一价值"和"第二价值"往往不是在同一时间和空间范围内实现，而是由实现"第一价值"过渡到实现"第二价值"。

（1）档案"第一价值"的实现。

在档案形成以后的相当长的时期内，本单位需要较为频繁地查阅和利用档案，为解决工作问题服务。这时档案发挥作用的主要场所是单位的档案室。

档案对形成单位的作用，是促使形成单位积累档案的动力。档案对其形成单位的作用发挥得越充分，形成单位积累档案的积极性就越高。

（2）档案"第二价值"的实现。

档案的"第一价值"实现到一定的阶段，单位对于形成时间较长档案的现实利用需求逐渐减少，利用率年低甚至消失。这时，档案应该从"第一价值"向"第二价值"过渡，发挥其社会作用。档案在实现"第二价值"的时候，它的保管地点需要从形成单位的档案部门向国家设立的各级各类档案馆转移。

2.档案作用方向的多元化趋势

文件转化为档案以后，不仅从主要发挥现行效用转变为主要发挥历史查考作用，而且发挥作用的方向也会发生一些变化。原始文件的形成往往是出于行政或业务的单一目的或用途，比如：一个单位的员工名册是出于员工管理的需要形成的；一套修筑铁路工程的设计图纸是出于工程的需要形成的。但当它们成为档案后，发挥作用的方向则可能超越其形成的工作目的或用途，扩展到其他的领域。比如：员工名册、账册、房地产契据可以作为研究社会或经济问题的资料；修筑铁路的技术图纸可以作为边界谈判时维护国家领土完整的证据；领导讲话等文件可以成为宣传教育的素材等。

了解档案作用从形成单位向社会扩展的规律和作用方向的多元化趋势，有助于我们在对文件进行鉴定时全面地估价档案的价值，准确地为本单位和国家挑选和留存档案。

3.档案的机密程度逐渐递减

众所周知，一些现行文件具有孔密性。当文件转化为档案之后，为了维护国家、单位及个人的政治、经济利益，对具有机密性的档案仍需采取保密措施加以管理。所谓保密就是指档案准许利用的范围和利用程度，在这方面我们应该按照国家的有关规定执行。

同时，我们又应该看到，随着时间的推移和条件的变化，档案的机密性也会发生变化。一般来说，档案机密性的逐渐弱化是一个总的趋势，表现为档案机密性的强弱与档案保管时间的久暂成反比。档案管理者应该善于利用档案机密程度递减律，依法逐渐扩大档案的开放范围，广泛实现档案的价值。

4.档案作用的发挥取决于一定的条件

（1）社会环境。

社会环境包括社会制度、国家的法制情况和方针政策、社会的经济发展水平等，它们对于信息公开的程度、档案作用发挥的程度、方向等都有直接的影响。良好的社会环境能够使档案的作用得到充分的发挥。

（2）人们的档案意识。

档案意识是指人们对档案的认知水平。人们若具有较强的档案意识，就会引发利用档案的需求，从而使档案作用得以发挥；档案意识淡薄甚至没有档案意识，即使有利用档案的需求，也难以转换为利用档案的现实行为。

（3）档案的管理水平。

档案要依靠管理工作才能发挥作用。档案管理体系健全，方法科学，管理手段现代化程度高，工作质量优良，就能够使利用者方便、快捷、准确地获得所需要的档案或档案信息，从而使档案作用得以发挥。因此，提高档案管理水平，实现档案管理的现代化，提供优质高效的档案利用服务，是促进档案作用充分发挥的重要条件。

第二节 档案管理工作的内容、机构、法规体系和原则

我国自殷商时期就有了对档案的保管工作，在之后几千年的岁月里，档案工作经过奴隶时期的以官吏为主体的管理阶段，封建制时期的档案库房管理阶段，"中华民国"时期的档案室管理阶段，进入到中华人民共和国成立以后的以现代档案馆和档案工作为核心的档案事业阶段。近年来，档案资源体系建设、档案利用体系建设和档案安全体系建设已经成为我国档案事业发展的战略目标，更是各单位档案发展工作方向的指针。

一、档案管理工作的内容和性质

（一）档案管理工作的内容

档案工作就是用科学的原则和方法管理档案，为党和国家各项工作服务的工作。它的工作内容从广义上说，是指档案事业所包括的档案馆工作、档案室工作、档案事业管理工作、档案教育、档案科学研究、档案的宣传及出版等工作。从狭义上说，是指档案业务工作所包括的档案的收集、整理、鉴定、保管、统计、检索、编研和提供利用等八个环节。由于我国的档案管理工作分布在档案室和档案馆两层机构中，所以这两层机构的工作内容既有相互衔接的部分，也有一些需要反复操作的部分。

1.档案收集工作

这是档案室（馆）依法接收单位的归档文件、现行机关档案、撤销机关档案，以及征集历史档案的活动。其目的是积累丰富、合理的馆藏档案资源。

2.档案整理工作

档案室（馆）根据档案的形成规律，对其进行分类、立卷、编制目录的过程，就是档案的整理工作。其目的是建立有序化的档案实体保管系统，便于档案的日常维护、调阅和归卷。

3.档案鉴定工作

档案鉴定工作分为归档鉴定和复审鉴定，是档案室（馆）判定档案存毁和划定保管期限的活动。其目的是优化馆藏，提高档案管理和利用的效率。

4.档案保管工作

这项工作的主要内容是对库房内的档案进行有序管理，控制危害档案物质载体和书写材料的各种因素。其目的是延长档案的寿命，维护档案的安全。

5.档案检索工作

档案检索工作是档案室（馆）编制档案检索工具，建立手工和计算机档案检索体系的活动。其目的是方便利用者查阅档案。

6.档案编研工作

这是指档案室（馆）根据单位或社会的需要，利用馆藏档案编辑档案文献汇编、档案参考资料、历史研究作品等出版物的活动。它具有信息开发工作的性质。

7.档案提供利用工作

这是指档案室（馆）通过阅览、借阅、复制、展览、网站等途径将档案原件、复制件、档案信息直接提供给利用者的活动，它直接体现了档案工作的服务功能。

8.档案统计工作

这项工作包括档案室（馆）内部的登记和统计工作以及按时填报国家统计文件的工作。其目的是及时掌握档案管理工作的状况，不断调整和完善档案工作。其中，档案收集、整理、鉴定、保管、检索、编研属于档案资源体系建设的范畴，档案提供利用属于档案利用体系建设的范畴，档案安全体系建设贯穿于档案管理工作的全过程，而档案统计工作则是对整个档案工作的状态进行记录和反馈的环节。

（二）档案管理工作的性质

档案管理实际上是一种为单位和社会提供档案信息保障的工作。从工作性质来看，它具有服务性和机要性。服务性主要表现为：档案室（馆）的工作目标就是积极主动地为本单位和社会的各项工作提供优质的档案实体管理和档案信息服务；同时，也只有通过提供优质的服务，才能促进档案管理工作的开展。档案管理的机要性在于：档案中总会有一些涉及国家或单位政治、经济、技术、人事等机密的内容，那么档案管理工作就必然承担着保护档案机密安全的责任。

档案管理工作的性质要求我们：一是要熟练地掌握档案管理的业务内容、技能和规范；二是严格遵守职业道德，学会运用档案管理工作的原则，灵活地处理各种具体问题，充分发挥档案管理在各项工作中的信息保障作用。

二、档案管理机构

（一）档案室

档案室是机关、团体、企业、事业单位中负责管理本单位档案的机构，国家档案事业系统的基层组织。它是一个单位档案信息存储、加工和传输的服务部门，与本单位的领导和各组织机构发生联系，为领导决策、处理工作、组织生产、进行科研等活动提供依据和参考材料。档案室是集中统一管理本单位档案的部门，是单位内部具有信息服务与咨询性质的机构，一般情况下不对外开放。目前，一般的大、中型单位内部都设有档案室；而在那些规模小、人员少、内部机构少或无内部机构的单位，则可以指定专职或兼职的人员负责档案管理工作。

1.档案室的职能

根据国家档案局制定的《机关档案工作条例》和《机关档案工作业务建设规范》的规定，档案室的职能主要有以下几个方面：

（1）对本单位文书部门或业务部门文件材料的归档工作，进行指导和监督。

（2）负责管理本单位的全部档案，积极提供利用，为单位各项工作服务。

（3）按规定向档案馆移交应进馆的档案。

（4）办理领导交办的其他有关的档案业务工作。

2.档案室的类型

单位的性质、职能不同，其形成的档案的门类也有一定的差异，由此，档案室有如下类型：

（1）文书档案室：也称为机关档案室，主要负责保管本单位党、政、工、团等组织的档案；中型以上的单位均设有这类档案室。

（2）科技档案室：是负责保管科研、设计、生产过程中形成的科技文件材料的档案机构；一般设在科研院所、设计院所、工矿企业等单位。

（3）音像档案室：主要负责保管影片、照片、录音带和录像带等特殊载体和记录方式的档案；新闻、广播、电视、电影、摄影部门中设有这类档案室。

（4）人事档案室：是集中保管单位员工档案的机构；一些大型单位在人事部门中设有这类档案室。

（5）综合档案室：是集中统一保管本单位各门类档案的机构。近年来，各单位新型门类档案的数量不断增加，使档案室收藏的档案向多门类发展，许多保存单一档案门类的档案室逐渐发展成为综合档案室。

（6）联合档案室（档案管理中心）：是一些性质相同或相近、规模较小的单位共同设立的档案管理机构；其主要职责是集中统一保管各共建单位形成的档案。联合档案室是一种精简的、集约化的档案管理模式，比较适于规模较小的单位。

3.档案室的管理体制

（1）文书档案室、综合档案室通常设在单位办公厅（室）的下面，由办公厅（室）主任负责；联合档案室可以由共建单位协商，责成其中的某一个单位负责管理。

（2）科技档案室及其他专门档案室设在相关的业务部门下面，由业务负责人管理。比如：在一些公司，科技档案室设在技术部门下面，由总工程师负责，而人事档案室一般由人事部门的领导负责。

（二）档案馆

档案馆是党和国家设置的科学文化事业机构，是永久保管档案的基地和对外提供档案服务的单位，因此它成为社会各方面利用档案的中心。目前，我们国家各类档案馆的档案主要来源于单位的档案室，这样，档案室和档案馆之间就构成了交接档案的业务关系。由此，单位档案管理的质量将直接影响到档案馆的工作质量和效率。

1.档案馆的职能

根据国家档案局制定的《档案馆工作通则》，档案馆的基本任务是：在维护党和国家历史真实面貌的前提下，集中统一地管理党和国家的档案及有关资料，维护档案的完整与安全，积极提供利用，为社会主义现代化建设服务。其具体职能如下：

（1）接收与征集档案。

（2）科学地管理档案。

（3）开展档案的利用工作。

（4）编辑出版档案史料。

（5）参与编修史、志的工作。

2.档案馆的设置和类型

（1）综合性档案馆：是国家按照历史时期或行政区划设立的，保管多种门类档案的档案馆。综合性档案馆是对社会开放的档案文化设施，因此又可称为"公共档案馆"。

我们国家的综合性档案馆分为中央级档案馆和地方级档案馆两种类型。中央级档案馆包括中央档案馆（设在北京）、中国第一历史档案馆（设在北京）、中国第二历史档案馆（设在南京），它们保管着具有全国意义的各个时期的历史档案和现行单位的档案。地方级档案馆分为省（自治区、直辖市）级档案馆、地区级档案馆和县级档案馆，它们负责保管具有本地区意义的历史档案和现行单位的档案。

（2）专门档案馆：是收集和管理其一专门领域或某种特殊载体形态档案的档案馆，亦分为中央级和地方级两个层次。例如：中国照片档案馆，大、中城市设置的城市建设档案馆等。

（3）部门档案馆：是中央和地方某些专业主管部门所属的，收集管理本部门档案的事业机构。例如：外交部档案馆、北京市科学技术委员会档案馆等。

（4）企事业单位档案馆：是一些大型企业集团或事业单位在内部设立的档案馆，主要负责集中保管集团或联合体所属各单位需要长远保存的档案。例如：北京的首都钢铁公司档案馆、南京的扬子石化公司档案馆、上海交通大学档案馆等。企事业单位档案馆都是综合性档案馆，既收藏文书档案，也收藏科技档案和专门档案等，其兼有对内服务和对社会开放的双重性质。

此外，随着我国经济和社会的发展，以及社会各界收藏、保管、利用档案需求的增加，近几年来，我国除了国家的档案馆之外，还产生了一些新型的档案机构，例如"文件中心"、"档案寄存中心"、"档案事务所"等。其中，文件中心是为一个地区或系统中若干单位提供归档后档案保管服务的部门；它是介于文件形成部门和地方档案馆之司的过渡性的档案管理机构。档案寄存中心是由国家档案馆设立的，为各类单位及个人提供档案寄存有偿服务的机构。档案事务所则是为单位或个人提供档案整理、管理咨询等服务的一种商业性机构。另外，据报道，在我国的辽宁省和广东省还出现了私人开设的档案馆，收藏和展出一些有关个人的日记、文章、著作，证件、证章，珍贵的历史文献和照片等。

（三）档案局（处、科）

档案局（处、科）的性质是国家指导和管理档案工作的行政机关，也称为档案事业管理机关或档案行政管理机关。它的主要任务是：制定档案管理的规章、办法、业务标准和规范；制定档案工作的发展规划；对档案室和档案馆的工作进行业务指导、监督和检查；组织档案工作人员的业务培训和档案科学研究，以及对外宣传工作和国际交流活动等。

目前，我国的档案局是按照行政区划分级设置的，分为国家档案局和地方档案局。地方档案局又分为省（自治区、直辖市）级档案局、地区级档案局和县级档案局，负责指导和管理本地区的档案事物。

档案处（科）是设置在专业主管机关中的档案行政管理部门，负责指导、监督和检查本专业系统内各单位的档案事务。比如，中国石油化工总公司档案处负责指导、监督和检查该系统下各单位的档案工作。应该说明的是：在专业主管机关中，档案处（科）通常与档案室合署办公，一方面对专业主管机关内部行使档案室的职能，另一方面对本系统其他单位的档案工作行使指导、监督和检查的职能。

三、档案法规体系、档案工作标准和单位的档案管理制度

档案法规体系和档案工作标准是由国家或地方的立法机关、行政机关、专业主管机关制定的，用以规范档案工作的制度保障。单位的档案管理制度是本单位依据上述文件，结合自身的档案工作实际制定的具体的操作规范；这两个方面的文件共同构成一个单位档案工作法制化、制度化、标准化、规范化相辅相成的组成部分。

（一）档案法规体系

根据 2011 年 6 月国家档案局发布的《国家档案法规体系方案》，档案法规体系是指由国家或地方立法机关、国家或地方的行政管理机关、专业主管机关制定和发布的，以《中华人民共和国档案法》为核心，由符合《中华人民共和国立法法》规定的若干有关档案工作的法律、行政法规、地方性法规和规章所构成的相互联系、相互协调的统一体，是我们开展档案管理工作的依据和准绳。档案法规体系包括以下四个层次：

1.档案法律

档案法律由全国人民代表大会及其常务委员会制定，并由国家主席签署主席令予以公布，主要有《中华人民共和国档案法》（以下简称《档案法》）以及刑法、民法等基本法律及其他专门法律中涉及档案的内容或条款。

《档案法》于 1987 年 9 月 5 日经第八届全国人民代表大会常务委员会第二十次会议修订，是我国档案管理的基本法。《档案法》明确了国家管理的档案的范围，规定了我国档案工作的基本原则，确定了档案管理的内容和任务，具体规定了档案的利用和公布办法，规定了社会组织和公民对档案的权利和义务，是制定和修改各种档案单行法规、规章和地方性档案法规、制度

的直接法律依据。

2.档案行政法规、党内法规和军事法规

档案行政法规由国务院根据宪法和法律制定，并由总理签署国务院令予以公布；档案党内法规由中国共产党中央机关发布；档案军事法规由中央军事委员会根据宪法和法律制定，并予以公布。例如：《中华人民共和国档案法实施办法》就是国务院依据宪法和《档案法》制定的档案行政法规，是各单位贯彻落实《档案法》的具体指导。

3.地方性档案法规

地方性档案法规由省、自治区、直辖市以及较大的市的人民代表大会及其常务委员会根据本行政区域的具体情况和实际需要制定，并由大会主席团或者其常务委员会发布公告予以公布。例如：《北京市实施中华人民共和国档案法办法》1997年10月由北京市第十届人民代表大会常务委员会第四十次会议通过，2001年8月由北京市第十一届人民代表大会常务委员会第二十八次会议修订后发布的。

4.档案规章

档案规章主要是指国务院部门档案规章和地方政府档案规章。前者由国家档案局依据法定权限制定或国家档案局与国务院其他专业主管机关或者部门联合制定，并由部门首长签署命令予以公布；后者由省、自治区、直辖市和较大的市的人民政府依据法定权限制定，并由省长或者自治区主席或者市长签署命令予以公布。例如：从国家档案局网站发布的规章来看，包括《档案馆工作通则》、《国家重点建设项目档案管理登记办法》、《国有资产产权登记档案管理暂行办法》、《城市建设档案归属与流向暂行办法》、《会计档案管理办法》、《企业档案管理规定》、《出版社书稿档案管理办法》、《艺术档案管理办法》等规章近50个。这些规章都是针对某一领域、行业或某类档案提出的管理规范，可操作性比较强。应该说，每个单位在工作中都会或多或少地涉及相关档案的管理，因此，档案人员应该熟知相关规定，根据规范开展管理工作。

（二）档案工作标准

档案工作标准主要是指由国家档案局发布的档案业务规范，分为档案工作国家标准和档案工作行业标准。档案工作国家标准包括：《文书档案案卷格式》、《科学技术档案案卷构成的一般要求》、《档案分类标引规则》、《CAD 电子文件光盘存储、归档与档案管理要求》、《照片档案管理规范》、《电子文件归档与管理规范》等；档案工作行业标准包括：《档案工作基本术语》、《科学技术研究课题档案管理规范》、《全宗指南编制规范》、《档案著录规则》、《档案主题标引规则》、《归档文件整理规则》、《档案缩微品保管规范》、《纸质档案数字化技术规范》、《公务电子邮件归档与管理规则》等。档案工作标准规定了对各种档案各主要管理环节的操作要求及质量标准，既是建立标准化、规范化档案管理工作的依据，又是进行档案日常管理工作的操作指南，需要我们熟练地掌握和运用。

（三）单位的档案管理制度

一个单位，在档案管理工作中除了要执行国家有关档案工作的法律、法规、规章和标准外，还应该针对自身的工作特点和实际需要制定一些规范性文件，以便在工作中使用。一个单位的档案管理制度应主要包括如下内容：

1.档案工作制度

档案工作制度是根据国家的法律、法规，对本单位档案的范围、档案管理体制、管理分工、职责、档案保密、档案利用原则等所做的规定，是本单位所有部门和工作人员都要执行的规范性文件。该类文件内容涉及本单位档案工作的各方面，文件名称通常可以称为《××股份有限公司档案管理办法》。

2.文件管理规范

文件管理规范包括：归档范围、分类方案、整理归档要求等不同内容的文件，涉及单位文件处理部门和档案管理部门的分工与合作两方面的职责，是保证本单位档案在形成过程中完整、齐全的基础性文件。文件管理规范应该由单位的文书部门和档案部门共同制定。

3.档案部门工作规范

档案部门工作规范包括：档案室工作职责和规范、档案工作人员的岗位职责、档案管理的流程和要求、档案库房管理制度、专门档案管理制度、档案利用制度、内部资料管理制度等文件，涉及一个单位档案管理工作的各个方面，是一个单位档案管理活动中必须具备的操作性规范文件。

一个单位建立健全档案管理制度的基本步骤是：分门别类地列出需要制定的档案管理制度的目录，收集国家和所在地方立法机关、行政管理机关、专业主管机关等制定的档案法律、法规、行政规章和工作标准，查找上级单位和本单位行政管理的有关规定，深入研究本单位的工作情况、文件形成和运行情况以及最近几年档案形成、管理、利用的情况。在此基础上，应首先研究和确定本单位的档案管理体制和基本制度，制定出档案工作制度，然后再制定各方面具体的管理规范。当一整套档案管理制度的初稿完成后，需要在单位内部广泛征求意见，认真审查文本，纠正不符合档案法规、标准的内容，调整各项规定之间的矛盾之处。定稿完成后，需要以一定的形式在单位内部发布，开展宣传、培训、推行和实施等各项工作。

四、档案管理的基本原则

（一）"集中统一地管理国家全部档案"

这是我国档案工作的组织原则和管理体制。我国档案实行集中统一管理，是社会主义社会制度的必然产物。国家性质和社会制度，决定了国家全部档案是属于国家的历史财富，这就为档案的集中统一管理创造了前提。同时，社会主义事业又需要充分利用档案，只有实行档案的集中统一管理，才能克服分散保存和各自为政的局限性，更大限度地发挥档案的作用，以利社会主义事业。

在我国，档案管理的集中统一原则的内容，可概括以下三点：

1.国家全部档案由各级档案机构分别集中管理。各机关内行政、党组织、工会、团组织的档案，均由机关档案室集中统一管理，不得由承办单位和个人分散保存；各机关档案中需要长远保存的，一律由各级档案馆集中保存；一切档案非依规定和批准手续，不得任意转移、分散和销毁。

2.全国档案工作，由各级档案事业管理机构统一地、分层负责地进行指导和监督。一方面，全国各机关档案工作和各级各类档案馆工作，均由各级档案事业管理机构进行统一的指导、监督和检查；另一方面，各机关档案工作机构和各级各类档案馆，必须按照统一的原则、方针和基本规章制度进行档案工作，不得各行其是。

3.实行党、政档案统一管理和党、政档案工作的统一管理。这是我国档案工作的特点。一个机关里行政和党组织的档案，属于一个档案全宗，统一集中在机关档案室保存，档案馆也统一建立，凡需要长远保存的党、政机关的档案，由统一的档案馆保管；全国党、政系统的档案工作，由统一的档案事业管理机构进行集中统一管理。

（二）"维护档案的完整与安全"

这是档案管理的基本要求。只有保证档案的完整与安全，才能为档案工作提供必要的物质基础。

维护档案的完整，有两方面的含义：一方面，从数量上保证档案的齐全，保证档案不残缺短少；另一方面，从质量上维护档案的有机联系和历史真迹，不能割裂分散，零乱堆放，也不能涂抹勾画，使档案失真。

维护档案的安全，一方面，从物质上力求档案本身不受损坏尽量延长档案的寿命；另一方面，要保证档案的政治安全，档案机密不被盗窃、不失密。

（三）"便于党和国家各项工作的利用"

这是检验档案工作好坏的主要标准，也是档案工作的根本目的。全部档案管理工作，最终都是为了提供档案为社会主义事业各项工作利用。因此，便于党和国家各项工作利用，便成为档案工作的出发点，支配着档案工作的全过程。从这个意义上说，便于党和国家各项工作的利用，是档案工作基本原则的一个重要方面。

上述三个方面的内容是一个辩证统一的有机整体。实行档案的集中统一管理，维护档案的完整和安全都是为了便于党和国家各项工作的利用。要做到便于利用，就必须实行集中统一管理和保证档案的完整和安全。从这个意义上说，前二者是手段，后者是目的。没有集中统一管理和档案的完整与安全，就没有便于利用的组织保证和物质基础；离开了便于利用，前二者就失去了意义和方向。档案工作者应该全面地理解和贯彻执行我国的档案工作基本原则。

第三节 现代档案的人文管理

现代档案的先进信息技术只是为档案部门解决了信息的存贮、检索、传递的问题，而没有解决人文关系的问题。因此与现代档案工作相匹配的应该是档案部门中营造的人文气氛、倾注的人文情愫、弘扬的人文精神和提倡的人文管理。随着社会档案意识的不断增强，人们对档案信息的需求越来越强烈，从而使档案的社会公众化利用趋势越来越明显。如何应对档案利用服务的社会公众化趋势，坚持"以人为本"的人性化管理的理念，把人文关怀引进和融入档案馆的管理和服务当中，更好地发挥档案信息的服务功能，为社会提供更加良好的服务，这是档案馆在构建和谐社会当中需要研究的一个课题。

现代档案与人文管理精神应当与科学管理精神相统一。现代档案工作需要有严谨的科学管理精神，崇尚科学、尊重科学，积极研究利用各种先进的技术设备来提高现代档案的工作效率，更好地为利用者服务。人文管理精神则表现在现代档案工作实践和理论研究中以人为本的思想，来满足人的需要，实现人的价值，追求人的发展，体现人文关怀。现代科学技术在档案工作中的普及应用，使档案办公自动化的程度越来越高，计算机的输入代替了独立的手工操作，网络数据库系统使检索档案信息变得十分敏捷，先进的信息存贮技术使网络信息的获得突破了时空的局限，然而这时的人文意识尤其重要。当然离开了科学意识的人文精神不是真正意义上的人文意识，而离开了人文意识的科学意识也不能促进现代档案管理的发展。因此现代档案管理应当是科学意识与人文意识的融和。人文管理是一种管理思想、管理理念、管理理论，是人类管理智慧的结晶，是科学管理发展到一定程度后产生的一种更先进、更现代化的管理手段和方法。它是建立在科学管理基础之上的，是对科学管理的修正和补充。他把理解人、关心人、爱护人作为管理者最根本的使命。

现代档案的人文管理具有双重性内涵：即作为服务客体的用户管理和作为服务主体的馆员的管理，是围绕人的行为和需求进行管理的模式。以往档案的人文管理主要注重于服务客体——利用者的层面，认为人文精神、人文关怀、人文管理仅是面向利用者，以利用者为中心，而忽略了人文管理的另一个层面，即作为服务主体的档案工作人员。随着档案部门的功能由单纯的收藏转向信息开发与服务，档案工作人员在档案馆服务中扮演越来越重要的角色。为了适应数字化、网络化、智能化为特点的档案馆管理和服务，优秀的管理者将成为现代档案馆最重要的资源和首要财富。

一、档案工作人员层面的管理内涵

档案工作人员是知识的载体，是档案部门信息库的建造者、维护者和发掘者，是信息资源与利用者之间的桥梁和纽带，是档案部门内在发展的动力。因此档案部门在自我管理中首先要重视对馆员的人文管理，具体表现为：

1.重视不同层次档案工作人员的不同需求。利用个体差异，因势利导，充分发挥每个人的潜力。美国心理学家马斯洛把人的需求按其重要性和发生的前后次序分成五个层次：生理上的需要、安全上的需要、情感和归宿上的需要、地位和受人尊重的需要、自我实现的需要。档案部门在自我管理中要全面了解档案工作人员的不同需求层次和愿望的满足程度。

2.充分信任并尊重档案工作人员。为他们在岗位上提供充分发挥才干的空间，相信他们的人品、人格，相信他们对工作的责任心和工作能力。尊重档案工作人员的劳动，避免由于人为因素而导致的重复劳动。规章制度的制定要人性化，体现人文管理精神。

3.激发档案工作人员的主人翁意识。根据档案工作人员的不同需求在了解、信任和尊重的基础上，适当地给予激励和引导，促使档案工作人员的需求向更高层次发展。要做到奖惩分明，达到从政策上的激励和思想上的引导相结合，强化档案工作人员的主人翁意识。

二、利用者层面的管理内涵

档案部门应当在规章制度、服务方式、借阅利用的氛围等方面融入人文关怀理念，具体表现为：

1.树立"利用者第一"的观念。现代档案利用者始终处于中心地位，利用者的需求是档案部门组织一切工作的源头，档案部门能否吸引利用者是衡量其工作优劣的主要标准。因此，档案部门要在管理人员中弘扬甘为人梯、默默奉献的精神，要增强他们的紧迫感和竞争意识，要在利用者面前树立良好的形象，千方百计提高利用者对档案馆的选择力，使利用者愿意接受档案部门的影响，选择档案的信息服务。

2.要采取各种措施加强档案馆与利用者之间的联系和沟通，建立管理人员与各部门之间的联系，让利用者参与档案馆的管理。要练好内功、自加压力，接受利用者的监督。利用者对档案部门的满意与否，包括对档案部门的管理方式、馆藏结构、服务质量三个方面的满意度。这就要求档案部门能为利用者提供优雅、洁净的借阅环境，高质量的馆藏，齐全的服务项目，热情主动地服务态度，精湛的服务技艺，以提高利用者的满意度。发扬人文精神，提倡人文管理是社会发展的需要。社会的现代化是以人的现代化为首要条件，社会进步应以提高人的认识和实践能力为目标，人的发展是社会向现代化发展的基本动力和根本目的。因此，在为人服务的同时，人文管理尤其重要。应当意识到，在发扬人文精神，为人服务的同时，人的自身价值也得到更多的体现。档案工作人员为利用者提供的服务技术含量越高，质量越好，就越能受到利用者的尊重和关注，这正体现了人文管理的双重性。

人文管理是实现现代档案部门自身价值的需要。长期以来档案部门担负着保护人类社会实践所产生的一切有价值的文件、材料，开展社会教育、传递科学信息，具有凭证作用等主要社会职能，但随着社会发展变化，教育职能和信息咨询服务的职能进一步强化。新的职能把利用者能否得到全面的个性服务摆到更重要的位置，同时也对档案工作人员的整体素质和职业道德提出了更高的要求。档案部门从提倡人文精神，开展人文关怀到实现人文管理是信息时代档案馆管理工作的进一步发展。档案部门把人类根本价值的实现作为自身价值的源泉和基地，无论档案部门的管理方式和技术手段发展到多么先进的程度，它的价值观始终不变，它的以人为本的管理模式也不会改变。

第二章 档案收集

　　档案收集就是按照档案形成的规律，把分散的材料接收、征集、集中起来。按照规定，通过例行的接收制度和专门的征集方法，把分散在各机关、部门、个人手中和散失在社会上的档案，集中到机关档案室和国家档案馆进行科学管理的一项业务环节。

　　档案的收集工作可以分为两大部分：第一，对于单位的档案室来说，主要是按期接收归档的文件和进行必要的零散文件的收集；第二，对于各级各类档案馆来说，主要是接收档案室移交的档案、接收撤销机关档案和征集历史档案。收集工作是档案部门取得档案的手段，也是它们开展其他业务活动的前提。

第一节 档案的收集范围

一、档案收集工作的内容

　　档案收集是接收、征集档案和有关文献的活动。具体讲，就是按照党和国家的规定，通过例行的接收制度和专门的征集办法，将分散在各机关、组织、个人手中和散落在社会其他地方的档案，有组织、有计划地分别集中到各有关机关档案部门，实现档案的统一领导和分级管理。

　　档案收集工作的内容主要有以下三个方面：

　　1.机关、企业、事业单位档案室对本单位需要归档档案的接收。

　　2.档案馆对所辖区域内现行机关、企业、事业单价和撤销单位的具有永久、长期保存价值档案的接收。

3.对中华人民共和国成立以前各个历史时期形成的档案的接收和征集。

档案收集工作不是一项简单的事务性工作，而是一项政策性、业务性很强的工作。一方面，档案收集工作具有明显的选择性。文件转化为档案是有条件的，在档案收集工作中必须严格把握这些文件，在归档和接收过程中认真筛选。档案选择是按照档案部门收藏范围的设计合理并全面进行的。另一方面，档案收集工作受档案形成者档案意识水平、价值观以及档案部门保管条件等多种因素的制约，需要综合研究、统筹规划，提高档案收集工作的质量。

档案收集工作是整个档案工作中极为重要的一个环节，做好收集工作有着十分重要的意义。

（一）收集工作是档案工作的起点

收集工作是档案工作其他环节的重要基础，没有起点其他环节就不复存在。档案工作的对象是档案，如果没有档案也就不会有档案工作。档案收集的齐全与否，直接影响档案工作其他环节，尤其是直接影响到社会各方面对档案的有效利用。

（二）收集工作是档案馆（室）贯彻集中统一、分级管理原则的重要措施

档案是党和国家的宝贵财富，对国家规定应该归档的各种门类和载体的档案，各单位不得分散保存，任何个人更不能据为己有。只有通过行之有效的档案收集工作，才能把档案集中到各机关档案室和各级各类档案馆，形成统一的档案信息保管基地，实行集中统一、分级分专业科学管理。

（三）收集工作是决定档案工作存在和发展的重要条件

档案数量的多少决定档案工作规模的大小，档案的质量高低决定档案工作的水平高低。档案馆（室）所管理的档案是靠收集工作取得的，只有收集工作搞好了，才能有效地开展整理、鉴定、保管、编研等工作，档案工作才能存在并得到发展。

（四）收集工作是衡量档案馆（室）工作质量的重要标尺

收集工作是档案馆（室）取得档案的手段，收集工作的效果决定档案馆（室）藏档案的数量多少与质量高低。只有丰富档案馆（室）藏档案，才能更好地发挥档案馆（室）的作用，才能更好地体现档案馆（室）的工作水平和质量。

二、档案收集工作的地位

档案收集工作在整个档案管理中处于一种特殊地位，做好此项工作对整个档案管理工作具有重要意义：第一，档案收集工作是档案馆、档案室取得和积累档案的一种手段，它为档案工作提供了实际的物质对象，是档案业务工作的起点；第二，档案收集工作是实现档案集中统一管理的重要内容和一项重要的具体措施；第三，档案收集工作质量的高低，会直接影响到档案业务工作的其他环节的工作质量；第四，档案收集工作是档案部门与外界各方面发生联系的重要环节之一，这是一项政策性强、接触面广，工作要求较高的工作。

档案收集工作的基本要求是加强档案馆（室）外业务工作的调查与指导，保证归档和接收进馆档案的齐全完整，维护全宗和全宗群的不可分散性，实现入馆（室）档案的标准化。

（一）加强档案馆（室）外业务工作的调查与指导

收集工作是要解决档案的分散形成与集中管理的矛盾，这就要求在收集工作中必须重视馆（室）外档案业务工作的调查，掌握收进档案馆（室）的档案的形成、流动、管理、使用等方面的信息，以便科学地安排和指导各有关单位或部门的档案移交工作。

基层档案室必须注意研究和掌握本单位档案的形成规律和特点，严格执行归档制度。各级各类档案馆应当从本馆的性质与职责出发，对有关国家机构、社会组织和个人的职能、任务及形成档案的内容、种类、保存价值、数量、整理、保管等情况进行调查研究，科学确定应移交档案的范围、时间和数量。各级档案馆在接收档案前，应当对确定进馆的单位进行档案基本情况的调查与分析，协同档案行政管理部门制订相应的办法，对有关单位的档案工作进行监督、指导与检查，提高组卷与初步鉴定的质量，做好归档与进馆的各项准备工作。

档案馆接收档案进馆，应当根据档案的形成规律和档案发挥作用的规律，处理好从文件材料形成到归档、从档案室到档案馆的档案流程周期。既要防止急于丰富馆藏，把档案形成机关尚在经常使用的档案过早地接收进档案馆，给机关工作带来不便；又要防止个别单位把需要移交的档案当作私有财产或"小家底"不愿移交。同时，档案馆要避免把应该接收进馆的档案"拒之门外"，使档案长期分散保存在形成单位甚至遭受损失。所以，在收集工作中应当妥善处理好局部与整体、当前与长远的关系，做到既有利于保护国家的历史文化财富，又方便社会各方面的利用。

（二）保证归档和接收进馆档案的齐全完整

保证档案在归档和接收进馆时的齐全完整是贯穿收集工作始终的基本要求。

所谓档案的齐全完整，就一个单位而言，是指归档的文件材料能够系统地、真实地反映本单位的工作面貌，看每一年度归档的文件材料，就能了解这个单位该年度的基本工作情况，看全部档案就能知道这个单位的整个历史；就一个档案馆而言，是指凡属本馆接收范围的所有撤销和现行的立档单位所形成的具有长久保存价值的档案，能够全部接收进馆。但是，由于各种门类和载体档案材料的形成情况较为复杂，运动周期较长，要使分散形成的档案材料转化为完整系统的档案，该归档的都归档，该进馆的都进馆，应当靠完善的规章制度加以约束。

因此，应当强化档案专（兼）职人员的档案意识，提向文书和档案人员的素质，建立正常的档案工作秩序。每个单位除了认真执行国家关于各门类和载体档案归档的规定外，应当结合本单位的情况，制定更具体、更完善的归档制度，使归档范围更合理、归档办法和要求更明确，更有利于基层档案人员操作。

机关的归档工作应纳入业务部门的职责范围，在建立岗位责任制或其他制度时，应当把归档工作作为其中的一项内容切实保证档案的齐全完整。在鉴定制度中应当要求单位的业务部门和档案部门对收集到的档案材料必须严格按照鉴定原则和档案保管期限表的规定，结合本单位的实际进行鉴定，准确地挑选归档文件并确定其保管期限，使反映本机关重要实践活动和重要事件的材料都能归档。档案馆在接收档案时，除了了解进馆档案的质量外，还应对未进馆档案的基本情况有所了解，及时发现和纠正因档案保管期限划分不准而造成应进馆而未进馆的问题。

（三）维护全宗和全总群的不可分散性

全宗是一个单位档案的整体。一个机关的各项工作活动不是孤立进行的，相互之间有着密切的联系。在工作中形成的文件材料，无论从来源、内容、形式、时间等方面都存在着固有的联系，是一个不可分割的整体。接收档案时，必须把一个机关形成的档案，作为一个全宗，集中在一个机关档案室或档案馆，不允许人为的分割。只有接收时坚持全宗的不可分散性，在以后的整理、鉴定、保管、统计等各项业务活动中，才能够按全宗进行科学管理。

在档案收集工作中，应注意保持相互有密切联系的一组全宗的不可分散性。在一定时间、地点和社会历史条件下，各个机关的活动既严密分工，又密切协作，相互依存。反映在工作和生产活动中形成的文件材料上，相互之间也有紧密联系。这些互有联系的若干全宗，成为全宗群。

全宗群与档案全宗一样不宜分散。一个档案馆接收档案时，保持全宗的完整，能反映一个机关活动的历史面貌。将上述两个完整性有机结合起来，就能真实而又全面地反映党和国家的历史面貌。

（四）积极推行入馆（室）档案的标准化

在档案收集工作中推行标准化，是档案工作现代化的要求。标准化是现代化的基础，现代化的程度越高，就越要求标准化。档案工作标准化，应从收集工作做起。如果接收进馆（室）的档案不标准，将给科学管理和实现现代化带来困难。

在收集工作中如何推行标准化，应当认真执行国家档案局制定的《机关档案工作业务建设规范》等文件和标准，按照各级各类档案馆关于全宗划分、分类、案卷质量与格式、编目等方面的具体要求，大力提高归档和入馆档案的质量。

三、档案收集的基本形式

档案馆（室）取得和积累档案及有关资料的一项工作，是档案管理工作的重要环节。其手段主要有接收、征集和寄存三种形式。

按照法定的原则、程序和规定的制度移交和接收档案，是档案馆和档案室补充档案资源的最基本形式。

其基本内容包括两个方面：①各级国家机关和各种社会组织的档案室，按照规定接收本机关业务部门和文书处理部门办理完毕移交归档的文件；②各级各类档案馆依据国家法律和有关规定接收现行机关和撤销机关的档案。接收的范围和要求：①档案室接收本机关工作活动中形成的具有保存价值的各种门类和载体的档案，包括科学技术档案、会计档案等各种专门档案，录音带、录像带、照片等各种特殊载体的档案；②各级档案馆接收本级各机关、团体及其所属单位具有长远保存价值的档案，以及与档案有关的资料。各个国家对于档案馆保管接收档案的范围不尽相同，有些国家的档案馆只接收具有永久保存价值的档案，有的也接收定期保管的档案。中国省以上档案馆接收具有永久保存价值的、在立档单位保管已满 20 年左右的档案，直辖市（州）和县级档案馆接收永久和长期保管的、在立档单位保管已满 10 年左右的档案；③档案室和档案馆正常接收的档案，要求齐全并按规定整理好，进馆档案应遵循全宗和全宗群不可分散的原则，保持原有全宗的完整性及相关全宗的联系性。

征集流散在各机关、各部门、个人与国外的有价值的各种历史档案和相关资料，是档案馆收集工作中必不可少的补充手段，分为非强制性的和强制性的两种。一般采取在协商的基础上，通过复制、交换、捐赠、有偿转让等方式，将档案集中到档案馆；在特殊情况下，集体和个人所有的对国家和社会具有保存价值的或需保密的档案，当其保管条件恶劣或者由于其他原因被认为可能导致档案严重损毁和不安全时，国家可将其收购或征购入馆，也可代为保管。

寄存一般是通过协议的形式将档案存放到档案馆。寄存档案的单位或个人不失其所有权，并享有优先使用权以及能否准许其他人利用的决定权。已保存在博物馆、图书馆、纪念馆等单位的，同时也是档案的文物或图书资料等，一般由其自行管理。

四、档案收集的制度

（一）档案收集包括档案的接收、征集以及网络数据采集等方式。

（二）档案材料收集范围：凡是对全区各项事业发展有参考利用价值的各类原始材料都属于档案收集范围。

（三）任何个人都不得以任何理由拒绝向区档案馆归档移交有价值的档案材料。

（四）档案材料收集应该形成定期送交制度和联系催要制度。

1.定期送交制度。形成档案材料的各职能部门，应在文件材料办理完毕的第二年，按照区档案馆所要求的归档时间、归档质量的要求，归档移交到区档案馆。

2.联系催要制度。区档案馆工作人员应经常了解和掌握形成档案材料的信息，及时向形成材料的部门催收应归档的材料。

（五）收集材料的要求。

1.收集进档案室的材料必须是办理完毕的原始材料（原件），要完整齐全、真实、文字清楚。

2.不符合归档要求的档案材料，档案馆将责成档案材料形成的相关职能部门按要求完成。归档材料统一使用 A4（80G）规格的办公用纸（专业特殊要求的除外）。只能用碳素墨水、蓝黑、黑色墨水书写。禁止使用纯蓝、红色墨水、圆珠笔、铅笔书写。禁止色带打印、墨水打印材料归档；禁止传真形成材料归档。

3.材料必须齐全、完整。各部门完成的当年工作职责应该有相应材料佐证。包括录音、录像、照片、幻灯片、图片、表格及文字材料。整件事情形成的成套材料必须配齐，保持文件材料之间的逻辑联系。

第二节 档案室的档案收集工作

　　档案室的收集工作包括接收本单位归档的文件和收集未及时归档的零散文件两个方面的内容。其中，文件归档是档案室收集档案的主渠道，零散文件的收集则是一种补充的形式。

一、文件归档

　　《中华人民共和国档案法》第十条规定：对国家规定的应当立卷归档的材料，必须按照规定，定期向本单位档案机构或者档案工作人员移交，集中管理，任何个人不得据为己有。国家规定不得归档的材料，禁止擅自归档。

　　《机关档案工作条例》第十一条规定：机关应建立健全文件材料的归档制度。凡机关工作活动中形成的具有保存价值的文件材料（包括党、政、工、团以及人事、保卫、财会等工作中形成的文件材料），均由文书部门或业务部门进行整理、立卷，并定期向档案部门归档。机关领导人和承办人员办理完毕的文件材料应及时交有关部门整理、立卷。

　　文件归档是指各单位处理完毕的具有保存价值的文件，经文书部门或承办部门整理立卷后，定期向档案室或档案人员移交的过程。在一个具体的单位中，文件归档是一项涉及文书部门和档案部门两个部门的工作。文书部门在文件归档中要做的工作是对处理完毕的文件进行鉴定和整理；档案部门在文件归档中要做的则是接收文书部门移交的案卷。

（一）归档制度

　　由于文件归档的结果不仅关系到单位档案是否齐全，也关系到国家能否完整地积累档案，所以，国家制定了归档制度，要求各单位贯彻执行。

1.归档范围

根据国家档案局制定的《机关文件材料归档范围和文书档案保管期限规定》，属于归档范围的文件包括以下几种类型：

（1）反映本机关主要职能活动和基本历史面貌的，对本机关工作、国家建设和历史研究具有利用价值的文件材料。

（2）机关工作活动中形成的在维护国家、集体和公民权益等方面具有凭证价值的文件材料。

（3）本机关需要贯彻执行的上级机关、同级机关的文件材料；下级机关报送的重要文件材料。

（4）其他对本机关工作具有查考价值的文件材料。

不需要归档的文件材料的范围包括：上级机关的文件材料中，普发性、不需本机关办理的文件材料，任免、奖惩非本机关工作人员的文件材料，供工作参考的抄件等；本机关文件材料中的重要文件，无查考利用价值的事务性、临时性文件，一般性文件的历次修改稿、各次校对稿，无特殊保存价值的信封，不需办理的一般性人民来信、电话记录，机关内部互相抄送的文件材料，本机关负责人兼任外单位职务形成的与本机关无关的文件材料，有关工作参考的文件材料；同级机关的文件材料中，不需贯彻执行的文件材料，不需办理的抄送文件材料；下级机关的文件材料中，供参阅的简报、情况反映，抄报或越级抄报的文件材料。

我们在做文件归档工作时还要注意：

第一，机关应归档的纸质文件材料中，有文件发文稿纸、文件处理单的，应与文件正本、定稿一并归档。

第二，机关联合召开会议、联合行文所形成的文件材料原件由主办机关归档，其他机关将相应的复制件或其他形式的副本归档。

第三，机关形成的人事、基建、会计及其他专门文件材料的归档范围和档案保管期限，按国家有关规定执行。

第四，电子文件应纳入归档范围，应归档电子文件的元数据、背景信息等也要相应归档。

2.归档时间

归档时间是指单位的文书部门向档案部门移交归档案卷的时限。根据国家档案局《机关档案工作业务建设规范》的规定，单位的文书部门或业务部门一般应在次年六月底以前将案卷移交给档案部门。

3.归档要求

归档要求是单位文书部门向档案部门移交案卷时应达到的质量要求，也是档案部门接收案卷时的验收标准。根据《归档文件整理规则》的规定，应该从下列几个方面检查归档文件的质量：

（1）归档的文件应齐全、完整。

（2）遵循文件的形成规律，保持文件之间的有机联系，区分不同价值，便于保管和利用。

（3）卷内文件经过系统整理和编目。

（4）案卷封面填写清楚，案卷标题准确，案卷排列合理，编号无误。

（5）编制了完整的案卷目录和相关的文件。

（6）对已破损的文件应予修整，对字迹模糊或文件载体存在质量隐患的文件应予复制。

（7）归档文件所使用的书写材料、纸张、装订材料等应符合档案保护要求。

（二）归档程序

在归档时，文书部门向档案部门移交案卷应按如下程序履行手续：档案部门首先要依据案卷目录、卷内文件目录对案卷及卷内文件的数量进行核对和检查；同时根据归档要求检查案卷的质量，对不合格的案卷，档案部门应要求文书部门重新返工整理；案卷检查合格后，填写案卷移交清单，双方履行签字手续。

移交清单应该填写一式三份，一份由文书部门或业务部门存查，另外两份保存在档案部门作为检索工具和全宗卷的材料。

在单位工作中产生的、处理完毕的、具有保存价值的文件，经立卷归档正式移交给档案部门后，即转化为档案，进入到档案管理阶段。

二、档案收集工作的职责

在归档工作中，从程序上看，档案室或档案人员只是负责验收案卷。但实际上，为了达到齐全完整地将档案集中到档案部门的目的，档案室或档案人员不仅要关注文件归档的结果，更重要的是要关注和介入文件形成、运行、立卷归档的质量把关工作。为此，档案室或档案人员在收集工作中还要承担如下职责：

（一）监督文件的形成过程

文件的形成是归档的源头。在实际工作中，一些单位因忽视文件的形成而导致了档案不完整，因此，不仅要力求将已经形成的具有保存价值的文件收集齐全，而且还应该注意文件在形成和处理过程中的情况。例如：要注意了解本单位是否建立了电话记录制度、会议或活动的记录（录制）制度，本单位的文书工作制度是否完善，等等。

当发现本单位在文件形成和管理过程中存在问题时，应及时向有关部门或领导反映，提出改进的建议。同时，在发现了文件形成的漏洞之后，应该尽量采取补记、补录、补拍等措施补救，以保证重要文件的完整。

（二）督促归档制度的落实

虽然，从根本上说，一个单位归档制度的建立和推行是领导者的责任，然而，由于文件归档的成果最终要由档案部门所接收，所以单位的档案部门和档案管理人员有责任从如下三个方面协助领导督促归档制度的落实：第一，参与本单位归档制度的制定工作。第二，开展归档制度的宣传工作，使本单位的工作人员深入了解归档制度的内容和要求。比如，在宣传橱窗中张贴归档制度和档案利用规定，表扬归档工作做得好的部门和人员等。第三，对单位归档制度的执行情况进行监督，对发现的问题及时提出改进的建议。

（三）指导文书部门的立卷归档工作

档案室或档案管理人员对文书立卷归档的业务指导工作包括如下内容。

1.协助单位确定立卷地点和分工立卷的范围

立卷地点是指一个单位应该由哪些部门或人员具体完成文书立卷工作；这是在组织上落实直接责任部门或人员。分工立卷范围是指各种内容的文件应该由哪些部门或人员负责立卷；这是为了避免文件重复立卷或遗漏立卷的情况发生。在确定立卷地点和分工立卷范围时，我们可以有两种选择：第一，单位内部各部门处理完毕的公文，均集中到办公厅（室），由办公厅（室）的文书人员负责立卷工作。一些内部机构少的小型单位，其立卷工作则由专职或兼职的文书人员承担。第二，根据规定的分工范围，由办公厅（室）与各职能部门及其专兼职文书人员分别承担相关文件的立卷工作。例如：办公厅（室）负责方针政策性的、全面性的、重大问题的文件及以单位名义发出的文件的立卷；单位的科研、生产、营销等部门负责相关业务性公文的立卷。

除了上述两种立卷形式外，对一些业务部门形成的专门文书，还可以采取单独立卷的方式。如会计、统计、人事、科研、保卫等部门形成的业务文书，由这些部门指定专人负责立卷。

2.参与编制文件立卷方案

立卷方案包括文件分类表和立卷类目两个部分；有时这两个部分可以各自单独构成文件有时则可以作为一份文件。

立卷方案是对文件实体进行分类和组卷时所参照的具有可操作性的作业指导书，是文书人员进行文件分类和组卷的蓝图。档案室或档案管理人员参与编制立卷方案的工作，有利于及时将国家的有关规定和档案管理的要求体现在文件中，从而保证文件分类、立卷的合理性和系统性。

3.对立卷操作进行业务指导

立卷的操作就是对归档文件进行系统整理。使其形成有序的保管体系。在这个过程中，档案室或档案人员有责任深入到立卷工作现场，指导立卷人员运用立卷标准正确地对归档文件进行分类、组卷、编写文件号/页号、编制卷内文件目录和备考表、填写案卷封面、编写案卷目录等，及时解决立卷中出现的疑难问题。

应该强调的是，档案信息资源建设的不断深入和计算机数据化，对档案基础数据真实性、充足性、完整性和准确性的要求越来越高，而相当一部分基础数据是在文件形成、运行和归档过程中形成的。比如：发文字号、分类号、归档号、文件标题、责任者、形成时间、密级、文件号、页号、案卷标题、案卷号、保管期限等，因此，档案人员对立卷操作进行业务指导时要特别注意把好"数据关"，确保应标明在文件、卷内文件目录、备考表、案卷封面、案卷目录以及相关资料上数据的完整、准确。

4.进行归档案卷质量检查

在立卷过程中,档案室或档案管理人员应该进行阶段性的案卷质量检查,发现问题及时整改。在立卷工作结束后，档案室或档案管理人员还应进行终结性检查，以从总体上把握案卷质量。

（四）开展零散文件的收集工作

这里所说的零散文件是指单位在收集工作中未及时归档的文件。出现零散文件的原因主要有：一些会议文件、内部文件由于未经收发文登记而在归档时容易被遗漏掉；一些承办部门或工作人员未及时交回文件等等。由于多方面的原因，单位即使建立了归档制度，开展了正常的归档工作，也难免出现零散文件的现象。对此，档案室和档案管理人员应开展对零散文件的收集工作。收集零散文件可以采取下列方法：第一，根据单位内部机构调整、领导干部职务调动、工作人员岗位变动等情况，收集散存在承办部门或人员手中的文件；第二，结合单位的管理评估、安全检查等活动，清理和收集文件；第三，通过编写单位大事记、组织沿革等参考材料，有针对性地收集一些散存的文件。对零散文件的收集，并不是一项可有可无的工作，相反，不仅应该纳入工作日程，而且需要有制度保证。我们可以通过协助单位的领导制定会议文件归档制度、干部离任档案移交制度等，将零散文件的收集工作制度化，变被动为主动，保证档案的齐全完整。

三、档案收集工作的意义

档案收集工作是整个档案工作中极为重要的一个环节，做好收集工作有着十分重要的意义。

（一）收集工作是档案工作的起点

收集工作是档案工作其他环节的重要基础，没有起点其他环节就不复存在。档案工作的对象是档案，如果没有档案也就不会有档案工作。档案收集的齐全与否，直接影响档案工作其他环节，尤其是直接影响到社会各方面对档案的有效利用。

（二）收集工作是档案馆（室）贯彻集中统一、分级管理原则的重要措施

档案是党和国家的宝贵财富，对国家规定应该归档的各种门类和载体的档案，各单位不得分散保存，任何个人更不能据为己有。只有通过行之有效的档案收集工作，才能把档案集中到各机关档案室和各级各类档案馆，形成统一的档案信息保管基地，实行集中统一、分级分专业科学管理。

（三）收集工作是决定档案工作存在和发展的重要条件

档案数量的多少决定档案工作规模的大小，档案的质量高低决定档案工作的水平高低。档案馆（室）所管理的档案是靠收集工作取得的，只有收集工作搞好了，才能有效地开展整理、鉴定、保管、编研等工作，档案工作才能存在并得到发展。

（四）收集工作是衡量档案馆（室）工作质量的重要标尺

收集工作是档案馆（室）取得档案的手段，收集工作的效果决定档案馆（室）藏档案的数量多少与质量高低。只有丰富档案馆（室）藏档案，才能更好地发挥档案馆（室）的作用，才能更好地体现档案馆（室）的工作水平和质量。

第三节 档案馆的档案收集工作

《中华人民共和国档案法》第十一条规定：机关、团体、企业事业单位和其他组织必须按照国家规定，定期向档案馆移交档案。

根据《中华人民共和国档案法》的规定，各单位对国家和社会有保存价值的、需要长远保管的档案，要集中由国家设立的各级各类档案馆保存。档案馆收集档案的途径主要有：接收现行机关的档案，接收撤销机关的档案，征集社会散存的档案；在必要时，档案馆之间还要开展交换档案的活动。

一、档案馆接收现行机关的档案

（一）接收的范围和期限

1.接收范围

根据《档案馆工作通则》的规定，我国各级档案馆接收档案的范围是：中央级与省级（自治区、直辖市）档案馆负责接收本级现行机关、团体及所属单位具有永久保存价值的档案；省辖市（地、州、盟）和县级档案馆负责接收本级现行机关、团体及所属单位具有永久和长期保存价值的档案。例如：中央档案馆接收中共中央、国务院及所属部委办的档案；北京市档案馆接收北京市委、市政府及所属单位的档案。

2011 年 11 月，国家档案局以第 9 号令的方式发布的《各级各类档案馆收集档案范围的规定》，十分具体地划定了各级各类档案馆的收集范围：

（1）各级综合档案馆的收集范围是：第一，负责收集本级下列组织机构的档案：中国共产党委员会及所属各部门；人民代表大会及其常设机构；人民政府及其所属各部门和单位；人民政协及其常设机构；人民法院、人民检察院、各民主党派机关、工会、共青团、妇联等人民团体、国有企业和事业单位。第二，各级综合档案馆可全部或部分接收以上机构的下属单位和临时机构的档案。第三，乡镇机构形成的档案列入县级综合档案馆接收范围。第四，本行政区内重大活动、重要事件形成的档案、涉及民生的专业档案列入综合档案馆收集范围。第五，经协商同意，综合档案馆可以收集或代存本行政区内社会组织、家庭和个人形成的对国家和社会有利用价值的档案，也可以通过接受捐赠、购买等形式获取。第六，新中国成立前本行政区内各个历史时期政权机构、社会组织、著名人物的档案列入综合档案馆收集范围。

（2）各级专门档案馆负责收集本行政区内某一专门领域或特定载体形态的专门档案或档案副本。

（3）各级部门档案馆负责收集本部门及其直属单位形成的档案，但其中履行行政管理职能的档案，要按有关规定定期向综合档案馆移交。

（4）国有企业、事业单位设立的档案馆负责收集本单位及其所属机构形成的档案。国有企业发生破产转制，事业单位发生撤销等情况，其档案可按照有关规定由本级综合档案馆接收。

《各级各类档案馆收集档案范围的规定》还要求档案馆要适应信息化建设的需要，收集电子档案和纸质档案的数字化副本；有条件的档案馆应根据国家灾害备份的要求建立电子文件备份中心，开展电子文件备份工作；档案馆在收集档案时，应同时收集有助于了解档案内容、立档单位历史的资料，收集有助于管理和利用档案所必需的专用设备等。

2.接收期限

《各级各类档案馆收集档案范围的规定》要求，省级以上（含省级）档案馆接收保管期限为永久的档案，省级以下（不含省级）档案馆接收保管期限为永久和30年以上（含30年）的档案。

《中华人民共和国档案法实施办法》规定：属于中央级和省级、设区的市级国家档案馆接收范围的档案，立档单位应当自档案形成之日起满20年即向有关的国家档案馆移交属于县级国家档案馆接收范围的档案，立档单位应当自档案形成之日起满10年即向有关的县级国家档案馆移交。经同级档案行政管理部门检查和同意，专业性较强或者需要保密的档案，可以延长向有关档案馆移交的期限；已撤销单位的档案或者由于保管条件恶劣导致不安全或者严重损毁的档案，可以提前向有关档案馆移交。

比如：根据上述规定，山东省人民政府应该将其永久保存的档案在本单位保存 20 年左右后向山东省档案馆移交；北京市延庆县政府应该将保管期限永久和 30 年以上的档案在本单位保存 10 年左右后向延庆县档案馆移交。根据各个单位以及档案馆的具体情况，档案馆接收现行机关的档案可以采取逐年接收和分段接收的方式。分段接收可以定位 3~5 年为一个接收周期，这样比较有利于集中安排双方的工作。

（二）接收要求

《机关档案工作条例》和《档案馆工作通则》规定，档案馆在接收档案时要遵守如下要求：

（1）进馆档案应保持全宗的完整性，并整理完毕，符合国家规定的质量标准。

（2）档案形成单位在管理工作中编制的案卷目录、大事记、组织沿革、全宗介绍和有关检索工具应随同档案一起由档案馆接收。

（3）档案的交接双方必须根据移交目录进行清点核对并在交接文件上签名盖章，严格履行移交程序。

（4）档案馆在接收档案之前，应该深入接收单位调查了解有关接收情况，制定档案接收方案，进行接收的人力组织与物力准备工作，确保接收工作有条不紊地进行。

二、档案馆接收撤销机关的档案

在社会活动中，经常会发生单位调整、变动等情况，"撤销机关"由此而出现。一个单位撤销了，意味着其活动的终止；然而，"撤销机关"在历史上是客观存在的，其历史面貌应该保留。因此，撤销机关的档案需要得到妥善的保管。国家档案局在《机关档案工作条例》中特别规定了如下处理撤销机关档案的基本准则：

（1）机关撤销或合并时，撤销机关应负责组织人力，对档案进行清理、鉴定和保管，不得分散、毁弃或丢失档案。

（2）机关撤销、业务分别划归几个机关的，其档案材料不得分散，可由其中一个机关代管或向有关的档案馆移交。

（3）一个机关并入另一个机关或几个机关合并为一个新的机关，其档案材料应移交给合并后的机关代管或向有关的档案馆移交。

（4）一个机关内一部分业务或者一个部门划给另一个机关接收，其档案材料不得带入接收机关；如果接收机关需要利用这些档案材料，可以借阅或者复制。

（5）机关撤销或者合并时，没有处理完毕的文件材料，可以移交给新的机关继续处理，并作为新的机关的档案加以保存。

第三章 档案管理

档案馆（室）对收集来的档案分门别类组成有序体系的一项业务，是档案管理中的一项基础工作。并对档案进行区分全宗、分类、立卷、编制案卷目录等一系列的活动。这项工作的目的是建立档案实体的管理秩序，为档案鉴定、保管、检索、利用、编研等工作奠定基础。

第一节 档案整理工作的内容和原则

一、档案整理工作的内容

档案整理工作，就是将处于零乱状态和需要进一步条理化的档案，进行基本的分类、组合、排列和编目，组成有序体系的过程。

档案的整理工作的内容主要包括：区分全宗、全宗内档案的分类、组卷、案卷的排列和编制检索工具。

档案整理工作是档案管理工作中一个相对独立的组成部分，其系统的结构和运行机制具有一定的特点：一方面，就各个完整的档案综合体的生成及其全部流程而论，档案整理工作是由可以分解而又互相联系的若干内部环节组成的有机系统；另一方面，就特定的档案管理单位而论，整理工作的项目则因具体环境和档案状况而有所不同。

档案整理工作包括区分全宗、全宗内档案的分类、立卷（组卷、卷内文件的排列和编号、填写卷内目录和备考表、拟写案卷标题、填写案卷封面）、案卷排列和编号、编制案卷目录等业务环节。

按照我国文书工作和档案工作的管理体制与分工，档案整理工作是分阶段进行的。其中，全宗内档案的分类、立卷、案卷排列和编制案卷目录等业务环节，一般由文书部门或文书人员承担，即文书立卷；归档案卷的统一编号和排列由档案室承担；全宗的划分和排列多由档案馆承担。在某些特殊情况下，如当档案室（馆）接收到整理质量不佳或基本未经整理的零散档案时，就需要对档案进行局部的或全部程序的整理。

（一）系统排列和编制案卷目录

这种情况是指档案室对接收的已经立卷归档的案卷，按照本单位档案的分类和排列规则，进行统一的分类、排列和编号，使新接收的案卷同已入库保存的档案构成一个整体。

在正规的工作条件下，档案室接收的是文书部门和业务部门按照归档要求组好的以件为单位的文件或案卷；档案馆接收的是由机关档案室根据入馆要求整理移交的档案。在这种情况下，档案室和档案馆的档案整理工作，主要是对所接收的档案，根据整个档案室和档案馆存放和管理的需要，进一步系统地整理，如全宗和以件为单位的盒内档案的排列，检索工具的某些加工等等。

（二）局部调整

这种情况是指对已经接收进档案部门的部分质量不合格的案卷所做的局部改动和调整工作。

已经整理入馆、室保存的档案，经过检验或专门的质量检查，对其中不符合整理要求和不便于保管利用的部分，档案馆和档案室需要进行一定的加工以提高其质量；另外，随着时间的推移，档案自身或档案整理体系可能发生某些变化，也需进行必要的调整。

（三）全过程整理

这种情况是指档案部门对于接收到的零散文件所进行的从区分全宗到编

制案卷目录的全部整理工作。

由于一些特殊原因，档案馆、室有时也接收和征集一些零散文件，或者当馆藏的体系遭受严重破坏时，就必须进行全过程的整理工作。

二、档案整理工作的原则

档案整理工作的原则是：保持文件之间的历史联系；充分尊重和利用原有的整理成果；便于保管和利用；按照档案形成的特点和规律进行整理。

（一）保持文件之间的历史联系

保持文件之间的历史联系，是档案整理工作的根本性原则。文件之间的历史联系是文件在产生和处理过程中所形成的内部相互关系，也被称为文件的"内在联系"、"有机联系"。在档案整理工作中保持文件之间的历史联系，其目的在于使档案能够客观地反映形成者的历史面貌。文件之间的历史联系主要表现为以下四个方面。

1.文件在来源上的联系

文件的来源一般是指形成档案的社会组织或个人。同属于一个形成者或同类型形成的文件在来源上有着密切的联系。例如：××物业公司的收文、发文的内部文件，属于一个形成者，具有来源上的密切联系。

因为不同来源的文件反应不同形成者历史活动的面貌，所以整理档案时必须首先保留文件在来源上的联系，也就是说，档案不能脱离其形成单位；同时，不同来源的档案也能混淆在一起。

2.文件在内容上的联系

文件的内容一般是指其所涉及的具体事物或问题；同一个事务、同一项活动、一个问题所形成的文件之间必然具有密切的联系。整理档案时，保持文件之间在内容上的联系，有利于完整地反映其形成者各种活动的来龙去脉和基本情况，也便于查找利用。

3.文件在时间上的联系

文件的时间一般是指其形成的时间。整理档案时，保持文件之间在时间上的联系，有利于体现其形成者活动的阶段性、连续性和完整性。

4.文件在形式上的联系

文件的形式一般是指其载体、文种、表达方式以及特定的标记等因素。不同形式的文件往往具有不同的作用、特点和管理要求。整理档案时，保持文件在形式上的联系，有利于揭示文件的特殊价值，便于档案的保管和利用。

（二）充分尊重和利用原有的整理成果

在不同的时空条件下，对不同状况的档案整理从何着手，确定何种类型的整理方式和要求，成为必须首先解决的档案整理策略。档案是历史文化的遗物，它不仅记录了当时的实践活动，而且反映了历史整理和保存档案的情况和成果。在整理档案的时候，要尊重历史和继承前人的劳动，充分地利用先前的整理基础。这样有利于提高档案整理工作的质量和效率，以适应提供利用的需要。

我国档案界惯称的所谓"利用原有基础"整理档案，是已经被实践所证明的一种比较切实可行的办法，也是科学地组织档案工作的一跳原则。

充分尊重和利用原有的整理成果是指后继的档案管理者要善于分析、理解和继承前人对档案的整理成果，不要轻易地予以否定或抛弃。在整理档案时充分尊重和利用原有的整理成果，应该做到：第一，在原有整理成果基本可用的情况下，要维持档案原有的秩序状态；第二，如果某些局部整理结果明显不合理，可以在原来的整理框架内进行局部调整；第三，如果原有的整理基础的确很差，无法实行有效管理，可以进行重新整理。但是，重新整理时应该尽可能保留或利用原有基础中的可取之处。

（三）便于保管和利用

整理档案时，一般情况下，保持文件之间的历史联系与便于保管和利用之间是一致的。但是，在某些特殊的情况下，二者之间可能会发生一定的矛盾。例如：产生于同一个会议的档案，有纸质文件、照片、录像材料，甚至还有电子文件等，它们的保管要求各不相同，在整理时就需要综合考虑各种因素，在保持文件之间历史联系的前提下，采取分别整理的方法，以利于档案的保管和利用。

（四）按照档案形成的特点和规律进行整理

档案是在一定历史时期，由一定政权机关、组织和个人形成的。

各个历史时期内形成的档案就反映了各个时期的政治、经济、科学、文化、教育等各方面的历史活动情况，它们既有密切的联系，又有各自的特点。所以，整理档案首先要区分不同的历史时期，再分不同的政权，把同一历史时期、同一政权、同一组织形成的档案集中在一起，以保持档案的历史联系和完整性。

同样，一个机关形成的全部档案，反映了这个机关的全部历史，是一个不可分割的整体，不同机关的档案绝不能混为一谈。只有认识档案的形成特点和规律，才能实事求是地整理档案，最大限度地保持档案之间的历史联系，使整理好的档案，客观地反映档案形成时期、形成机关各项活动的历史面貌，从而便于查找利用。

第二节 全宗的划分

　　档案的形成者数不胜数，在档案管理中如何界定、称呼和区别不同形成者的档案呢？社会活动的不断变化导致档案形成者也随之发生变动，那么，他们的档案在归属上也发生变化吗？如果发生变化，档案管理者又应如何识别和处理呢？

一、确定全宗

（一）全宗

　　全宗是一个具有独立性的单位或个人在其社会活动中所形成的全部档案的总称，是一个表示档案范围的计量单位。凡是具有独立性的单位或个人的全部档案就叫做一个全宗。例如：湖南省人民政府的全部档案，被称为"湖南省人民政府全宗"；毛泽东的全部档案，被称为"毛泽东全宗"。

　　全宗具有不可分散性，即同一全宗的档案不能分散，不同全宗的档案不可混淆。不管在档案室还是在档案馆，档案首先是按照全宗进行管理的；维护了全宗的完整性，也就维护了一个单位或个人历史的完整性。

　　"全宗"，最先是法国作为对档案馆内档案分类的原则和方法而应用的，后为许多国家采用，逐渐成为国际范围内档案学通用的术语。其原意为"基金"、"贮量"，后来也转意为"库藏"。中国曾有"档案群"以及俄文音译"芬特"的用法。1955 年以后，根据国家档案局《关于改"芬特"为"全宗"的通知》，全国统一使用了"全宗"的称呼。在汉语中，"宗"字本为祖庙、族系以及类别、批量的意思，因为因而惯称相关事件的一组文件以至泛称档案为案卷或卷宗。"全宗"的字面意义，即一个机关的全部档案。

　　我国档案全宗的类型，主要包括以下几种：按形成全宗的单位和全宗内容的性质，分为机关组织全宗和人物全宗两种；按全宗的范围和构成方式，分为独立全宗、联合全宗、汇集全宗和档案汇集四种。其中，独立全宗是典型的、大量的，联合全宗、汇集全宗和档案汇集，属于全宗的补充形式。

1.全宗是一个有机整体。它说明全宗具有不可分割性，某一机关、组织或人物形成的档案反映了它们的各种活动及其相互之间密切联系的整个过程。全宗是组成馆藏档案的基本单位，因此，除个别情况外，同一全宗的档案不可分散，不同全宗的档案不能混淆。在我国，全宗的整体性还受到党和国家法规的约束与保障。中共中央办公厅和国务院办公厅1983年发布的《机关档案工作条例》和《档案馆工作通则》分别规定："一个机关的全部档案室不可分割的整体，应统一向一个档案馆移交"，"进馆档案应保持全宗的完整性"。

2.全宗是在一定的历史活动中形成的。它说明全宗这种整体具有客观性，而不是纯粹人为的，或任意的。全宗的整体性，是由其内部成分中多维的历史联系所决定的。具有历史联系的全宗整体，虽然经过人们的组合，但从其本质来说，全宗是在社会生活中"自然形成的"。各种文献的整理，都有不同的形式和层次，全宗则体现了档案及其形成的特点，成为档案整理分类的典型方式。

3.全宗是以一定的社会单位为基础而构成的。它说明了特定的档案整体的来源和界限，以及全宗单位的相对稳定性。在档案管理系统中，所谓档案整体有各种类型和不同的层次，也有许多不同的称呼，如"档案组合"、"文件组合"、"分组组合"、"文件综合体"、"全宗"、"类"、"卷"、"保管单位"等等，从某种意义上讲它们都是文件的综合体。全宗是以产生它的机关、组织和个人为单位而构成的，这就为档案全宗这种整体确定了一个时空范围以及纵向和横向间的区分标志。国家档案局1987年发布的《机关档案工作业务建设规范》规定："一个机关在其工作活动中形成的各种门类和载体的档案为一个全宗。"总之，全宗定义中的来源要素的概括，是有实用价值的。

（二）立档单位

构成全宗的具有独立性的单位或者个人就是立档单位，也称为"全宗构成者"。例如"陕西省人民政府"是一个立档单位，它的全部档案就构成一个全宗；"朱德"是一个立档单位，他的全部档案也构成一个全宗。

确定一个形成档案的单位可否成为一个立档单位，需要依据下列条件：第一，工作上，可以独立地行使职权，并能以自己的名义对外行文；第二，财务上，是一个会计单位或经济核算单位，可以编制财务预算或财务计划；第三，人事上，有一定的人事任免权，设有管理人事的机构或人员。通常情况下，在工作上、组织上和财务上具有一定独立性的单位就是一个立档单位，它们的档案就可以构成一个全宗。

应该特别指出的是，上述确定立档单位的条件中，第一个条件"可以独立地行使职权，并能以自己的名义对外行文"是主要的条件。之所以强调这一点，是因为在某种特殊的情况下一些单位不同时具备立档单位的三个条件，有些单位在工作上是独立的而在财务上和组织上不独立，也有的单位在工作上和组织上是独立的而在财务上不独立，在这种情况下，判断其是否为立档单位，主要是依据第一个条件，看它能否独立行使职权和以自己的名义对外行文。

（三）确定立档单位的方法

在明确了立档单位的成立条件后，我们通过什么方法或途径取得确认一单位是否为立档单位的证据呢？通常可以从如下两个方面去寻找和取得证据。

1.从文件中查找

可以从与该单位成立、撤销、调整等有关的法规性、领导性文件中查阅、分析。例如查阅关于单位成立的命令、决议、组织章程、会议记录等，这些文件会规定该单位的职权范围、隶属关系、内部机构设置等。

2.从实际工作情况考察

在实际工作中，一个单位若内部设有比较健全的文书工作机构，通常就是一个立档单位。此外，单位的名称、印信等也可以作为分析其是否符合立档单位条件的参考。

应该注意的是：确定一个组织是否为立档单位，不能以其权限的大小、人员数量的多少和档案数量的多少来确定。有的基层单位或小型公司权限不大，人员有限，档案数量较少，但它具备了构成立档单位的条件，那么它就是一个立档单位，其所形成的档案就应该构成一个全宗。

二、区分全宗

由于社会活动的需要和社会职能的分化、调整常常引起一些立档单位的增设、撤销合并等，而这些变化又会牵涉到全宗的划分，因此，我们需要掌握立档单位的各种变化与全宗之间关系，从而正确处理有关的问题。

（一）区分全宗的原则

1.立档单位发生根本性变化与全宗的划分

立档单位发生根本性变化主要指由于机构撤销、合并、拆分等引起的立档单位实体独立性的变化，由这些变化所导致的全宗划分问题，一般有以下几种情况：

（1）立档单位被撤销，工作终止，其档案应作为独立的全宗予以保存。如果单位撤销后，其部分职能由其他立档单位接续，撤销之前形成的档案仍作为独立的全宗对待；在今后延续下来的职能活动中形成的档案，作为接续该职能的立档单位全宗的一个组成部分。

（2）由几个立档单位合并组成新的立档单位，合并前的档案分别构成独立全宗，合并后形成的档案构成一个新的全宗。如果以其中的一个立档单位为中心，兼并若干其他立档单位，那么，中心立档单位兼并前后的档案则应作为同一个全宗，其他立档单位被兼并前的档案分别构成独立全宗。

（3）立档单位的某个内部机构或职能独立出来而形成新的立档单位时，其独立之前的档案作为其原所在立档单位全宗的一部分，独立后形成的档案构成新的全宗。原来是独立的立档单位，后来并入其他立档单位成为所并入单位的内部机构的，其并入前所形成的档案构成独立全宗，并入后形成的档案成为所并入立档单位全宗的一部分。

（4）某单位的某内部机构或某职能直接并入其他立档单位时，该内部机构或职能并入前的档案是原所在立档单位全宗的一部分，并入后的档案成为所并入立档单位全宗的一部分。

（5）合署办公的立档单位，其档案如果能区分开，一般应分别构成全宗；如果档案确实难以区分，可以按照全宗的补充形式处理，组建联合全宗。

2.立档单位非根本性变化与全宗的划分

立档单位非根本性变化是指立档单位名称的变更、职权范围的扩大或缩小、隶属的改变、内部组织机构的调整、组织规模的扩大或缩小、工作地点的迁移等，这些并未引起立档单位实体独立性的改变，因此不会导致全宗的变化。

3.临时机构和派出机构档案的全宗归属

具有社会独立性的临时机构，其档案是否构成独立全宗，应作具体分析。如果临时机构存在时间较短，职能性质不重要，档案数量不多，则可以不构成独立全宗而作为其上级主管单位全宗的一部分；如果临时机构存在时间较长，职责较重要，档案数量较多，其档案则可以构成独立全宗。

派出机构不具有社会独立性，所以其档案不能构成独立全宗，一般作为其所属立档单位全宗的一部分，实施统一管理或单独管理。

4.立档单位中党、团、工会等组织档案的全宗归属

各单位中党、团、工会等组织形成的档案，均作为其所在立档单位全宗的一部分，按照内部组织机构的档案对待。比如：××玩具公司工会形成的档案，应作为该公司档案的一个部分，统一管理。

（二）判定档案所属全宗的方法

在实际工作中，一些单位的档案在形成或流转过程中会发生散失、混淆，造成其归属不清的情况。这时。就需要我们通过分析来判定档案的所属全宗。

判定档案所属全宗的关键在于确定各种档案的立档单位，我们在操作时应注意：不要将文件的制发名义作为判定标准。具体的判定方法如下所述。

1.发文和内部文件所属全宗的判定

发文和内部文件应归属于制发该文件的立档单位，因此，只要查明了文件的作者，也就确定了其所属全宗。

一般情况下，发文是指文件的定稿，它是缮印正本的依据，不对外发出，因此，必然属于文件制发单位的全宗。发文一般具有两个特征：一是正本与定稿放在一起；二是有比较固定的格式，或者有起草人、签发人的标记。这些可以有效地帮助人们判定是否是发文、是哪里发的文，从而判定其所属全宗。

内部文件因不对外发出，所以必然归属于制发单位的全宗。判断是否为内部文件，可以从文件的标题、内容、办理意见和落款等方面来看，这些方面都明显地反映出其内部文件的特征；同时，内部文件也大都是定稿与正本放在一起的。通过这些内容也可有效地确定内部文件的作者，确定了内部文件的作者也就判定了其所属全宗。

2.收文所属全宗的判定

收文应归属于收受该文件的立档单位，因此，只要查明了收文的实际收受者，也就确定了其所属全宗。通常，收文都是正本文件，而不可能是定稿或草稿（征求意见稿除外），且正本文件具有标准的公文格式，还大都有收文章、收文编号、拟办意见、批办意见等收文处理标记。根据这些特征就能够判明文件的收受者，从而确定文件的所属全宗。

对于全宗混淆严重、不能采用上述方法判定档案所属全宗的特殊情况，往往需要借助文件上的各种标记来综合分析、判断，例如承办单位负责人或承办人的签字、批注的记号、收文和归档的印章或其他戳记、文件上的各种日期等；还可以通过研究文件的内容、查阅档案形成机关的收发文登记薄等方法判定档案的所属全宗。

三、全宗的补充形式

正常情况下，各个立档单位所形成的档案数量齐全，与其他全宗的界限清楚,自身可以构成一个完整全宗的,印为独立全宗。独立全宗是全宗的主体类型。但是,由于一些特殊的社会、历史原因,许多档案在数量上、界限上或归属上很难组成独立全宗或者按照独立全宗进行管理,因此,为了便于管理,我们可以采取一些变通的方法,采用"全宗的补充形式"对那些处于特殊状态的档案进行组织。

(一)联合全宗

联合全宗是两个或两个以上全宗的联合体。若干立档单位的档案之所以组成联合全宗,主要是因为它们的档案混淆在一起且无法区分。立档单位的档案必须组成联合全宗的情况有两种:第一,两个或两个以上的立档单位在存在时间上前后相继、交替,在人员职能和内部机构等方面相互交叉,文件处理界限不清,使档案混淆在一起无法区分;第二,两个或两个以上同时存在的立档单位,职能相近,关系密切,且合署办公,文件混合处理,致使档案无法区分。遇到上述两种情况,其档案可按联合全宗的方式进行组织。

(二)全宗汇集

全宗汇集是指将若干性质相近的独立全宗人为汇集起来。组织全宗汇集的前提条件是:独立全宗的档案数量极少。

(三)档案汇集

档案汇集是指将若干全宗所属不明或所属全宗已经不复存在的档案汇集起来,例如"工业生产档案汇集"、"教育档案汇集"等。组织档案汇集必须充分考虑文件之间的关系,即将在内容、性质上确有联系或共同点的孤立的文件组合成为档案汇集。

在档案管理中,一旦某些档案采用了某种全宗的补充形式,就视为一个全宗,赋予正式的全宗名称,并与其他全宗一起统一编号、排列。

四、全宗群

全宗群是由若干具有一定联系的全宗构成的群体。在档案管理中，全宗群是一个在宏观上组织全宗的思想方法，而不是档案实体管理分类的层次和实体性的保管单位。例如：在档案室（馆），将形成时期相同、性质相近的全宗集中保存在同一个或相邻的库房中，以便于查找、利用，这便是全宗群的划分。全宗群的划分方式非常灵活，在档案室（馆）中没有统一的标准。在档案馆，可以按照历史时期划分全宗群，也可以按照党政系统划分全宗群，还可以按照地区、行业划分全宗群。

第三节 全宗内档案的分类

全宗内档案的分类是指按照来源、内容、时间或其他形式特征，将立档单位所形成的档案划分为若干类别，使之条理化的工作。

一、全宗内档案分类的基本要求

（一）分类应符合立档单位的客观实际

立档单位的社会职能、规模等各方面的具体情况决定了其档案具有各自的内容、形式特点。因此，全宗内档案的分类要根据每一个立档单位档案的形成规律，选择适合的分类方法，合理地设置类目，准确地归类；分类的结果应该符合全宗档案的客观状况，维护立档单位的历史面貌。

（二）分类应遵守逻辑规则

分类作为一种管理方法，必须遵守逻辑规则。逻辑规则在全宗内档案分类方向的具体体现是：①所设置类别的总和必须覆盖全部档案，既不能出现无实际档案的"虚类"，也不允许存在未纳入任何类别的"多余"档案。②全宗内档案分类可以是多层次的，但是每一个层次所采用的分类方法必须一致，不允许运用多种方法，而不同层次之间的分类方法可以不同。例如：××饮料公司的档案分为两个分类层次，第一层次采用"年度分类法"，第二层次采用"问题分类法"，这是符合逻辑规则的做法；而同一层次既采用"年度分类法"又采用"问题分类法"，则是违反逻辑规则的做法。③同层次各类别之间的界限必须分明，在概念上不能互相交叉、包容。例如：××家具公司在采用问题分类法时，同一层次既设置了"产品营销类"，又设置了"经营类"，就出现了概念上的包容现象。

（三）分类应该注重实用性

全宗内档案的分类还应考虑便于保管、检索和利用的要求，从现实需要出发，确定分类策略，选择分类方法。

二、全宗内档案分类的程序和方法

全宗内档案分类的流程如下所述。

（一）区分档案的门类

门类（部类）是指档案在形成过程中自然分化的种类，如：文书档案，科技档案，专门档案中的人事档案、会计档案……这些档案的内容、载体、表达方式不同，其管理方式和要求也不同，因此，在对全宗内的档案进行分类时，需要首先在门类上将其区分开来，以进行有针对性的管理。

（二）选择分类方法和设置类别

立档单位的工作性质、职能、规模以及运行情况不同，其档案的数量、结构、内容也各具特点，对它们就需要采用不同的分类方法和类别设置；同时，不同门类的档案，其分类方法也有区别。在这一工作步骤中，我们需要根据立档单位和全宗内档案的具体情况，为其选择适合的分类方法，确定分类的基本层次，设置类别，建立分类框架。

（三）编制分类方案

分类方案是用文字或图表的形式表示全宗内档案分类体系的文件；其作用是对分类作进行指导，并最终记录全宗内档案分类的结果。在确定了分类方法和类别设置后，就需要将其编制成分类方案。

分类方案在初步拟好之后，随着档案归类的进行，可能会根据实际情况做一些调整，直至全宗内档案归类完毕，分类方案才可以最后定稿。

（四）文件归类

档案分类人员按照分类方案，设置好类别的标志，将文件实体归入所属的类别中。

三、全宗内档案常用分类方法的应用

（一）年度分类法的应用

1.年度分类法

年度分类法就是以形成文件的自然年度或专门年度为标准将档案分成各个类别。年度分类法的优点在于：分类标志客观、明确，操作简便易行；符合立档单位按年度归档的制度，文件归类时界限清楚；可以较好地体现立档单位工作活动的历史发展进程。

2.年度分类法的操作方法

采用年度分类法对文件进行归类操作时，我们应该掌握准确判定文件日期所属年度的方法。常见的情况和判定方法有如下几种：

（1）标有不同年度文件的归类。有些文件上标有属于不同年度的几个日期，在这种情况下，需要根据文件的特点，选择一个最能说明文件时间特点的日期归类。一般按照以下规则处理：

①收文的制发日期与收到日期属于不同年度时，一般归入收到日期所在年度。

②文件本身存在几个日期，如制发日期、批准日期、生效日期等，属于不同年度时，应根据文件的性质准确归类：一般的文件以制发日期（落款）为准；法律法规性文件一般以批准、通过或生效日期为准。

③计划、总结、预算、决算、统计报表等文件，其内容所针对的时间与制发时间属于不同年度时，应归入内容所针对的年度中。例如：2010年的工作计划，制发于2009年12月，这份文件应该归入内容所针对的2010年度中。

④如果计划、总结、预算、决算、统计报表类文件的内容涉及若干年度时，如：五年计划，那么，计划、预算应归入其内容所针对的开始年度；总结、决算应归入其内容所针对的结束年度。例如：××广告公司 2006~2010 年发展规划，应该归入 2006 年度中。××建筑公司 2009~2011 年项目总结，应归入 2011 年度。

⑤关系密切、不可分散的一组文件的形成日期属于不同年度时，如一个案件所形成的一组文件、请示和批复等，一般将其归入关系最为密切的年度或结案年度。

（2）按专业年度形成的文件的归类。某些专业采用与自然年度不同的年度进行工作，如学校的教学年度——学年，是从每年的 9 月 1 日至次年的 8 月 31 日为一个学年度。在这种情况下，如果其所有的工作都按照专业年度运行，那么，其档案也按照专业年度分类、归类；如果其专业工作按专业年度运行，而日常行政工作按自然年度运行，且档案统一管理，则应将专业年度与自然年度结合在一起进行归类。例如：××大学的档案，2009 自然年度的行政档案与 2009~2010 学年的教学档案为一类，2010 自然年度的行政档案与 2010~2011 学年的教学档案为一类，以此类推。

（3）无具体时间的文件的归类。由于各种原因，一些文件上的日期特别是年度没有标明，给文件按年度归类造成障碍。对此，应该采取多种方法判定文件的准确日期。通常，分析文件的内容、格式、标记、制成材料等都是行之有效的方法；同时，将日期不明的文件与标明日期的文件进行比较对照，也可以帮助人们判定文件的所属年度。如果经过考证仍不能确定其所属年度，则应将其归入可能性最大的相关年度中。

（二）组织机构分类法的应用

1.什么是组织机构分类法

组织机构分类法就是以立档单位内设组织机构为分类标志，将档案分成各个类别。组织机构分类法的优点是：第一，符合立档单位按内部机构分工开展工作的规律，能较好地保持档案在来源上的联系，完整反映各个内部机构活动的情况；第二，内部机构作为分类标志，类名概念明确、客观，便于识别，有助于文件的准确归类；第三，有共同内容的文件相对集中，便于查找利用。

2.组织机构分类法的适用范围

并不是所有立档单位的档案都适合于采用组织机构分类法，这种分类方法具有一定的适用范围：

（1）立档单位内部要设立一定数量的内部机构，且内部机构要比较稳定。如果立档单位内部机构的数量很少，或者内部机构经常调整变动，很不稳定，则不适于采用组织机构分类法。

（2）立档单位内部机构之间的档案界限清楚，便于识别和区分。如果立档单位内部机构的档案或残缺不全，或混淆在一起难以识别、区分，则不适于采用组织机构分类法。

3.组织机构分类法的操作方法

（1）类别设置。应按照立档单位内部机构的序列设置类别，即一个机构为一类，内部机构的名称就是类别名称，内部机构的固定顺序就是类别的顺序。如果立档单位的内部机构没有固定排序，则档案人员应为其类别排定顺序。

（2）分类层次。采用组织机构分类法时，具体的分类层次主要取决于立档单位规模的大小和档案数量的多少。通常，大型组织内部机构的层次多，档案的数量大，类别可以分到内部机构的第二层或第三层。对于大多数中小型立档单位来说，按第一个层次内部机构对档案分类即可。

（3）临时性内部机构的分类。采用组织机构分类法，一般情况下，临时性内部机构的档案应单独设类，并排在最后一类。

（4）档案归类。在立档单位内部，文件的起草、审核、签发、承办往往涉及若干部门，因此，在采用组织机构分类法时，我们对文件归类应掌握如下要求：

①归类的依据是看哪个机构对文件进行了实质性的办理工作，而不能仅看发文名义或处理名义。比如：××建筑公司采购部起草了一份关于原材料采购品种与价格的函件，以公司的名义发出，那么，该份函件应归入采购部类当中。确认这一问题还有一个辅助性的标准，就是看文件内容是否属于该

机构的职责范围。

②由立档单位领导人或中心机构负责起草办理的全局性、综合性文件，应归入中心机构，即办公厅（室）类。

③由若干内部机构共同起草、办理的文件，应归入牵头机构或最后经办机构的类别中；如果判断不出牵头机构，则将文件归入现实存放的机构或中心机构的类别中。

④由某一个或几个内部机构负责起草、办理的全局性、综合性文件，一般应归入中心机构类别，也可归入起草或办理的机构类别之中。

（三）问题分类法的应用

1.什么是问题分类法

问题分类法就是以文件内容所涉及的主题为标准,将档案分成各个类别。它又称"事由分类法",是一种逻辑性质的分类方法。问题分类法的优点是：能够集中立档单位具有共同内容的档案，较好地保持文件在内容上的联系，便于反映立档单位各项工作的情况。但是，由于问题分类法在类别的设置上需要档案人员根据档案的具体情况归纳、概括后拟定，而不像年度分类法和组织机构分类法具有客观对应的标志，因此，问题分类法在设类和文件归类的操作上，比起年度分类法与组织机构分类法有更大的难度。因此，不适合于采用年度分类法和组织机构分类法的全宗才考虑采用问题分类法。

2.问题分类法的适用范围

（1）立档单位内部机构变动频繁，职能分工界限不清，或内部机构数量很少。

（2）立档单位内部机构的档案混淆，难以区分，或档案数量少。

在上述两种情况下，全宗内的档案按照组织机构分类已经失去了简便易行的优越性，甚至无法按组织机构分类，因此，可以采用问题分类法。

3.问题分类法的操作方法

（1）类别设置。为了使类别能够反映立档单位的基本职能活动，在设类之前，需要对立档单位的主要职能、内部机构设置及变动、档案的内容等情况进行调查研究；然后，根据实际情况拟定类别，所设类别不宜过细或过于具体。为了解决记述全面情况、涉及若干方面工作或特殊内容的档案的归属问题，通常应设置一个"综合类"或"总类"，并置于所有类目之前。

（2）文件归类。在文件归类的操作中，为了解决工作人员在归类上认识的不一致，应统一编制归类规则。归类规则应包括：对类别含义的解释，对档案内容进行类别分析认定的方法，多类别属性档案的定义和归类方法，类别属性不明或理解上有分歧的档案的归类处置原则、办法等等。

（3）类目完善。采用问题分类法，类目体系是一个逐渐完善的过程。因为在分类工作开始时所拟定的类别，在归类的过程中可能会发现不尽合理之处，这是就需要对类别设置进行调整，直至全宗内档案全部归类完毕，类目体系方能最后确定下来。

（四）分类方法的组合应用

按照构成方式，全宗内档案分类分为单式结构分类法和复式结构分类法两种类型。单式结构分类法是指全宗内档案分类只采用一种分类方法；复式结构分类法是指采用两种分类方法结合的方式对全宗内档案进行分类。复式结构分类法在应用上比较灵活，适用面比较广，因此，绝大多数立档单位全宗内档案的分类采取这种分类方法。分类方法的组合形式有如下几种。

1.年度—组织机构分类法

全宗内档案先按年度分类，然后在每个年度类下再按照内部机构分类。这种方法适用于内部机构比较稳定且档案之间界限比较清楚的现行机关档案的分类。

2.组织机构—年度分类法

全宗内档案先按照内部机构分类，然后在每个内部机构类下再按年度分类。这种方法只用于内部机构比较稳定的历史档案或撤销机关档案的分类。现行机关的档案如果采用这种分类方法，就需要在档案库房为同类别档案预留保管位置，否则，每年档案入库时都要为同类别新案卷腾挪位置。

3.年度－问题分类法

全宗内档案先按年度分类，然后在每个年度类下再按照问题分类。这种方法适用于内部机构很少，或内部机构变动频繁，内部机构之间的档案混淆，无法按组织机构区分的行政机关档案的分类。

4.问题－年度分类法

全宗内档案先按照问题分类，然后在每个问题类下再按年度分类。这种方法适用于内部机构变动频繁且档案混淆而难以区分的撤销机关档案或历史档案的分类。

四、全宗内档案分类的意义和要求

全宗内档案的分类，就是按照立档单位所形成档案的来源、时间、内容或形式上的异同，将其分成若干层次或类别，使其构成有机体系的过程。简单地说，就是用科学地方法将档案分门别类，组成一个科学、完整的体系的过程。

（一）全宗内档案分类的意义

1.通过分类揭示文件之间的内在联系，为系统提供利用创造条件。
2.全宗内档案的分类是档案整理工作中的一个中心环节。

（二）全宗内档案分类的要求

1.分类要从档案形成的特点和规律出发，保持档案之间的历史联系。
2.分类应当具有思想性、科学性、统一性、排他性和伸缩性、

思想性：指分类要体现党的方针政策，坚持历史唯物主义的方法。

科学性：指客观地按照事物内部联系进行分类，层次要清楚，逻辑性强，要有明确的类、项与目的概念，类与类之间的界限要分明。

统一性：指每类的标准要统一，做法要一致，避免前后左右互相矛盾。

排他性：指分类方案中同级的各类间地位相等，内容时互相排斥的，不能互相交叉。

伸缩性：指适当留有伸缩增减的余地，分类时不影响整体的变动。

3.分类的结果要便于管理，便于利用。

五、全宗内档案分类的常用方法

全宗内档案的分类，是先分门类或部类，然后再在各门类、部类中继续分类。档案门类和部类，是指在档案形成过程中自然形成的档案种类。如文书档案、科技档案、声像档案、专门档案中的人事档案、会计档案，以及电子文件等新型载体档案。这些不同门类和载体的档案形成领域不同，内容形式不同，管理方式和管理方法上的要求特点也不同，不能混在一起去管理。但是，一个立档单位的上述不同门类和载体的档案又都是其全宗不可分割的组成部分，应作为一个全宗对待。全宗内档案的分类方法，是指对各门类或部类档案进行分类时所用的方法。

（一）全宗内档案分类的一般方法

分类方法即分类的标准和依据。对同一被分类对象采用不同的标准去分类，就形成了不同的分类方法。全宗内档案分类的一般方法主要有以下几种：

1.来源分类法。来源分类法是指档案文件形成、产生的组织机构或个人的界限来分类。具体表现形式主要有组织机构分类法、作者（制发文件的责任者）分类法和通讯者分类法三种。

2.时间分类法。时间分类法是指按档案文件产生的时间界限对档案进行分类。其具体形式分为年度分类法和时期分类法两种。年度分类法是指按自然年度或专业年度分类的方法；时期分类法是指按不同的历史时期、历史阶段进行分类的方法。

3.内容分类法。内容分类法是指按档案的内容进行分类。常见的分类方法主要有问题分类法、事物分类法和地理分类法等具体形式。问题分类法是指按档案内容所涉及的逻辑概念性问题进行分类的方法；实物分类法是指按档案内容所涉及的实物类型进行分类的方法，如石油、煤炭、粮食等，也可以看作是某种意义上的问题分类方法；地理分类法是指按档案内容所涉及的地理区域进行分类的方法，如华北、东北、西南，或河南、湖南、江西等。

4.形式分类法。形式分类法是指按档案的形式特征进行分类的方法。具体的表现形式主要有文种分类法、载体分类法、形态规格分类法三种。文种分类法是指按档案的种类形式进行分类的方法，如会计档案中按凭证、账簿、报表等形式分类就是典型的文种分类法；载体分类法是指按档案物质载体的类型进行分类的方法，如胶片、光盘等；形态规格分类法是指按档案载体形式的空间形态和大小进行分类的方法，如卷、盒、盘以及不同的尺寸、开本、型号等。形式分类法一般适用于一些形式因素具有重要意义的档案，如会计档案或特殊载体（又称新型载体）档案。

（二）全宗内文书档案常用的分类方法

文书档案的分类方法常用的主要有三种，即年度分类法、组织机构分类法、问题分类法和保管期限分类法。

1.年度分类法。年度分类法是指按照档案文件形成的所属的年度进行分类的方法。

年度分类法的优点：

（1）符合档案按年度形成的特点和规律，能够反映立档单位年度工作的特点，保持档案在形成时间方面的历史联系。

（2）便于人们按年度查找利用档案。

（3）适合文件归档工作的制度。按年度分类法，机关档案室可按年度将接收的档案排列上架。

（4）可以和其他分类法结合使用。

几种特殊情况的处理：

（1）应首先考证和判定文件的年度，以便归入比较准确的时间。考证办法是：

①分析文件的内容判定日期。

②研究文件的制成材料、格式和标记判定日期。

（2）文件上有属于不同年度的几个日期：

①内部文件和一般发文，以签发日期（或落款日期）为依据。

②来往文书的收文，以收到日期为依据。

③法律、法令、条例等法规性文件，以批准日期或公布生效日期为依据。

④指示、命令等指令性文件，以签发日期为依据。

⑤计划、总结、预（决）算、统计报表等，以内容针对的时间为依据。

（3）跨年度文件的处理：

①跨年度的规划，归入内容针对的第一年。

②跨年度的总结，归入内容针对的最后一年。

③跨年度的会议文件，归入会议开幕年度。

④跨年度的请求与批复，归入复文年度。

⑤非诉讼案件的文件，放在结案的年度。

（4）专门年度的文件：

指专业部门如学校、粮食部门等形成的专门跨年度的文件如"教学年度"、"粮食年度"。它是根据需要，另外规定的一种起止日期年度。如学校以每年8月1日至次年7月31日为一个"学年"。

①立档单位业务工作按专门年度进行时，按专门年度分类。

②立档单位主要的业务工作按专门年度进行，其他工作仍按一般年度进行，按一般年度和专门年度相结合的办法分类，即将以专门年度进行工作形成的文件按专门年度分类，其他文件按一般年度分类，然后再将两种年度的文件按相应年度合并为一类，如1990年度与1990~1991学年。

2.组织机构分类法。组织机构分类法是指按照立档单位内部组织机构将全宗内档案分为若干类别的分类方法。

组织机构分类法的优点：

（1）符合一个全宗档案形成的特点和规律，能较好保持文件之间的历史联系，便于反映机关的历史面貌。

（2）包含着按问题分类的因素，具有问题分类法的主要优点。

（3）分类准确，容易掌握，方法简便，利于实际分类工作的进行。

（4）符合现行文书处理部门的立卷制度。

组织机构分类法适宜与不适宜的范围：

（1）机关内设有组织机构适宜按此法分类，否则不适宜。

（2）机关内组织机构稳定，或虽有变动但不太复杂，适宜按此法分类；机构不固定，经常变动，则不适用此法。

（3）各组织机构的档案相对比较完整、条理，适宜按此法分类。

（4）可以按照其他方法分类而难以按此法分类，不用此种分类法。

几种特殊情况的处理：

（1）经机关党委（党组）讨论而以机关行政名义发出的文件，一般归入行政某机构类。

（2）业务机构起草而以机关名义发出的文件，一是归入机关的中心机构如办公厅（室）；二是归入相应的业务部门或业务机构。

（3）几个机构联合办理文件，一般应归入主办单位，也可归入批示退存单位或最后承办单位。

3.问题分类法。问题分类法是指按照全宗内档案内容所说明的问题，将全宗内的档案分为若干类别的分类方法。

问题分类法的优点：

（1）把相同问题的文件集中在一起，保持了文件在内容上的联系。

（2)可以较好地反映机关逐年工作变化情况,如实反映机关的历史面貌。

（3）具有较大的伸缩性和可容性。

问题分类法的适用范围：

（1）适用于立档单位小（基层单位），内部无组织机构或者内部机构只有简单的分工，工作常有交叉的单位。

（2）适用于立档单位内部机构变化复杂，无法按组织机构分类的全宗。

（3）适用于各级党委和政府等综合性部门。

4.保管期限分类法。保管期限分类法是指根据划定的不同保管期限对归档文件进行分类的方法。

保管期限分类法的优点：

（1）能够将不同价值的归档文件从实体上区分开来，使档案部门能够有针对性地采取整理和保护措施。

（2）为库房排架管理、档案移交进馆创造了条件。

（3）为及时剔除和进一步鉴定到期档案提供了便利。

六、复式分类法与分类方案

在对全宗内档案进行分类过程中，单纯采用一种分类方法的情况比较少见，较多的是将几种分类方法结合使用，这种结合使用的分类方法被称为复式分类法。在《归档文件整理规则》中，没有设定年度、保管期限、机构（问题）在组合成复式分类法时的先后顺序，但对三种分类方法的可选择性作了规定。其中，年度、保管期限是必选项，任何复式分类法都应当具备，即任何机关整理归档文件都必须分年度、分保管期限。机构（问题）作为选择项，是因为在基层单位或小机关，每年形成的文件数量少，或者内部机构设置简单，这种情况下无须再按机构（问题）进一步细分；而在较大的机关，文件一般由各文书处理部门分工整理归档，机构（问题）往往是必选项。

在实际工作中，分类方案就是在确定分类方法的基础上，标列各级类目名称，固定全宗内分类体系的纲要。分类方案是机关档案室工作的基础，是档案室规范化管理的起点，因此任何一个档案室都必须具备切合实际的分类方案，并且保持其相对稳定性。

分类方法与分类方案互为因果，相互制约。常见的复式分类法主要有：

（一）年度－机构－保管期限分类法

年度－机构－保管期限分类法，就是先把全宗内档案按年度分开，每个年度下按机构分类，然后在每个机构下面再按保管期限分类。

其分类方案为：

2000 年：办公室…… 永久、长期、短期

组织科…… 永久、长期、短期

人事科…… 永久、长期、短期

　　　　　财务科…… 永久、长期、短期

　　　　　……

2001 年：办公室…… 永久、长期、短期

　　　　　组织科…… 永久、长期、短期

　　　　　人事科…… 永久、长期、短期

　　　　　财务科…… 永久、长期、短期

　　　　　……

2002 年：……

这种分类方法，适用于内部机构虽有变化但不复杂的立档单位。采用此种分类方法，在库房排架时，每年形成的档案按机构序列依次上架，不需预先留空，也避免倒架，管理非常方便；其次，可将一个年度同一机构形成的文件，按保管期限的不同依次排列在一起，便于提供利用。此种分类方法最适宜于现行机关文件整理归档工作，特别是推行文书或业务部门立卷归档的单位，因此《归档文件整理规则》将其列入条文中推荐采用。

与此类似的还有年度－保管期限－机构分类法。

（二）保管期限－年度－机构分类法

保管期限－年度－机构分类法，就是先把全宗内档案按保管期限分开，每个保管期限下按年度分类，然后在每个年度下面再按机构分类。

其分类方案为：

永久：2000 年 办公室、组织科、人事科、财务科……

　　　2001 年 办公室、组织科、人事科、财务科……

　　　2002 年 ……

长期：2000 年 办公室、组织科、人事科、财务科……

　　　2001 年 办公室、组织科、人事科、财务科……

　　　2002 年 ……

短期：2000 年 办公室、组织科、人事科、财务科……

　　　2001 年 办公室、组织科、人事科、财务科……

2002 年 ……

这种分类方法，适用于组织机构虽有变化但又不复杂的立档单位。采用此种分类方法，在库房管理时，不同保管期限分别排架，更便于档案移交进馆。但每个期限应预留空架，以备以后每年档案陆续上架，否则需要每年倒架。此种分类方法适宜于现行机关文件归档工作，也是《归档文件整理规则》列入条文推荐采用的分类方法。

与此类似的还有保管期限－机构－年度分类法。

（三）机构－年度－保管期限分类法

机构－年度－保管期限分类法，就是先把全宗内档案按机构分开，每个机构下按年度分类，然后在年度下面再按保管期限分类。

其分类方案为：

办公室：2000 年…… 永久、长期、短期

2001 年…… 永久、长期、短期

2002 年…… 永久、长期、短期

组织科：2000 年…… 永久、长期、短期

2001 年…… 永久、长期、短期

2002 年…… 永久、长期、短期

人事科：……

这种分类方法，适用于内部机构基本固定或少有变化的立档单位以及撤销机关的文件整理工作。采用此种分类方法，在库房排架时需要预留空架，而预留空架的数量不好掌握，有时必须倒架。

与此类似的还有机构－保管期限－年度分类法。

（四）年度－问题－保管期限分类法

年度－问题－保管期限分类法，就是先把全宗内档案按年度分开，每个年度下按问题分类，然后在每个问题下面再按保管期限分类。

其分类方案为：

2000 年：党群类…… 永久、长期、短期

业务类…… 永久、长期、短期

行政类…… 永久、长期、短期

2001 年：党群类…… 永久、长期、短期

业务类…… 永久、长期、短期

行政类…… 永久、长期、短期

2002 年：……

这种分类方法，适用于内部机构变化复杂，或由于机构之间分工不明确、文书工作不正规等原因难以区分档案所属机构，以及没有内设机构或内设机构非常简单等情况。采用此种分类方法，适用于现行机关文件归档工作，也是《归档文件整理规则》推荐采用的分类方法。

与此类似的还有年度－保管期限－问题分类法。

（五）保管期限－年度－问题分类法

保管期限－年度－问题分类法

保管期限－年度－问题分类法，就是先把全宗内档案按保管期限分开，在每个保管期限下按年度分类，然后在每个年度下面再按问题分类。

其分类方案为：

永久：2000 年……党群类、业务类、行政类……

2001 年……党群类、业务类、行政类……

2002 年……党群类、业务类、行政类……

长期：2000 年……党群类、业务类、行政类……

2001 年……党群类、业务类、行政类……

2002 年……党群类、业务类、行政类……

短期：2000 年……党群类、业务类、行政类……

2001 年……党群类、业务类、行政类……

2002 年……党群类、业务类、行政类……

这种分类方法，适用于不宜按机构分类的立档单位，多用于现行机关档

案归档工作，也是《归档文件整理规则》推荐采用的分类方法。

与此类似的还有保管期限－问题－年度分类法。

（六）问题－年度－保管期限分类法

问题－年度－保管期限分类法，就是先把全宗内档案按问题分开，在每个问题下按年度分类，然后在每个年度下面再按保管期限分类。

其分类方案为：

党群类：2000 年……　永久、长期、短期

　　　　2001 年……　永久、长期、短期

　　　　2002 年……

业务类：2000 年……　永久、长期、短期

　　　　2001 年……　永久、长期、短期

　　　　2002 年……

行政类：……

这种分类方法，适用于撤销机关的文件整理工作或历史档案整理工作。

与此类似的还有问题－保管期限－年度分类法。

（七）年度－保管期限分类法

年度－保管期限分类法，就是先把全宗内档案按年度分开，然后在年度下面再按保管期限分类。

其分类方法为：

2000 年：永久、长期、短期

2001 年：永久、长期、短期

2002 年：……

这种分类方案，适用于内部机构设置简单的基层单位或小机关，或者每年形成档案数量少的机关，适宜于现行机关文件整理工作。

（八）保管期限－年度分类法

保管期限－年度分类法，就是先把全宗内档案按保管期限分开，然后在

保管期限下面再按年度分类。

其分类方案为：

永久：2000 年、2001 年、2002 年……

长期：2000 年、2001 年、2002 年……

短期：2000 年、2001 年、2002 年……

这种分类方案，适用于内部机构简单的基层单位或小机关，或者每年形成的档案数量少的机关，适宜于现行机关文件整理工作。

分类方案是进行分类工作的依据，因此，应当保持相对稳定，以便分类体系具有连续性，便于查找利用。但在实际工作中，随着工作的发展，机关各方面情况可能发生变化，整理归档文件时应当对分类方案的不合理之处加以调整，但切忌多变。无论采用哪一种分类方案，都要遵循以下编制原则：

一是求实性原则。即依据机关内组织机构设置、职责任务、业务分工、文件形成情况、文书处理情况，遵循文件的自然形成规律和内在联系，从文件整体联系出发客观地予以分类。

二是统一性原则。编制分类方案时，要明确类目体系层次，明确分类方法，并保持分类方案的稳定性，保持文件归类的一致性。

三是逻辑行原则。即文件分类体系应严密、简明，类目名称内涵与外延清晰。同一类层次应使用同一个分类标准，同位类之间应相互排斥，互不交叉。上位类的概念的外延要包括全部下位类概念的外延之和。例如，对某机关全部文件进行分类，以"组织机构"作为分类标准，就应在这一层次上对全部文件按此标准进行分类，如果同时使用组织机构和问题两个分类标准，就会出现各类文件相互重叠、包含与交叉。

四是发展性原则。文件是社会实践活动的产物，而社会实践活动又是千变万化的，组织机构有撤有合，工作任务有增有减，因此，编制的分类方案要有收放的余地，随着客观实践的变化，可以增减。

此外，对方案的调整工作情况，应当在全宗介绍中加以说明，以便今后档案管理工作的衔接。

第四节 案卷的组织

案卷是一组有密切联系的文件的组合体，它是在一个全宗的各类别之下对单份文件进行整合后所形成的保管单位。案卷的组织工作包括立卷、案卷的排列和编号、编制案卷目录等环节。

一、立卷方法

全宗内档案分类结束后，在各个类别下将单份文件按照一定的方法组成案卷的工作就是立卷。

目前，我国文书档案基本的立卷方法是"六个特征立卷法"，即根据文件在问题、作者、时间、名称、地区和通讯者特征六个方面的共同点将文件组合成案卷的方法。比如：把同一个作者的文件组成一卷；把同一个会议的文件组成一卷等等。按照文件的六个特征立卷时，一般不单一的采用某个特征组成案卷，而是综合分析文件之间的关系，选择其中最能说明客观情况的几个特征作为组卷的依据。例如："××总公司关于 2006 年产品销售问题的调查报告、策划方案"，是作者、时间、问题、文种四个特征相结合组成的案卷；"××省水利开发公司关于××地区水资源情况的调查报告"是作者、地区、问题、文种四个特征相结合组成的案卷。

此外，在实际工作中还有一些其他的立卷方法，如将文件按照"事"或"件"组卷的"立小卷法"以及"四分四注意立卷法"等，都具有各自的特点，也是比较适用的立卷方法。

2000 年 12 月，国家档案局发布了行业标准——《归档文件整理规则》，推行"以件为单位"的立卷方式。其操作方法是：将归档文件按"件"装订后，按事由结合时间、重要程度等排列（会议文件、统计报表等成套性文件集中排列）；然后，编顺序号，装入档案盒，填写档案盒封面、盒脊及备考表项目。这种立卷方式需要借助计算机系统进行数据登记，才能便于日后的查找利用和管理。

目前，不少单位的工作中都形成有项目档案，其中包括工程建设项目档案和科研项目档案。工程建设项目档案指在立项、审批、招投标、勘察、设计、施工、监理及竣工验收全过程中形成的文字、图表、声像等形式的全部文件，包括项目前期文件、项目竣工文件等。根据有关规定，建设项目档案的真实、完整、系统状况已纳入项目竣工验收的范围。如果项目档案收集和整理质量不合格，将直接影响工程项目通过验收。因此，工程建设项目所形成的全部文件应由建设项目的所在单位（甲方）在竣工验收前组织有关人员按照国家的相关规定收集齐全，并依据项目文件的形成规律和成套性的特点整理立卷、编制目录，随后提交档案接收部门进行检查、评估和验收。

科研项目档案主要分为项目管理档案和项目研发档案，具体包括：项目申请书、会议记录、研究成果的著作、研究报告、论文等，其表达方式有文字、图表、数据、声像，现在电子文件成为项目档案的一个主要组成部分。由于科研项目设计的范围大小不一，参与者往往涉及若干单位，因此，科研项目档案的形成比较分散。为了保证科研项目档案的完整，项目参研单位要建立文件收集、积累、整理和保管的责任制，使科研档案日常管理达到的完整、准确、真实。当项目完成结题时，需要对涉及该项目的全部文件集中清理、鉴定和整理立卷。通常情况下，项目管理档案与项目研发档案分开整理，项目研发过程的档案（实验数据、实验记录等）与最终成果档案（成果报告等）分别立卷，不同载体的档案分别整理立卷。科研项目档案整理完毕后需要通过项目主管单位及档案部门的检查、评估和验收。目前一些科研主管机关已经把科研项目档案的验收作为对科研项目实施验收的前提。

二、卷内文件的整理

（一）卷内文件的排列和编号

卷内文件排列的目的是建立卷内文件之间的顺序，以便于管理和查找利用。卷内文件的排列一般采用若干文件特征相结合的方法，比如："问题—时间"是先将卷内文件按问题分开，然后在对同类问题的文件按时间顺序排列；"作者—时间"是先将卷内文件按作者分开，然后再对同一作者的文件按时间顺序排列；"问题重要程度—时间"是先将卷内文件按问题的重要程度分开，然后再对相同重要程度的文件按时间顺序排列。此外，还有"名称—时间"、"地区—时间"等排列方法。

卷内文件排列完毕后，为了固定文件的排列顺序，便于保护、统计和检索文件，还要为文件依次编定件号、页号或张号。

（二）填写卷内文件目录和备考表

1.卷内文件目录

卷内文件目录是揭示卷内文件内容和成分的一览表，按照卷内文件的列顺序填写，置于案卷的首页。

（1）顺序号：按照每件文件在案卷中的排列顺序依次填写。

（2）发文字号：按照文件上的编号填写。

（3）责任者：填写文件的作者。

（4）文件题名：照实抄录文件标题。如果有的文件没有标题或标题不能揭示文件的内容和成分，应为文件重新拟写标题。由立卷人员重新拟写的文件标题要外加"[ ]"。

（5）日期：填写文件的形成日期，填写方法是采用阿拉伯数字在年月日间加"."分隔表示具体日期，比如：二○○六年六月一日，写为2006.6.1。

（6）页号：有两种填写方法。第一，填写每份文件首页所在页的编号，最后一份文件填写起止页号；第二，每份文件均填写起止页号。

（7）备注：当卷内文件有一些特殊情况时可予以说明。

卷内文件目录可以一式三份，一份装在案卷中，一份留在立卷部门供查阅，一份与案卷目录合编为全引目录，作为检索工具。

2.卷内备考表

卷内备考表是用以注明卷内文件存在状况的表格，置于案卷的末页。

（1）本卷情况说明：填写卷内文件的缺损、补充、移出、销毁等情况。如果无情况，可不填写。

（2）立卷人：由立卷者签名。

（3）检查人：由案卷质量检查者签名。

（4）立卷时间：填写完成立卷的时间。

三、拟写案卷题名

案卷题名又称案卷标题，用以概括和揭示卷内文件的内容和成分，是识别、检索文件的重要标记，也是编制各种检索工具的重要依据。

拟写案卷题名要遵守政治观点正确、内容概括准确、结构完整、语言精练的基本案卷题名的基本结构是：

作者（责任者）－问题（内容）－名称（文种）。

四、填写案卷封面

案卷题名拟写完成之后，需要填写案卷封面。填写案卷封面的要求是：项目填写齐全，字迹工整、清楚；手工填写应使用毛笔或钢笔；也可使用计算机打印输出。

（1）全宗名称：填写立档单位的名称，使用全称或规范的简称。

（2）类目名称：填写该案卷所属类别的名称，如"办公室类"、"综合类"等。

（3）案卷题名：填写所拟写的案卷标题，居中书写。

（4）时间：用阿拉伯数字填写卷内文件的起止时间。

（5）保管期限：填写为该卷划定的保管期限。

（6）件（页）数：装订的案卷填写其总页数；不装订的案卷填写总件数。

（7）文书处理号：填写立卷方案中的类号和条款号。

（8）档号：填写全宗号、案卷目录号、案卷号，其中全宗号是由档案馆给予立档单位的编号。

为了避免卷内文件的散失和损坏，还需要对卷内文件进行装订。卷内文件装订的方式分为以"卷"为单位装订和以"件"为单位装订。同一全宗的案卷应该统一装订的方式，使档案保管整齐划一。

五、案卷排列、编号和编制案卷目录

（一）案卷排列

案卷排列就是根据一定的规则，将案卷组织成一个有机的整体，以保持案卷之间的历史联系，便于保管和利用。

排列案卷可按照案卷的作者、内容等结合时间进行。例如：内容联系密切的案卷排列在一起，再按形成时间的顺序排列；相同作者的案卷排列在一起，再按形成时间的顺序排列；按照案卷的重要程度排列等等。

（二）编号

案卷顺序排定后，就应对案卷逐一编写案卷号，将案卷排序固定下来。案卷编号的方法有两种：第一，一个全宗的所有案卷统一号序，从"1 号卷"开始，按顺序编制流水号；第二，按全宗内档案的类别、年度或保管期限，分别从"1 号卷"开始编号。

分编或统编案卷号各有其特点和适用情况。统编号的优点是号序单一，不易出现管理上的错乱；其不足之处是号码排列较长，难以按照类别或保管期限接续新归档或补充归档的案卷。分编号的优点是号序能够反映全宗内档案分类或保管期限的状况，便于随时接续新归档或补充归档的案卷，因此，档案室管理阶段较多采用分编号方法；其不足之处是一个全宗内的同号卷过多，管理中也容易发生错乱。

（三）编制案卷目录

案卷目录就是案卷的名册，其作用是：固定全宗内档案分类体系和案卷排列顺序；记录全宗内案卷的数量，是一种基本的登记形式，可以作为对档案进行清点、检查和统计的工具；揭示全宗内档案的内容和成分，是一种基本的检索工具，同时可以作为编制其他检索工具的基础。

1.案卷目录的编制方法

案卷目录必须以全宗为单位编制，准确反映全宗内档案的实体整理秩序；必须严格按照案卷的排列顺序登录条目，准确反映案卷号的排序系统。

案卷目录的编制方法分为统编和分编两种。统编法是指一个全宗只编制一本案卷目录；分编法是指一个全宗编制若干本案卷目录。一个全宗的档案采用哪一种案卷目录的编制方法，取决于全宗内案卷的编号方法。即采用统编法编制案卷号的全宗，案卷目录就只能统编；采用分编法编制案卷号的全宗，案卷目录就只能对应地分编，如按每一年、每一类、每一个保管期限或密级分别编制案卷目录。案卷目录编制完成后，还要给每本目录编定一个案卷目录号，作为管理和检索标识。

2.案卷目录的结构与内容

案卷目录的形式均为簿册式，不宜采用卡片式或活页式。因案卷目录使用频繁，所以应加硬质封皮。装订线可在左侧或上侧。开本尺寸一般采用16开并横向使用。

（1）封面和扉页：由全宗号、目录号、目录名称、编制时间、编制单位等项目构成。全宗号和目录号一般并列写于左上角或右上角；目录名称由全宗名称或加全宗内类别、保管期限、密级等和"案卷目录"构成，居于中间位置，如"××玩具公司产品研发类（永久）案卷目录"；编制时间置于目录名称下方中间位置；编制单位即编制目录的档案室（馆）及其保管机构名称，一般置于编制时间的前面或上方。

（2）目次：即案卷目录中类目的索引，专门用于进行了档案分类且采用统编法编制案卷号的目录。对于采用分编法编制案卷号的目录，则无须设目次。目次应标明每一类的类名及所在的起止页号，也可同时标明案卷的起止卷号。

（3）序言或说明：是对目录结构、编制方法、立档单位和全宗状况、档案完整程度等情况进行简要说明的文字。

（4）简称对照表：即目录中所用的名词简称与其全称的对照表。如果所用简称较少且为人们所熟知，则可不设此表。

（5）案卷目录表：案卷目录表是案卷目录的主体部分，用于逐卷登录案卷封面上的基本信息。每一案卷目录条目的项目由案卷号、案卷题名、卷内文件起止日期、保管期限、件数、页数、备注等构成。

①案卷号：用阿拉伯数字填写案卷的实际编号。

②案卷题名：按照案卷封面上的案卷题名抄录。

③保管期限：填写该卷标明的保管期限。

④件数：填写卷内单份文件的数量。

⑤页数：填写卷内实有文件的总页数。

⑥备注：用于说明卷内文件的某些特殊情况，如卷内文件纸张、字迹的老化情况和卷内文件的销毁、移出情况等。

（6）备考表：置于目录最后，用于总结性地记录案卷目录反其所包括案卷的基本情况。如案卷总数量和排架长度，案卷号总号数与案卷实有卷数的对应程度，即是否有分卷（一号两卷或几卷）、空号（有号无卷）等。

案卷目录编制完毕后，应复制数份，供日常管理使用和备用。档案室在向档案馆移交档案时，必须同时移交一份或若干份案卷目录。

六、档号

档号是档案室（馆）在整理和管理档案的过程中赋予档案实体的一组位置号或存址号，包括全宗号、案卷目录号、案卷号、卷内文件的页号或件号。档号是档案实体最基本的秩序号，在档案管理中起着基础性的控制作用。

（一）档号的编制方法

全宗号是档号序列中的第一个号码。全宗号通常是档案馆为每一个全宗编定的，其编制方法主要有大流水编号法、分类流水编号法。

"大流水编号法"是档案馆按照全宗进馆的先后顺序从 1 号开始依次编定号码。

"分类流水编号法"是将档案馆的所有全宗划分为若干大类（全宗群），并以固定的代字或代码作标志，如用汉字的"党"、"政"、"建"、"革"、"旧"或汉语拼音字头作为代字，然后在各个大类中按全宗进馆的先后顺序流水编号。

案卷目录号、案卷号、卷内文件的页号或件号的编制方法已在前面介绍过，故不再赘述。

在编制档号时，要注意指代的唯一性，即每一个编号对象被赋予的号码都是不同的，不允许有重号的现象。具体地说就是：同一个档案室（馆）内不能有相同的全宗号，同一个全宗内不能有相同的案卷目录号，同一个案卷目录内不能有相同的案卷号，同一个案卷内不能有相同的页号或件号。

（二）档号的表示方法

全宗号标写于全宗名册、案卷目录封面和案卷封面上；案卷目录号标写于案卷目录封面和案卷封面上；案卷号标写于案卷封面和案卷目录中；页号或件号标写于卷内每一页或每一份文件的首页上。

检索工具中，如果检索级别为案卷，则要同时标写全宗号、案卷目录号、案卷号三个号码；如果检索级别是文件级，则要同时标明全部档号。其标写方法是用"-"置于各层次各号码之间，并将其连接起来，例如：革 002 永 7-659。

第五节 立档单位与全宗历史考证

立档单位与全宗历史考证是在档案整理工作中编写的，对立档单位和全宗基本状况进行概括性说明的文字材料。立档单位与全宗历史考证在档案整理工作中具有背景介绍和思路指导的作用；同时，它还成为日后对该全宗进行管理、介绍、报道、查考的重要的参考材料。

一、立档单位与全宗历史考证的内容

（一）立档单位概况

立档单位概况一般包括：立档单位成立的原因和时间、立档单位的名称变化、隶属关系及其变化；立档单位的性质、职能、职权范围及其变化；立档单位历届主要领导人姓名、内部机构设置及其演变，办公地点的变更，文书工作制度及其变化，公章和各种文书处理戳记及其印模；立档单位重要的历史活动情况，立档单位撤销的时间和原因等。

（二）全宗档案概况

全宗档案概况一般包括：全宗档案的数量、完整程度，全宗内档案分类的方法，档案保管状况，档案移交、整理、鉴定情况，重要档案的内容简介，特殊档案与新型载体档案的情况，检索工具的编制情况及其种类，档案被利用的情况及编研工作的情况等。

二、立档单位与全宗历史考证的编写方法

立档单位与全宗历史考证一般由档案室或档案人员负责编写。为了全面掌握立档单位和档案的情况，在撰写的过程中应查阅有关文件和走访一些老同志。

材料收集齐全后，即可以按照上述立档单位与全宗概况的格局撰写。撰写立档单位与全宗历史考证要注意：文字表达要客观、真实、全面；叙事要直截了当、言简意赅；如果一些问题一时查不清楚，可以不涉及或作相应注明；如实记叙内容，不作评价，更不能进行褒贬。立档单位与全宗历史考证的初稿完成后，应由主管领导审阅修改后方能定稿，必要时可征求有关方面的意见或组织讨论审议。档案室向档案馆移交档案时，必须同时移交"立档单位与全宗历史考证"。档案馆应将接收的"立档单位与全宗历史考证"归入各个全宗卷中保存。

第四章 档案价值鉴定

　　档案价值的鉴定工作是指档案室（馆）按照一定的原则、标准和方法，分析和评价档案的价值，确定其保管期限，剔除丧失保存价值的档案予以销毁的活动。鉴定工作的目的是优化档案质量，以便于安全保管和有效利用。

第一节 档案价值鉴定工作概述

一、档案价值概述

（一）档案价值的含义

　　不论何种形式的档案鉴定，核心问题是对档案价值的鉴定，为此首先要求对档案价值有个正确的认识。目前人们对档案价值的认识往往是多角度的，归纳起来主要有三种观点：第一种观点认为档案的价值是指它的利用价值或保存价值，侧重研究档案与社会的关系；第二种观点认为档案价值是档案对主体需求的满足程度，侧重从哲学上研究客体与主体的关系；第三种观点认为档案的价值是凝结在档案中的人类社会劳动，侧重从经济学角度研究档案与人类劳动的关系。其中第三种观点的普遍性不强，档案界绝大多数同志认为这种试图从劳动价值理论来解释档案价值的方法是行不通的。第一、二种观点颇为接近，档案的价值归根结底是对人们需求的满足程度。档案价值实为档案的使用价值，也就是档案能满足人们某种需要的效用。其具体内容可以概括为日常工作查考价值、史料价值和文物收藏价值三个方面。所谓日常工作查考价值指的是档案对于人们的物质产品生产活动、精神产品生产活动，以及包括军事、政治在内的各项管理活动中所具有的借鉴、启迪、仿照等等价值。史料价值是多层次的，能载入国史、行业史、地方史、单位历史的档案内容，都可以说具有史料价值。所谓文物收藏价值是指有些档案具有文物性质的纪念价值和欣赏价值。

人们对档案使用价值的久、暂程度，用档案保管期限来表达。具有长效使用价值的，保管期限就长；具有短效使用价值的，保管期限就短；无使用价值的就不必保存。一般地说，具有史料价值和文物收藏价值的，都是长效的，要永久保管；只有日常工作查考价值的，有的长效，有的短效，保管期限有长有短，不能划一。正因为如此，档案使用价值也被叫做档案保管价值。

（二）档案价值的特点

1.档案价值的多元性。这就是说，档案作用是多方面的，不仅档案的整体如此，而且单份档案也往往如此。从作用时间上看有现实利用价值和历史利用价值；从作用范围上看有为本单位利用的第一价值和为社会利用的第二价值；从作用性质上看有原始凭证价值、科学价值和收藏价值等。这就要求我们在进行鉴定工作和发展鉴定理论中要树立全面的观点、历史的观点和发展的观点，努力做到具体问题具体分析，既要考虑到鉴定对象的共性，又要兼顾其个性。例如，同样是现实利用价值，文书档案既侧重于现实的查考，又着眼于对历史的回顾，科技档案则侧重于现实利用，更着眼于未来的直接使用。在档案室阶段，档案的价值主要表现为第一价值或现实利用价值，而在档案馆阶段则主要表现为第二价值或科学价值和历史价值。

2.档案价值的相对性。档案价值的大小，除了有客观标准外、还常常受环境条件的影响而升降。档案价值相对性的表现为：一是相对于档案形成单位的重要程度。不同级别或单位形成的档案在利用价值上有程度不同的区别。中央和国家最高机关形成的档案比市、县级机关形成的档案会有更大的利用价值；大型企业集团，高新技术企业形成的档案比中小型企业、常规技术企业形成的档案会有更大的利用价值。因此，不同级别的机关（单位）在进行档案鉴定时在数量界限上应有所区别，不可一刀切。二是相对于单位的主要职能活动和主要管理活动。不管任何级别或类型的机关（单位），尽管其活动内容和范围有所不同，在进行文件与档案鉴定时既要注意保存反映本单位发展整体面貌的档案，更应注意保存反映本单位主要职能活动和主要管理活动历史面貌的档案。这部分档案是机关全部档案的主体，也可以说这部分档案集中了该机关（单位）全部档案 80%左有的价值。三是相对时间而言。这一相对性对不同档案的意义是十分明显的。如科技档案中的设备、基建档案的使用价值一般是相对于实物对象的存在而存在的，当客体对象不存在了，其利用价值将大大降低；产品档案、科研档案是相对于科技对象的技术水平与典型性而言的，大部分档案会随着技术水平的提高其利用价值会逐渐减小，而有些档案却会随时间的延长而增值，如自然现象观测档案和年代久远的档案，即使它们的现实利用价值已消失，但其科学价值与收藏价值反而会有所增加。

二、档案鉴定的内涵

档案鉴定应包括档案保管期限鉴定、档案准确性鉴定、档案完整性鉴定、档案珍贵程度鉴定等方面。鉴于鉴定工作是在档案管理不同阶段依次分别展开的，因而可将档案鉴定划分为前期鉴定和后期鉴定。

所谓前期鉴定是指对文件材料保存价值的鉴定和对归档文件材料的准确性、完整性鉴定。因其是在文件材料立卷归档阶段完成的，处于档案文件运行前期，所以可将它们统称为前期鉴定，亦可称为归档鉴定。前期鉴定，一般无须成立专门的鉴定组织，是在工作中顺序完成的，只需严格管理制度、明确管理责任，由责任人如立卷人、案卷审核人、归档接收人等分工负责，共同把关，协作完成。它主要包括：

1.保存价值鉴定，是指文件材料有没有保存价值、保存价值大小的鉴别，并依此确定文件材料归不归档、保管期限的长短。这已经是多年常规性工作，不再赘述。

2.准确性鉴定，是指对归档文件材料的各种标识的准确性及其所承载的信息的准确性进行甄别评定。前期鉴定中的准确性鉴定，主要是针对工作中因工作疏忽将归档文件材料的某些标识如责任者、时间、签章、竣工章等遗漏丢失或者错误，正文与底稿不相符，正本与副本不相符，基建图物不符，设备图物不符等诸多情况的检查。在文件材料归档时，由责任人进一步核实鉴别，并在案卷备考表中案卷检查人栏签字或以其他形式确认归档文件的准确性。

3.完整性鉴定。归档时，责任人对围绕某个事件、某项工程、某个设备、某项任务所产生和使用的文件材料的完整性，每一份文件材料页数、图幅及底稿的完整性进行鉴别并签字确认，以确保归档文件材料的完整性。

所谓后期鉴定是指专门的鉴定委员会对档案进行鉴定。后期鉴定，是档案馆（室）的重要业务环节，需要建立专门的、具有权威性的鉴定委员会，按特定的程序进行。其工作内容应包括档案评价、珍贵程度鉴定和保管期限鉴定等。

1.档案评价。由于历史的局限性和我党历史上多次受到"左"的思想干扰，档案中记载了一些与史实不符的内容。党的十一届三中全会以后，拨乱反正、正本清源，党中央做出了《关于建国以来党的若干历史问题的决议》，为我们正确评价档案提供了政策和思想依据。档案馆应当在不改变原件的前提下，对不同历史时期的文件材料进行整体和个别评价，并将之纳入档案馆指南和各全宗卷，以正视听，引导利用者恰当地使用档案，真实地书写历史。此项工作，可以组织专门人员集中进行，也可作为一项正常工作列入管理或编研部门职责范围，延续不断地开展。

2.档案珍贵程度鉴定。参考文物鉴定，制定国家珍贵档案鉴定标准和方法。可将国家档案根据其历史、科学、艺术等方面的价值，结合珍稀程度、成套性、完整性分为珍贵档案和一般档案。再将珍贵档案区别为国家一级、国家二级、国家三级。建立国家珍贵档案数据库，提请国家财政列支专项保护经费，实施特别保护；并同司法机关、海关联网，与文化行政部门联手，与文物、博物、图书等文化单位交流协作，加强监管，集中有限的人力财力，抢救和保管好国家珍贵档案，切实管理好党和国家珍贵的历史财富。

3.到期档案的鉴定。由各档案保管部门根据自己的馆藏特色和馆藏情况，成立鉴定委员会，制订鉴定原则标准和运行程序，有计划地对到期档案进行鉴定，确定存毁。这项工作应坚持不断地开展，真正将有价值的档案保存好，将失去保存价值的档案销毁掉，避免因档案馆室良莠不分而形成的管理浪费，提高管理效率。

档案鉴定工程巨大，只有在对档案鉴定有充分认识的基础上，统筹规划，科学安排，才能取得事半功倍的效果。山东省新中国成立后曾两次开展全省统一部署的鉴定工作，但由于当时思想指导和认识的局限，存在不少遗留问题，不少馆应销毁的档案至今仍在保存。这两次不很成功的鉴定活动也给以后的鉴定工作带来了一定影响，致使此后多年没有开展正常的鉴定工作。山东省档案局和潍坊市档案局曾在安丘市档案馆进行全方位多角度档案鉴定工作试点，效果很好，但因工作量较大，尚未进行大范围推广。我们计划在新的鉴定思想指导下，结合试点经验，逐步把鉴定工作正常开展起来。

三、档案价值鉴定的标准

档案鉴定标准可分为两大类，即理论性标准和技术性标准。

（一）理论性标准

理论性标准是档案价值鉴定的基本标准和理论依据，综观中外档案学界长期以来形成的理论研究成果，档案鉴定的理论性标准主要包括：

1.德国档案学家迈斯奈尔提出的年龄鉴定标准和来源鉴定标准。

（1）年龄鉴定标准：即"高龄案卷应当受到尊重"。迈斯奈尔主张：每一个国家应设置一个禁销档案的"界限年份"，应对在此年份前形成的档案加以高度重视、妥善保管，而不应擅自毁弃。

（2）来源鉴定标准：强调不能把案卷当作零碎的材料孤立地、分别地单独评判，而应当以它们固有的行政关系为具体背景进行鉴定，即在鉴定时，应该考虑各行政单位在政府结构中所处的地位，其活动性质，以及这种活动与上下级行政单位活动的关系。

2.波兰档案学家卡林斯基提出的"职能鉴定论"。这是在研究继承迈斯奈尔来源鉴定标准的基础上提出的，主张按照形成档案的机关在政府体系中的地位和职能的重要性来确定文件的价值及保管期限。

3.美国档案学家谢伦伯格提出的文件双重价值鉴定标准。指出文件价值中存在着第一价值和第二价值的区别，这是按利用文件的主体为参照进行划分的。指出公共文件的价值首先体现为对原机关的原始价值，即第一价值，具体体现为行政管理、财务、法律和科研价值；而后再体现为对其他机关及非政府方面使用者的从属价值，即第二价值，分为证据性价值和情报性价值两种形式。对这两种不同价值，在鉴定时应予以充分考虑。

4.宏观职能鉴定标准。这是 20 世纪 80 年代以来电子文件大量涌现后的产物。"此时鉴定的注意力首先不是形成者来源，而是能够反映社会需要的各种社会职能活动过程或其主题"；"宏观鉴定法所面对的不再是单份文件，而是某种职能的文件"。

5.效益标准。这是欧美国家近些年来在鉴定中奉行的一条原则，主张在鉴定档案保存价值时应考虑到档案的保管费用。从其发展历程看，效益标准已从出现伊始的饱受批判转变为被各种鉴定体系广泛采用，显示出了其实用科学的一面。

6.相对价值标准。这是我国档案学界提出的一种档案价值鉴定标准，即在承认文件的价值取决于档案客体属性及其满足利用者需要的程度之前提下，适当分析全宗和全宗群内档案的完整程度，从全宗和全宗群范围内来观察档案被保存的状况。通常情况下，全宗和全宗群档案的完整程度越高、绝对数量越多，每一份文件的价值就相对越低，反之则越高。即：在一定情况下某些文件的保存价值和保管期限可以相对地提升或降低。相对价值标准的提出，旨在使档案鉴定工作做到具体问题具体分析，避免机械主义和教条主义。

（二）技术性标准

技术性标准是档案鉴定实践中用以参照的具体标准，主要有文件材料的归档和不归档范围、档案保管期限表、档案鉴定工作制度等。

我国目前的档案保管期限表可分通用档案保管期限表、专门档案保管期限表、同系统机关档案保管期限表、同类型档案保管期限表和机关档案保管期限表五种类型。它们是各机关、档案馆鉴定档案价值、确定档案保管期限的依据和标准，以此作为参考，文书立卷人员能较容易地区分文件的不同保存价值，初步确定其保管期限，为以后档案馆鉴定档案的价值打下基础。至于档案鉴定工作制度，则包括制发鉴定档案的标准文件、档案鉴定工作的组织领导和销毁档案的标准与监销制度等几方面内容。一种健全的档案鉴定工作制度，可以有效保证档案鉴定工作的质量和防止有意破坏档案，使档案的鉴定和销毁工作有组织、有监督地进行。事实证明，这些技术性标准在文书档案人员的具体鉴定工作中起到了有利作用。

四、鉴定档案的基本观点

在鉴定档案价值工作中，应坚持以下几个基本观点：

（一）全面的观点

认识档案的价值和作用，应当从国家和人民的整体利益出发，用全面的观点，充分地认识和估计档案的价值，而不能只从一个机关、一个部门的局部是否需要去考虑。档案是国家的财富，它的作用是多方面的。某一个机关不需要的档案，往往其它机关需要；对当前工作参考价值不大的档案，可能对将来的历史研究有重要价值；档案的形成不是孤立的，各个全宗之间、全宗内的档案之间是互有联系的，在判断档案价值时，就应将有密切联系的档案，联系起来去判断它的价值，而不能孤立地去看某份文件或某部分档案的价值。

（二）历史的观点

档案是历史记录，它是在一定的历史条件下形成的，它的产生总是和一定的历史条件相联系。鉴定档案价值时，必须运用历史唯物主义的观点和方法，根据档案产生的时代背景和在历史上的作用去判断档案的价值。历史档案，必须用历史的观点考虑它的价值。

（三）发展的观点

社会是发展的，需要利用档案的因素也是变化的，档案的价值必将随之发生变化。鉴定档案价值时，就要用发展的眼光预测档案的长远的历史作用。现在有用的档案，将来可能没有用处；现在尚未用到的档案，将来可能有用。因此，鉴定人员在工作中，要站得高，看得远，有科学的预见性，而不能拘泥于目前形势。

上述三个观点，是辩证的统一，鉴定工作中要力求兼顾。

五、影响档案价值鉴定的主观方面因素

从特征上考察，档案价值鉴定就是一项深受主观因素影响的、以价值评价为核心的鉴别工作。因而，分析我国影响档案价值鉴定工作本身有效开展的因素，首先应该从主观因素分析着手，就显得非常自然了。主观因素的影响是无形的，然而它的影响结果却是实在的、可以显示的。在主观方面对于档案价值鉴定起障碍性影响的因素也是多方面的。

1.对于鉴定地位的认可不足。

欧美国家档案管理的核心，以 20 世纪 50 年代为界，有一个变迁的过程。在此前，来源原则指导下的档案整理是档案管理的重点与核心。而此后，档案价值鉴定逐渐代替了档案整理，占据了核心地位，与此同时，档案学研究也逐渐把重心放在档案价值鉴定，以及有关的档案优化问题研究上了。如原美国史密森研究院档案馆馆长成廉·莫斯 1992 年来华，在中国人民大学档案学院讲演时就曾指出，鉴定是档案工作整个系统中第一个关键性决定，是随后所有决定得以产生的基础，因而是档案工作的首要职能，鉴定的重要性居第一。这种工作重点转移，是档案理论与实践的战略转移，也是档案工作本身发展的客观需要。

相对于欧美国家这种观念的变化，以及对档案管理核心地位的重新认定，

我国档案界在这一方面的反映，有着相当的滞后性。在我国，以往的档案管理学教材中，鉴定环节跟其他环节一样，被割裂了流程性、连续性，而跟其他相对独立的工作环节一起，被视为档案工作的八个环节之一。总体相比于欧美国家我们的认识与研究显然是比较滞后的。

2.馆藏丰富与馆藏优化的两难选择。

在 20 世纪 80 年代中期以前，我国档案部门关于馆藏建设的声音，几乎只有一个声音、一个口号，那就是丰富馆藏。我国以丰富馆藏为原则指导档案馆藏建设是有其深刻的客观原因的。其一是我国的馆藏总量少，与我国作为一个历史悠久的文明古国的地位十分不相称。其二是档案馆新建库房有一定的空余度。

我国的档案馆库房建设有两个阶段：60 年代各级档案馆建立之初，档案数量少，库房相对空闲。90 年代，档案馆兴起第二个扩建高潮，许多档案馆纷纷建立起新馆，如上海市档案馆、北京市档案馆、江苏省档案馆、浙江省档案馆等，都另建新馆，大量地（市）、县（区）级档案馆也旧貌换新颜，大大扩展了库房。旧馆加新馆，档案库房也相对空余。因而，库房的相对空闲，给档案部门一些同志带来一定的影响，对于鉴定的认识不足，主张慎行存毁鉴定，这种文件管理机制，如果用一句话来概括，那就是文件的精简机制，文件管理的效率机制。而这种精简、这种效率，就是通过及时、有效的鉴定措施实现的。跟欧美国家相比，我们在文件管理问题上，显然存在着以下不足：一是文件管理观念不强。长期以来，我国档案界只论文书工作，档案学研究与教育中，也只有文书学。显然，文书工作与文书学，与文件管理与文件管理理论，两者之间有着目的性上的差异。我国文书工作和文书学，关注的是文件拟写、运转、办理、积累、立卷与归档。研究重点是如何正确运用文种、拟写文件、遵循行文规则，而文件的立卷、归档视作为介于文书工作与档案管理之间的共同环节。因而，文书工作和文书学并不特别注重研究如何通过鉴定、处置，达到精简文件目的的问题。二是文件生命周期理论尚不能深入人心。文件生命周期理论在国外档案学家眼中，具有标志现代档案学成熟的里程碑意义。从 20 世纪 80 年代开始，陈兆开始把这一理论介绍到我国档案界，其后有不少学者对其加以进一步研究。然而，从文件生命周期理论在我国研究的情况看，显然有许多研究者表示赞同，但它远不是一种被档案界普遍接受的理论，认为无意义的有之，认为我国已有相同理论的有之。总之，文件生命周期理论，在我国成了一种颇有争议的理论，自然就谈不上对实际的指导作用了。

六、档案价值规律

什么是档案价值？由于档案价值内涵丰富、外延广泛，人们对其认识和阐述角度又不同，所以长期以来众说纷纭。目前，我国研究者提出了多种档案价值观，归纳一下主要有：①劳动价值说，认为档案价值是凝结在档案中的人类一系列劳动，包括文件制作与处理、档案管理与利用等。根据马克思劳动创造价值理论，提出档案具有价值和使用价值，在市场经济条件下，档案工作也应遵循商品价值规律。②效用价值说，从档案学角度认为档案价值就是档案的有用性，记载知识、信息的档案资料，可以满足人们察往知来的需要，提出档案价值的实质，是档案对人们认识世界和改造世界的意义，是档案对社会实践活动的作用，并将档案的基本价值区分为凭证价值与情报价值。③关系价值说，是从哲学角度，根据马克思所说价值这个普遍的概念是从人们对待满足他们需要的外界物的关系中产生的，认为档案价值就是档案的属性与人们社会需要的统一，其实质是一种关系范畴，档案价值的最终形成，既不能脱离档案的属性，也不能脱离人们的需要。

纵观以上档案价值说，虽然各有各的理由与不足，但对档案价值的认识日趋深入和全面：劳动价值说依据正确但分析欠妥，因为档案是产品而非商品，一般不用于交换，所以商品价值规律不适合档案工作，劳动价值说对档案鉴定也没有实际意义。在效用价值说和关系价值说的基础上，根据档案形成规律和现代化管理要求，一种新的档案价值理论社会价值说脱颖而出，正被越来越多的人认识和接受，并在欧美一些国家已应用于档案鉴定工作。其主要理论观点和实践意义是：

（一）档案价值形成于社会实践

档案价值从何而来？来源原则和历史唯物主义告诉我们，是社会实践。社会实践既是档案价值产生的本源，通过复杂多样的社会活动赋予档案以各种有用属性；又通过社会需求使档案保存价值变为利用价值，为社会发展和时代进步服务。对于社会实践产生档案和档案价值，许多学者和专家都曾作过精辟论述。吴宝康主编的《档案学概论》指出：档案来源于一定的形成单位，产生于形成单位自身的活动。于是，在社会实践活动中形成档案，便成为一种必然性和普通性的社会现象。陈兆和宝荣在《档案管理学基础》一书中，对档案这一社会现象作了进一步论述：档案是由文件转化而来的历史记录，一定的历史条件和社会实践产生相应来源、内容和形式的档案，并使档案具有优于其他材料的不可取代的重要作用和价值。社会实践和历史发展进一步证明，档案作为档案价值的物质载体，只有进入社会活动领域，才能与人的需要构成价值关系；而且社会越发展越需要档案，社会条件越好档案的作用就越大。随着社会发展水平的提高，档案不仅冲破了少数统治阶层的利用禁锢，而且日益走向社会和向公众开放。因此，社会实践既是档案价值产生的本源，又是档案价值实现的必然途径；档案价值只有通过档案利用，才能与社会需求有机结合，形成统一的价值关系。档案价值来自并形成于社会实践的观点，在国际上也有反响和认同。

（二）档案价值的实质是形成者职能意义的客观反映

吴宝康等前辈曾强调指出：必须明确的是，档案的价值有其客观内容和客观来源，这就是说档案价值是客观的，有其特定的来源和内容。前面已对档案价值来源的客观性进行了阐述，一定的社会单位和个人的职能活动，是档案价值的特定来源；那么，档案价值的客观内容又是什么呢？进一步分析档案价值的产生和实现过程，不难发现：档案价值的内容，实际上是形成者职能活动意义的客观反映。这是因为：档案的本质属性，决定了档案价值的依附性。

档案是社会活动的历史记录，原始记录性是其本质属性，从而决定了档案价值的社会附属性质：档案之所以有用，是因为它客观地记载了社会活动的历史过程，真实地反映了社会实践的物质文明和精神文明成果。由此可见，档案本身的价值主要是原始记录作月。所谓档案价值，其实就是社会活动意义的再现。而社会活动又是由不同的社会组织，按其职能有序进行的；因此更准确地说，档案价值的实质，是其形成者职能活动意义的客观反映。实践证明，档案形成者的社会地位和职能作用，决定档案保存价值的大小。档案利用价值的实现，也以形成者的职能性质和意义为基础。

档案利用实践表明：档案价值的实现，不仅以社会需求为主导，而且以档案形成者的职能性质和意义为基础。首先社会对档案的利用，既要按照自己的需要，又要依据档案的内容和形式特征；二者只有密切结合，才能产生最佳效果；否则，档案中没有的东西，社会再需要也无法利用。其次就档案价值的取向和实现范围而言，一般是由内而外，由近至远，档案形成后相当长时间主要是本单位利用，移交进馆后才会转变为社会利用为主；而社会对档案的利用，也是按照专业、行业和职业特点进行的，也就是说在档案形成者的职能性质和意义的基础上加以研究和利用。所以，档案利用既不是"无米之炊"，也不是"无的放矢"，档案价值的实现是在形成者职能意义的基础上，按照社会需求有规律地进行。

（三）依据档案形成分析，宏观系统地判断档案保存价值

从以上分析可以看出，档案价值应分为形成与发展两个阶段。在形成阶段，档案形成者起主导作用，形成者的社会地位和职能作用决定档案的保存价值。在发展阶段，社会需求起主导作用，社会对档案的需求和利用决定档案的利用价值，或者说决定档案价值的实现和发展程度。这样划分，既符合档案价值形成与发展规律，又为档案鉴定提供了客观标准、科学方法和有效途径。

为了适应文档数量剧增和电子文档鉴定的需要，宏观鉴定在新的理论与实践的基础上诞生。依据来源原则和社会价值说，宏观鉴定以文档形成者为对象，以文件之间的有机联系为基础，通过对文档形成过程的全面分析，从

宏观上系统地分析档案产生前后各种相关因素（包括产生年代和社会背景，形成者的社会地位和职能作用，文件的种类、性质和特征等）对档案价值的不同作用和影响，从而对保管期限做出比较全面可靠的决定。

宏观鉴定与直接鉴定相比，鉴定对象和方式都发生了重大改变：由鉴定文件档案改为鉴定文档形成者和形成过程，既导致了鉴定方式由具体到宏观的改变，也使鉴定标准、方法更为客观可靠和简便易行，从而有利于实行档案鉴定规范化、专业化和法制化；由逐份审阅文件和预测用途，改为在文件有机组合的基础上，运用形成者的社会地位、职能性质、活动规模和文件类型、特征等客观标准，灵活系统地判断文档的保存价值，不仅使鉴定方式实现了由个别到系统、由滞后到超前的转变，而且能提高档案鉴定质量和效率并适合电子文档鉴定。

（四）依据档案利用调研，预测档案利用价值和修正保存价值

由于档案价值具有潜在性、多元性和增值性，不经利用很难确定其实际价值；加之信息资源还有无限开发利用的特点，所以长期以来如何对档案价值进行科学评价，已成为档案界的老大难题。档案鉴定就实质而言。是一项前瞻性工作；可以运用科学方法和客观标准，首先对档案保存价值作大体正确的评估（定性分析），以便为收集、整理和保管工作提供依据；然后再通过利用实践和科学预测，对档案价值做出明确判断或修正。实践将进一步证明，分步鉴定既切实可行和比较合理，又便于发挥馆室各自优势，共同提高档案鉴定质量和效率。

综上所述，有档案就有档案价值，档案价值既形成于社会实践，又与社会需求相结合得以实现和发展。档案价值的实质，是对形成者职能意义的客观反映；根据档案形成分析，可以对档案保存价值做出科学判断。

七、档案价值的表现形态和特性

档案价值来源的广泛性和内容的丰富性，决定了档案价值形态的多样性。

依据档案价值的形成发展过程，可分为保存价值与利用价值；保存价值是档案来源和客观属性的集中体现，利月价值则是档案属性与社会需求的统一，即档案价值的实现。根据档案价值的作用性质，人们通常将其概括为凭证价值与情报价值；凭证价值是档案原始记录性的体现，情报价值则源于档案的信息属性。再从空间划分，档案价值又分为对形成单位的原始价值，与对其他单位和公众的社会价值。从时间划分，档案价值又可分为现实利用价值与历史研究价值。从作用范围和领域划分，档案价值还可分为行政价值、经济价值、科学价值、文化价值、军事价值和法律价值等等。总之，档案价值形态有多种表现形式，可以从不同角度和层次进行描述与利用，以满足社会活动对档案的各种需求。档案价值形态的多样性，正是其丰富内涵的外在表现，从而使档案价值具有多种特性。

（一）本源性

指档案价值具有特定的来源。档案工作实践表明：什么样的社会组织，产生什么内容的档案；什么性质的社会活动，形成什么类型和作用的档案。社会组织和社会活动的客观性和有序性，不仅赋予了档案价值特定的来源和多种形态，而且使档案价值评估有据可依和有规可循。

（二）潜在性

档案价值形成后，基本处于隐含静止状态，需要通过档案人员的编目、编研和提供利用，才能为人所识、所用。因此，利用是档案价值由潜在变实在的必要手段和途径，档案工作的根本目的在于为社会利用创造有利条件，以促进档案价值由静态转为动态，在经济和社会发展中充分实现其价值。

（三）多元性

同一档案对于不同的利用对象和需求，具有不同的价值形态。例如一份法律文件，对于制定者具有制定和修改法律文本的参考作用；对于执法者和当事人则具有凭证和依据作用；而对于学者和研究者，却是信息资料价值。

由此可见，档案价值的多元性，决定了档案具有多种用途，可以满足各种利用者的不同需要，从而使档案工作获得人们的广泛重视和支持。

（四）增殖性

档案通过利用，其价值不减反增，利用的次数越多、范围越大，档案的效用和价值就越大；而且在利用过程中档案价值还能再生，在原有价值基础上派生出新的价值。正因为档案价值具有信息知识的无限扩充性，所以我们说档案是取之不尽、用之不竭的信息资源和知识宝库。

（五）时效性

档案价值与时间的关系极为密切，随着时间的推移而不断变化。其基本变化趋势，一是因文件时效的丧失和档案载体老化而不断衰减；二是随着时间延长，档案的实用价值逐步向历史价值转变，同时原始价值也向社会价值过渡。在档案价值双重性转变过程中，由于不同档案的性质、作用差异和社会需求的变化，又会随时间发展出现有的档案价值（如行政价值）递减，有的档案价值（科学文化价值）递增的现象，从而为档案保管期限的划分提供了客观依据和标准。

（六）相对性

档案价值的大小和实现程度，常因档案存在、发展环境与条件的不同而各异。如对于全宗而言，全宗完整其中单份档案的价值较小，全宗不完整单份档案价值相对增大；对于馆室而言，档案整理的质量越高越有利于利用，档案价值也就相应增大；对于利用者而言，利用者的档案意识和需求不同，会直接次定档案利用价值的大小；对于社会发展而言，不同的政治、经济和科学技术条件，将整体促进或制约档案价值的实现范围和程度，尤其是科学档案，其利用价值往往随着科技水平的提高而不断降低。因此，档案价值是相对的，其实现是有条件的，既宏观地受社会发展水平的制约，微观上也因档案管理与利用条件的不同而不同。总之，社会活动是多领域多层次进行的，所形成档案价值的特性还可以从其他角度进行揭示和描述。如档案价值的回溯性、可塑性、变异性和不确定性等，与上述特性近似或包容，不一一列举。

八、档案价值实现规律

档案价值形成后，如何重回社会发展作用，具有一定的规律性。研究掌握档案价值实现规律，不仅会促进档案利用工作全面深入开展，而且有利于提高档案工作科学组织和管理水平，为人类文明进步做出更大贡献。

（一）档案价值主导律

以上对档案价值的来龙去脉分析表明：社会活动既是档案价值产生的母体，又是档案价值发展扩大的广阔天地；社会发展不仅需要档案作为社会记忆真实记载其历史，而且需要档案作为知识宝库成为文明进步的阶梯。

在人类认识世界和改造世界的伟大实践中，档案是怎样发挥作用和实现其应有价值的呢？丰富而广泛的档案利用实践证明，社会需求是档案价值实现的核心和先决条件，档案价值实现的方向、范围和程度，无不取决于社会对档案利用需求的变化：首先社会需求的时间性，规定了档案价值实现的方向，是历史研究、现产利用、还是长远利用；其次社会需求的不同对象和需求面，决定档案价值实现的范围；最后社会需求性质和解决问题的重要程度与效果，决定该项档案利用价值的大小。

正确认识和掌握档案价值主导律，可以促进档案工作明确方向和目的，把工作重点始终放在提供档案利用上，在服务于党和国家工作大局与社会各项事业中，获得持续快速发展的动力。

（二）档案价值扩散律

档案的实质是信息，信息具有多元性、扩散性和共享性，因而在档案价值实现与发展过程中，也表现出一定的扩散规律：随着时间的推移，档案价值不断向时空扩散，由实用价值逐步转变为历史价值，由原始价值过渡到社会价值，并适应不同利用需求表现出多种用途，从而冲破时空限制和人为限制，广泛地为人类服务和为社会所共享。正确认识和掌握档案价值扩散律，为科学地组织档案管理机构、合理进行馆室藏建设和充分发挥档案作用，提供了理论依据和行动指南。

（三）档案价值扩充律

档案价值基于信息的潜在性、浓缩性和无限扩充性，在档案利用中形成一定的价值扩充规律。具体表现是：首先档案价值形成后并非一成不变，通过利用其潜在价值转变为实用价值，并且随利用次数增多和范围扩大而不断增加。其次档案价值的内容可以综合与提炼，不仅不改变原有信息的真实性，而且比原有信息更系统、更深刻，从而创造出更大的价值。更重要的还有档案经反复、多方面利用，其价值不断复制和再生，并随着社会需求的变化和社会发展水平的提高，呈现出价值无限扩充的趋势。

正确认识和掌握档案价值扩充规律，有助于提高人们的档案意识，充分开发利用档案信息资源为社会发展和两个文明建设服务，使古老的档案事业在知识经济和信息时代大放异彩。

（四）档案价值衰减律

随着社会发展和时间推移，档案价值不仅会因档案损毁和载体老化而自然衰减，还随科技进步出现信息老化和更新现象，从而减少或消失其原有价值。档案价值的衰减和老化并非个别现象，而是档案价值发展变化的必然趋势之一，也应引起我们的重视。正确认识和掌握档案价值衰减律，有利于加强档案保管、保护和促进馆藏优化更新，以确保社会记忆和人类文化遗产的安全和质量。综上所述，档案生命力的根基在于其特有的价值，而档案价值的形成和实现始终离不开社会实践。

深刻认识社会实践对档案价值的作用，不仅能揭示档案价值的形成发展规律，使档案鉴定建立在客观分析与分段进行的可靠基础上，而且会促进档案工作拓宽领域和增强功能，面向社会理顺与其他工作的关系，面向大众提供更为广泛有效的服务，面向未来在信息时代赢得新的发展机遇。

第二节 档案价值鉴定工作的程序、制度和原则

一、档案价值鉴定工作的程序

档案价值鉴定工作包括三个方面的内容：第一，制定鉴定档案价值的标准，包括单行规定和档案保管期限表等。第二，判定档案的价值，确定其保管期限。第三，剔除无保存价值和保管期满的档案，按规定的手续进行销毁或作其他方式的处理。

档案价值鉴定工作通常分三个阶段进行，涉及单位内部的文书工作部门、档案部门以及各级各类档案馆。

（一）文件归档鉴定

这是各单位对于处理完毕的文件所进行的划定归档范围的工作。归档鉴定所依据的原则是国家档案局发布的《机关文件材料归档范围和文书档案保管期限规定》的规定。各个单位也可以根据国家的规定确定本单位的归档范围。这项工作通常由单位的文书人员或秘书人员承担。

（二）划定文件的保管期限

由于各种因素的影响，同属于一个归档范围的文件常具有不同的保管期限，为此，在确定归档范围之后还需要对文件划定具体的保管期限。这项工作也应由单位的文书人员或秘书人员承担。

（三）档案价值复审

除了永久保存的档案外，其他定期保存的文件在保管期满之后，需要对其价值进行复审，以确定是继续保存还是予以淘汰。档案价值复审主要采取以下两种形式。

1.到期复审

到期复审是指对于短期或长期保管的档案，在保管期满后重新审查其是否确实丧失了保存价值。对保管期满档案的复审周期可以逐年进行，也可以若干年度进行一次。这项工作由档案室（馆）承担。

2.移交复审

移交复审是指档案室向档案馆移交档案时，档案室人员和档案馆接收人员共同对所移交的档案的保管期限进行的审查工作。

（四）销毁无价值档案

对于归档鉴定和价值复审确认为没有保存价值的档案，应按照规定的手续和方法予以销毁。这项工作通常由档案部门承担。

二、档案价值鉴定工作制度

对档案的价值进行鉴定是一项决定档案"存亡"的工作。为了防止误判，我国建立了档案鉴定工作制度，其基本内容包括如下三个方面。

（一）制定鉴定档案的标准

档案鉴定标准是由国家档案行政管理机关制定、发布，并在全国统一推行的档案鉴定规范和依据，如 2006 年国家档案局颁发的《机关文件材料归档范围和文书档案保管期限规定》。各单位必须根据这一标准鉴定档案的价值。

（二）规定档案鉴定工作的组织领导

1.各类单位档案鉴定工作的组织领导

各单位的档案价值鉴定工作应该在本单位分管负责人的领导下，由档案部门和有关业务部门的人员共同组成鉴定小组进行。例如：××广告公司档案鉴定工作应由主管办公室工作的副总经理直接领导，组成由公司办公室主任为组长、档案室主任为副组长、公司主要业务部门相关人员参加的鉴定小组来进行。

2.档案馆档案鉴定工作的组织领导

档案馆的档案鉴定工作应组织专门的鉴定小组或鉴定委员会来进行。鉴定委员会一般由该档案馆馆长、馆内有关业务人员、同级档案行政管理部门的代表组成；此外，还可以临时邀请与被鉴定档案有关的单位的负责人或代表参加。

档案鉴定小组或鉴定委员会的主要职责是：指导、监督档案价值的鉴定工作；讨论、审查档案销毁清册和待销档案内容的分析报告；对档案的存毁做出决定，并报请有关领导批准；鉴定工作结束后，提出鉴定工作报告。

（三）鉴定档案价值的原则

1.以国家和人民的整体利益为出发点

从国家和人民的整体利益为出发衡量档案的价值是鉴定工作的指导思想，也是评价档案价值的基本准则。鉴定档案时，我们不能从本单位的利益或个人的好恶出发评价其价值，而应充分估计和预测档案在整个社会发展过程中的作用。

2.全面的观点

（1）通过全面分析文件的各方面因素，综合判定档案的价值

文件的价值由多种要素构成，因此，在鉴定档案时，我们应该综合分析文件的具体情况，全面考虑其各方面的要素，不可能只根据某方面的特征便片面地做出结论。

（2）全面把握档案之间的联系

各个单位、各项工作中形成的文件之间具有密切的联系，因此，我们在鉴定档案时，不要孤立地判断单份文件的价值，而应将有关的文件材料联系起来分析，然后再做出判断。

（3）全面预测社会对档案的利月需要

档案不仅对本单位有用，而且对社会也有重要的价值。因此，我们在鉴定档案价值时，既要考虑本单位的需要，也要考虑社会的需要，切忌只根据某个方面的需求来判定其价值。

3.历史的观点

档案是历史的产物，它的形成总是脱离不了一定的历史环境，因此，我

们在鉴定档案价值时，要将档案放到它所形成的历史环境中进行分析，并结合社会现实及未来的需要考察其价值。

4.发展的观点

社会对档案的利用需求是动态变化的，而档案价值的鉴定总是在一定的时空条件下进行的。因此，在鉴定档案价值时，我们既要看到其现实作用，又要看到其长远作用，正确地预测档案的价值。

5.效益的观点

保存档案需要人、财、物的支持，档案保管期限越长，消耗就越高。效益的观点就是要求鉴定档案时考虑投入和产出比，只有预计档案发挥作用的效益能够超过保管代价，我们才判定其具有保存价值。保存档案的效益包括经济效益和社会效益两个方面，档案价值的鉴定要经济效益和社会效益并重。

第三节 鉴定档案价值的标准和方法

一、鉴定档案价值的标准

（一）档案属性标准

档案属性包括文件来源、内容、形式特征等，它们是从档案自身来分析和确定档案价值的标准。

1.档案的来源标准

档案的来源是指档案的形成者。运用来源标准鉴定档案的价值应注意分析以下几方面的情况：

（1）分析本单位文件与外单位文件的关系。

我们在鉴定档案时，应注意区分不同的作者。一般情况下，应该注意主要保存单位制成的文件。对于外来文件，则应具体分析来文单位与本单位的关系，以及来文内容与本单位职能活动的关系。通常，有隶属关系单位的来文比非隶属关系单位的来文重要；针对本单位主管业务、需要贯彻执行的来文比涉及非本单位主管业务的参考性来文价值高。

（2）分析本单位制成的文件的作者的职能。

在本单位制成的文件中，单位领导人、决策机构、综合性办公机构、主要业务职能机构、人事机构、外事机构制发的文件能够比较直接地反映本单位的主要职能活动和基本情况，因而具有长久保存价值文件的比例比较高；而一般行政事务性机构、后勤机构及某些辅助性机构所制发的文件中具有长久保存价值的比例则比较低。

（3）分析档案馆接收对象的地位和作用。

档案形成者的地位、作用和职能情况是各级各类档案馆确定档案收集范围的基本根据。一般来说，一个地区党政机关的档案，在本地区影响较大的、具有典型性和代表性的单位的档案，以及著名人物的档案等价值较高，长久保存的比例较大；而基层单位形成的档案，普通人士形成的档案，其价值则较低，长久保存的比例较小。

2.档案的内容标准

档案的内容是指档案所记载的事实、现象、数据、思想、经验、结论等，它是决定档案价值最重要、最本质的因素。根据档案的内容判断其价值，主要从以下三个方面入手：

（1）分析档案内容的重要性。

一般说来，反映方针政策、重大事件、主要业务活动的文件比反映一般性事务活动的文件重要；反映全面情况的文件比反映局部情况的文件重要；反映本单位主要职能活动、中心工作和基本情况的文件比反映非主要职能活动、日常工作和一般情况的文件重要；反映典型性问题的文件比反映一般性问题的文件重要。在工作、生产、科学研究、维护权益以及总结经验方面具有凭证、查考作用的档案，多具有较高的价值。

（2）分析档案内容的独特性。

档案内容的独特性是指档案记述的情况或反映了本单位、地区、系统的特点，或具有新颖性和典型意义。比如，记载某个公司经营特色的档案、某个学校办学特色的档案或某个地区文化特色的档案等，都是内容上有独特性的档案。鉴定档案时，应注意那些记述本单位特殊事件、特殊产品、特殊人物、特殊成果和某些特殊传统的档案，以及具有开创意义的新人、新事的档案。

（3）分析档案内容的时效性。

文件有效期的长短对档案的价值高低具有一定的影响。例如：方针政策性、法规性、计划性文件在失去现行效用后，其行政作用就会转变为科学研究的作用；而经济合同、协议等文件成为档案后，在有效期及法律规定的时效期内具有约束和凭证价值，有效期过后，有些文件仍具有科学研究、历史研究的价值，有效期过后，有些文件仍具有科学研究、历史研究的价值，而其他一些文件的价值则可能降低甚至消失。因此，我们在鉴定档案价值时，应该通过分析文件内容的时效性及其变化情况来判定文件价值。

3.档案的形式标准

档案的形式是指文种（文件的名称）、形成时间、载体形态和记录方式等。在某种情况下，档案的形式也影响其价值。

（1）文种与档案的价值。

文种表明文件的特定用途和性质，因而能够在一定程度上反映文件的价值。一般说来，命令、指示、决定、决议、条例、公告、纪要、报告等文种往往用于记录方针政策、重大事件和主要业务活动，具有权威性、指导性、规定性，价值较高；而通知、函件、简报等往往用于处理一般事务，价值则相对较低、

应该注意的是：一方面由于一些文种如通知、函等的使用范围比较宽泛，另一方面由于有的单位行文时选择文种不够准确，造成文种与实际用途不符的情况，因此，我们不能仅用文件的名称作为判定其价值的依据，而需要结合文件的内容加以分析。

（2）形成时间与档案的价值。

这是指文件产生时间距离现在的远近程度，以及所处历史时期的特殊意义。一般说来，档案产生的时间距离今天越遥远，留存下来的越稀少，其价值就越珍贵，就越值得保护和保存。单位的档案中涉及建立初期、重大调整、重大变化和发展情况的档案等都具有重要的价值，需要长远保存。

（3）稿本与档案的价值。

文件不同稿本的行政效能和凭证作用是不一样的，因此，其价值也就有所不同。

文件的定稿是经单位领导人审核和正式签发程序形成的稿本，是缮印正本文件的依据，具有凭证价值；文件的正本具有标准的公文格式，有文件的生效标识——单位的印章或领导人的签署，是单位工作的依据，具有法定的效用和凭证作用。上述两种稿本的可靠性大，其价值相应就较大。

文件的草稿或草案是文件形成过程的产物，没有现行效用，可靠性相对于定稿和正本文件要差一些，因此，价值也较小。但是，应该注意的是，某些重要文件的草稿、草案反映了文件修改、丰富、完善的过程，也具有较高的科学研究或历史价值。

（4）外观类型与档案的价值。

文件的外观类型是指其制成材料、记录方式、笔迹、图案等，它们的特

殊性在一定程度上也影响档案的价值。例如：有些文件因载体材料的独特、古老、珍稀而具有文物价值；有些文件因出自书法家之手或装帧华美而具有艺术价值；也有些文件因有著名人物的题词、批注、签字而具有纪念价值等。因此，在鉴定档案时，对于外观类型独特的文件要通过具体分析其特殊意义才能判定价值。

4.相关档案的保管状况标准

（1）完整程度与档案的价值。

完整程度是指一个立档单位、一个时期、一个地区档案数量的齐全状况。档案的完整程度在一定条件下对档案的价值产生影响。例如：在鉴定时，我们有时会看到某份文件的价值并不大，但是，由于这个时期该单位保存下来的档案数量很少，如果再剔除一些文件，就会造成历史的空白，于是，这份文件的价值因此会相应提高，可以适当地延长其保管期限。

（2）内容的可替代程度与档案的价值。

在鉴定时，如果我们看到一份文件的内容已经被其他更重要的文件所包括，那么，该份文件的价值可以从严判定；反之，如果一份文件只反映了全貌中一个方面的问题，但又别无其他材料，那么，这份文件的价值就相对提高。例如：一般来说，本单位的年度总结和统计报表等应该永久保存，季度、月份的总结和统计报表应长期或短期保存；但是，在没有年度的总结和统计报表的情况下，季度和月份的总结和统计报表就会变得重要起来，其价值就会相应提高。再如：在有定稿和正本文件的情况下，副本、草稿的价值比较小，一般可以不归档；而在没有定稿和正本的情况下，副本草稿的价值则相对提高，可归档视为正本保存。

（二）社会利用标准

1.利用方向与档案的价值

利用方向是指利用者对档案内容和类型需求的趋向性。不同历史时期、不同职业、不同目的的利用者，其所需档案的内容和类型存在较大差别。比如：单位的领导所从事的是决策性工作，因此常需要方针政策性的档案，或反映单位全面情况的档案；而业务部门的人员则更多地需要那些反映具体情况的决定、报表等。

为了掌握利用需要的方向，我们需加强对现有档案利用状况的统计和研究，总结规律，进行科学的预测，使保存的档案能够满足各方面的需要。

二、鉴定档案的基本方法

直接鉴定法是鉴定档案的基本方法。这种方法要求鉴定人员直接地、具体的审查每一份文件，从其作者、内容、文种、时间、可靠程度、完整程度等各方面进行考察，然后根据鉴定原则和标准判定其保管期限。不能仅根据文件的题名、文种、卷内文件目录、案卷题名或案卷目录等去确定档案的价值。

在鉴定档案时，以下情况需要加以注意：

（1）如果我们在鉴定时对一些文件是否保留存有异议，则不要匆忙下结论。一般应掌握一下原则：保存从宽，销毁从严；孤本从宽，复本从严；本单位文件从宽，外单位文件从严。

（2）对于介于永久、长期之间和长期、短期之间的文件，可采取"就高不就低"的处理方法。

（3）在具有密切联系的一组文件中，如果只有一两份文件的保存价值较短，而其他文件均具有较长久的保存价值，则可合并立卷，从长保管。

（4）在剔除保管期满的档案时，一般以卷为单位，以短从长，尽量不拆卷。如果一卷中只有个别文件需要继续保存，可以将其挑选出来，其他文件则剔除；如果一卷中只有个别文件失去保存价值，可暂不剔除，原卷继续保留。

在剔除保管期满的档案时，一般以卷为单位，以短从长，尽量不拆卷。如果一卷中只有个别文件需要继续保存，可以将其挑选出来，其他文件则剔除；如果一卷中只有个别文件失去保存价值，可暂不剔除，原卷继续保留。

三、销毁档案的程序和方法

（一）编制档案销毁清册

档案销毁清册是登记经鉴定需要销毁档案的内容、成分、数量的表册；其作用是提供给有关领导人或有关领导机关对需要销毁的档案进行审查和批准，以及日后作为查考档案销毁情况的依据。

档案销毁清册封面的项目有：全宗号、全宗名称、编制档案销毁清册单位名称、编制时间等。

档案销毁清册主表的项目有：序号、年度、档号、案卷或文件题名、文件数量、原保管期限、销毁原因、鉴定时间、备注等。上述登记项目可以酌情增减，例如，整理过程中剔除销毁的档案，一般没有准确的档号，对其可取消"档号"项；又如，为了方便有关领导人或有关领导机关审查，可增加"档案保管期限表中的条款号"、"审查意见"等项目。

档案销毁清册一般是以全宗为单位编制，至少一式两份，一份留在档案室（馆），另一份送有关领导审查、批准；如果需要报送档案行政管理机关备案，则需一式三份。

（二）编制立档单位和全宗简要说明

为了便于本单位领导人或主管领导机关了解待销毁档案的情况，做出正确的决定，档案室（馆）还需要编制立档单位和全宗简要说明。立档单位和全宗简要说明的内容包括：立档单位和全宗历史概况、档案所属年代及其保管期限、销毁档案的数量及其内容、档案鉴定的概况和销毁档案的主要理由等。销毁档案的数量及其内容部分可以粗略地分类进行介绍。档案室（馆）应将立档单位和全宗简要说明与档案销毁清册一并向本单位领导人或主管领导机关送审。

（三）销毁档案的方法

准备销毁的档案在未获批准之前应单独保管，以便审批时对其进行检查，或不批推销毁时恢复保存。准备予以销毁的档案经批准后，一般可将其送往造纸工厂作纸张原料。若档案室（馆）远离造纸厂或待销毁档案特别机密，则可采取自行焚毁的方式。

为保守党和国家的机密，严禁将需要销毁的档案作其他用途，更不允许作为废旧纸张、书刊出卖。

销毁档案无论采取何种方式，均需指派两人以上执行监销任务。档案监销人员在销毁现场监督，直至确认档案已经销毁完毕，然后在销毁清册上注明销毁方式、"已销毁"字样和销毁日期，并签字，以示负责。

对于已经获批准确定销毁的档案，为慎重起见，不必立即执行销毁，可以"暂缓执行"，搁置一段时间，经审查没有发现问题后再实施销毁。

第四节 档案保管期限表

档案保管期限表是用表册的形式列举档案的来源、内容和形式，并指明其保管期限的指导性、标准性文件；它是档案室（馆）鉴定档案价值、确定档案保管期限的依据。

档案保管期限表的主要作用是：第一，统一档案鉴定人员的认识，避免因个人认识的局限性造成的误判，保证鉴定工作的质量和效率。第二，单位在文书立卷时可以依据档案保管期限表，按照文件的不同价值组卷，并初步确定其保管期限。第三，档案室（馆）可以依据档案保管期限表对归档、移交和保管期满的案卷进行复审工作。

一、档案保管期限表的类型

目前，我国的档案保管期限表有如下五种类型。

（一）通用档案保管期限表

通用档案保管期限表是由国家档案行政管理机关编制的，供全国各类单位鉴定档案时通用的保管期限表。2006 年国家档案局发布的《文书档案保管期限表》就属于这种类型。

通用档案保管期限表的特点是：第一，通用性，即该表可供全国各类机关、团体、企事业单位使用；第二，依据性，即各类单位和系统可以根据通用档案保管期限表的原则，结合自身的具体情况，制定各自范围内的档案保管期限表。应该注意的是：各单位、系统制定自己的档案保管期限表时，其中各个条款的保管期限应该相当于或略长于"通用表"中相应条款的保管期限，而不能任意缩短。

（二）专门档案保管期限表

专门档案保管期限表是由国家档案行政管理机关会同有关主管部门编制的，供各机关、团体、企业、事业单位鉴定专门档案时使用的档案保管期限表。1998 年财政部和国家档案局联合颁发的《财政总预算、行政单位、事业单位和税收会计档案保管期限表》就属于这种类型。该表供全国各级财政机关、行政机关、团体、企业、事业单位鉴定会计档案时使用。

（三）同系统机关档案保管期限表

同系统机关档案保管期限表是由主管领导机关编制，供同一个系统内各单位鉴定档案价值时使用的档案保管期限表。这种档案保管期限表须经本部门领导人批准后执行，并报送国家档案局备案，此外，还要抄送各省、自治区、直辖市档案局。交通部制定的《交通文件材料保管期限表》就属于这一类型。

（四）同类型机关档案保管期限表

同类型机关档案保管期限表是由档案行政管理机关或主管领导机关编制，供同类型机关如学校、医院、政府机关等鉴定档案价值时使用。《辽宁省乡镇机关文件材料保管期限标准》、《辽宁省中小学文件材料保管期限标准》均属这种类型。

（五）机关档案保管期限表

机关档案保管期限表是由各机关自行编制，供本机关鉴定档案价值时使用的档案保管期限表。《××市教委文书档案保管期限表》、《××大学文书档案保管期限表》均属这种类型。

二、档案保管期限表的结构

档案保管期限表一般由顺序号、条款、保管期限、附注以及说明等部分组成；其中条款和保管期限是最基本的项目。

（一）顺序号

顺序号是档案保管期限表的各条款经系统排列后，在各条款前统一编排的号码。编制顺序号的目的是固定条款位置。顺序号还可作为引用档案保管期限表条款的代号。

（二）条款

条款是一组类型相同的文件的名称或标题，如"本单位召开会议的文件材料"、"本单位召开的工作会议和重要的专业会议文件材料"等。拟制条款的一般要求是：反映出同一组文件的来源、内容和形式。条款可以指出具体的作者、问题和文种，也可以概括出其类型，如"省直属各局"、"领导性文件"、"各学校"、"报表"等。条款在结构上并不绝对要求文件的来源、内容、形式三者齐全，而应该根据档案保管期限表的适用范围、各种文件的特点及价值作适当调整。

必要时，条款中应指明文件的用途和可靠程度。用途是指执行、批准、备案、参考等；可靠程度是指草稿、定稿、正本、副本等。

档案保管期限表的条款排列有分类排列和不分类排列两种形式。条款的分类就是将条款按照一定的方法分门别类，以便于鉴定人员查找使用。档案保管期限表的条款可以按照内容、来源或形式分类，其类别的设置根据档案的具体情况决定。例如：《财政总预算、行政单位、事业单位和税收会计档案保管期限表》中将档案分为会计凭证类、会计账簿类、财务报告类、其他类四个类别，十分便于查找。也有的档案保管期限表由于条款少或内容不易划分而不设置类别。在不设置类别的档案保管期限表中，条款的排列应有一定的逻辑顺序，以便查阅。例如：国家档案局发布的《文书档案保管期限表》中的条款没有分类，而是按照"会议文件"、"上级机关文件"、"本级机关文件"、"同级机关文件"、"下级机关文件"的顺序排列的。

（三）保管期限

保管期限是根据各类文件的保存价值所确定的保管年限，列于每一条款之后。根据 2006 年 12 月 18 日国家档案局发布的《机关文件材料归档范围和文书档案保管期限规定》，机关文书档案的保管期限分为永久、定期两种。定期一般分为 30 年、10 年。

1.永久保管的档案

凡是反映单位主要职能活动和基本面貌的，对本单位、国家建设和历史研究有长远利用价值的文件材料，列为永久保管。

永久保管的文件主要包括：本机关制定的法规政策性文件材料；本机关召开重要会议、举办重大活动等形成的主要文件材料；本机关在职能活动中形成的重要业务文件材料；本机关关于重要问题的请示与上级机关的批复、批示，重要的报告、总结、综合统计报表等；本机关机构演变、人事任免等文件材料；本机关房屋买卖、土地征用，重要的合同协议、资产登记等凭证性文件材料；上级机关制发的属于本机关主管业务的重要文件材料；同级机关、下级机关关于重要业务问题的来函、请示与本机关的复函、批复等文件材料。

2.定期保管的档案

定期保管的档案主要包括：本机关职能活动中形成的一般性业务文件材料；本机关召开会议、举办活动等形成的一般性文件材料；本机关人事管理工作形成的一般性文件材料；本机关一般性事务管理文件材料；本机关关于一般性问题的请示与上级机关的批复、批示，一般性工作报告、总结、统计报表等；上级机关制发的属于本机关主管业务的一般性文件材料；上级机关和同级机关制发的非本机关主管业务但要贯彻执行的文件材料；同级机关、下级机关关于一般性业务问题的来函、请示与本机关的复函、批复等文件材料；下级机关报送的年度或年度以上计划、总结、统计、重要专题报告等文件材料。

（四）附注

附注是在条款之后对条款及其保管期限所作的必要的注解或说明。例如：对条款中"重要的"和"一般的"可以进行注释；一些经济合同、协议书、借据等文件的保管期限，往往从有效期满后计算，因此，可以在保管期限后注明"失效后"的字样。

（五）说明

在说明中应该指出：档案保管期限表的适用范围，制定档案保管期限表的依据，保管期限表的结构，保管期限的计算方法，以及其他应该说明的问题。

第五章 档案保管

　　档案保管工作是指在档案入库后所进行的存放、日常维护和安全防护等管理工作。它的目的是维护档案的完整与安全，为档案工作提供良好的物质基础。档案是一种社会现象，它以一定的物质形式存在并且其中有一部分要永久保存下去，为子孙后代造福。

　　但是我们也应该看到，随着社会的进步与时间的推移，一方面档案的数量和成分在日益增加和不断丰富，另一方面档案又处在不断损毁和遗失的过程中。对于不断形成和增加的档案，可以通过加强档案的收集工作来解决这一矛盾，而对于处于不断损毁的档案，则需要通过加强档案的保管工作加以解决。

　　目前，在档案保管工作中有许多问题亟待解决。比如纸张的老化，字迹褪色模糊，有相当数量的档案纸张变黄发脆；档案虫害也十分严重，不仅在档案较为集中的档案馆，而且现行机关档案虫害也不在少数；档案保管的条件得不到及时改善，库房建筑不合乎档案保护标准，需要复制的档案数量很大，复制档案的手段也比较落后，以上问题向档案工作提出严峻挑战。为了解决这些急迫的问题，必须加强档案保管工作，无论对于现在还是将来的档案事业，这都是任重而道远的重大工程。

第一节 档案保管工作的任务、要求和条件

一、档案保管工作的任务和要求

（一）档案保管工作的任务

1.建立和维护档案的存放秩序

为了使档案入库、移出、存放井然有序，能够迅速地查找档案，并随时掌握档案实体的状况，档案室（馆）要根据档案的来源、载体等特点，建立一套档案入库存放的规则和管理办法，使档案不管是在存放位置上还是被调阅移动都能够处于一种受控的状态。

2.保持和维护档案实体良好的理化状态

档案实体是以物质的形态存在和运动的，而各种环境因素，如温湿度、光线、有害气体、灰尘、生物及微生物等，会对档案的载体、字迹材料等造成不良影响，不利于档案的长久保存。为此，在档案的保管工作中，就需要了解和掌握不利于档案长久保存的各种因素及规律，采取有效措施，最大限度地消除和降低它们对档案的损坏，使档案实体保持良好的理化状态，以延长档案的寿命。

（二）档案保管工作的要求

为了保持档案库房管理的稳定、有序，我们应注重建立健全管理规则和制度，加强日常管理。在库房管理中要做到：归档和接收的案卷及时入库；调阅完毕的案卷及时复位；定期进行案卷的清点和检查，发现问题及时处理。只要持之以恒地坚持严格的日常管理，就能保证库房内档案的良好状态。

1.预防为主，防治结合

在档案保管工作中，保护档案文体安全的方法概括起来主要有两类：一是如何预防档案实体损坏的方法；二是当环境不适宜档案保管要求时或当档

125

案实体受到损坏后如何处置的方法。在归档或接收的档案中，实体处于"健康"状态的档案占绝大多数。因此，在档案保管工作中，积极"预防"档案受到各种不良因素的破坏是主动治本的方法。我们应该采取各种措施，确保这些档案的长期安全。同时，还应该通过加强日常管理和检查，及时发现档案实体出现的"病变"情况，以便于迅速地采取各种治理措施，阻断或消除破坏档案的有害因素，修复被损害的档案，使其"恢复健康"。预防为主，防治结合，才能全面保证档案实体的安全。

2.重点与一般兼顾

由于档案的价值不同，保管期限长短不一，所以，在管理过程中，我们应该掌握突出重点、兼顾一般的原则。对于单位的核心档案、重要立档单位的档案、需要长久保存的档案，应该加以重点保护，尽量延长档案的寿命。同时，对于一般性、短期保存的档案也要提供符合要求的保管条件，确保其在保管期限内的安全和便于利用。

二、档案保管的物质条件

档案保管的物质条件是档案库房管理所需一切物质装备的总称。档案的保管工作必须依托于一定的物质条件才能实现。

（一）档案库房

档案库房建筑是档案保管最基本的物质条件，是档案保管中长期起作用的因素，其质量直接影响档案保管中各项设备的采用与效果。为此，国家档案局制定了《档案馆建筑设计规划》，作为档案管理机构建设档案库房的标准。

但是，在实际工作中，因受职能、规模、财力等因素的限制，各档案室（馆）在库房建筑配置上不可能完全一致，因此，应该分情况解决。档案馆应该按照《档案馆建筑设计规范》的要求建造档案库房；档案室在档案库房的选址或建造上也应该尽量向《档案馆建筑设计规范》的要求靠拢。在无法达到其要求的情况下，也必须注意：第一，档案库房要有足够的面积，开间大小要合适；第二，库房必须专用，不能与办公室合用，也不能同时存放其他用品；第三，档案库房必须是坚固的正规建筑物，临时性建筑不能作为档案库房；第四，档案库房应该远离火源、水源和污染源，符合防火、防水、防潮、防光、防尘、隔热等基本要求。因此，全木质结构的房屋和一般的地下室均不宜作档案库房使用。第五，档案库房的门窗应具有良好的封闭性。

（二）档案装具

档案装具是指用以存放档案的柜、架、箱，它们是档案室（馆）必需的基本设备。档案装具在制成材料、形式和规格上的种类很多，其特点各有不同。一般说来，封闭式装具比敞开式装具更有利于对档案的保护；金属的装具比木质的更坚固，并有利于防火。

目前的档案装具中，活动式密集架在有效利用库房空间、坚固、密闭方面具有较好的性能。活动式密集架平时各架柜合为一体，调卷时可以手动或自动分开，比常规固定架柜节省近 2/3 的库房面积。新建库房如果使用活动式密集架则可比使用常规固定架柜节省近 1/3 的建筑费用。但是，安装活动式密集架要求地面承重能力需在每平方米 2400kg 以上，同时还必须考虑整个建筑物的坚固程度以及使用年限等相关因素。

（三）档案保管设备

档案保管设备是指在档案保管、保护工作中使用的机械、仪器、仪表、器具等技术设备，它们主要有：空调机、去湿机、加湿器、通风机、温湿度测量仪、防盗和防火报警器、灭火器、装订机、复印机、缩微拍照及缩微品阅读复制机、光盘刻录机、通信及闭路电视监控设备、消毒灭菌设备以及档案进出库的运送工具等。

（四）档案包装材料

档案包装材料主要有卷皮和卷盒。现行国家标准《文书档案案卷格式》

（GB/T9705 2008）规定：卷皮分硬卷皮和软卷皮两种。硬卷皮封面及封底尺寸为 300mm×220mm 或 280mm×210mm（长×宽），厚度有 10mm、15mm 和 20mm 三种；软卷皮规格为 297mm×210mm（供 A4 型文件纸用）或 260mm×185mm（供 16 开型文件纸用），且必须与卷盒同时使用，即用软卷皮包装并装订的案卷必须装入卷盒中存放。卷盒的外形规格为 300mm×220mm（长×宽），厚度有 30mm、40mm、50mm 三种规格。卷盒须有绳带等扣紧装置。

（五）消耗品

消耗品是指用于档案保管工作的易耗低值物品，如防霉防虫药品、吸湿剂、各种表格及管理性的办公用品等。

档案库房、装具、设备、包装材料和消耗材料在档案保管工作中构成一个保护链条，共同发挥着为档案创造良好环境、防护档案免受侵害、维护档案完整和安全的作用。因此，档案室（馆）在开展档案保管工作时，应根据档案保管的整体要求和自身的情况，本着合理、有效、实用、节约的原则对这些物质条件进行配置。

第二节 建立库房管理秩序

一、档案保管模式

科技的进步、改革的深入促进档案保管模式的多元化发展。下面分别介绍几种典型档案保管模式，以供推广和借鉴。

（一）部门档案馆模式

随着政府机构职能转变、企业发展壮大以及档案门类和数量的增长，为了适应专业工作的需要，中央和地方的某些专业主管机构相继建立了一些部门的档案馆或专业档案馆；如建委系统建立的城建档案馆、省科委建立的科技成果档案馆、省气象局建立的气象档案馆、公安厅建立的公安厅档案馆等。同时，一些大型企业、事业单位，随着核算单位划分、下放，立档单位多起来，档案数量日益增多，从而出现了一些企业、事业单位的档案馆，如本溪钢铁公司档案馆、华北油田档案馆、东北大学档案馆等。现在的档案馆是单位所属的事业机构，负责接收本单位下属机构的到期档案，这些档案馆与各级国家档案馆也有区别。

主要区别是：这些馆原则上都不是永久保管档案的基地，而是一种中间性、过渡性档案馆。他们的档案最终都要向国家档案馆移交，或者作为国家档案馆的分馆；尽管某些部门或专业档案馆、企事业单位档案馆存在的时间可能相当长，但除所收集的他人印件、复制件外，机关自身及其所属单位的档案中需要永久保存的，亦应定期（期限可长于一般单位）向国家档案馆移交。部门档案馆的优势是利于本部门和本行业对档案的管理和利用；缓解国家档案馆的馆藏压力；调动了行业积极性并减轻政府的财政压力。

（二）联合档案室模式

联合档案室适应地、县以下小机关、小单位。由于地、县以下级单位机关小、人员少，文件不多，建立档案工作机构或配备专职档案干部既不可能，也无必要，只能明确一名同志兼管兼做，因此，大多数基层单位的立卷工作，特别是档案工作，长期处于若有若无、名存实亡的境地。为了寻求一条出路，一些驻地相对集中的中小机关（有的同一个院，有的同一座楼）率先起来冲破封闭的樊篱，建立了联合档案室。参联机关只负责文书处理、立卷、档案工作由联合档案室负责。实现了档案干部专职化、库房设备集约化，有利于档案各项工作的开展和质量的提高，符合优化组合的原则，达到了精简、效能和节约的目的。联合档案室的基本属性还是机关档案室性质，同时，也具有某种过渡性、中间性档案馆的性质，因为它管有几个、十几个现行机关全宗。不相隶属机关之间的联合可称之为横向联合档案室。以主管机关为主建立起来并统管其直属单位的档案的，可称之为纵向联合档案室。它可以解决许多小单位档案工作有名无实的问题，并有利于推动主管机关管好本系统的档案工作，其发展方向可能是档案、资料、情报一体化的信息中心。乡一级的档案工作本来就是天然的联合档案室，因为机关小，过去又是政社合一分不开，可以把它视为一个全宗，并不存在一个联合全宗的问题。现在乡党委、乡政府、乡经济联合体、乡直单位等等，职能分开，麻雀虽小，五脏俱全，宜建一个联合档案室来统管。在相当长的时间里，乡级需要永久保存的档案应移交县档案馆。

（三）档案寄存中心模式

档案寄存中心，是在改革开放前沿阵地深圳出现的另一种新的模式。1998年8月9日，深圳市档案局正式成立全国首家档案寄存中心，将不具备充分保管条件及配备档案保管成本过高的国有或非国有及破产企业、社会团体、个人在工作、生产、经营、生活等各项活动中形成的档案，寄存在档案馆中。该中心与档案馆、文件中心均有不同：该中心在性质上是有偿服务的机构，既不同于为具有社会和历史价值的各种档案提供无偿服务的综合档案馆，也不同于具有会员制性质，共筹资金，按所筹资金划分库房等的外国文件中心；在机构的设置上，该中心隶属深圳市档案局（馆）领导，并设于市档案馆内。既与综合档案馆是由国家各级政府设立并领导不同，也与外国文件中心作为独立性的，为机关非现行文件提供保存服务的过渡性文件保管机构不同；在任务上，该中心主要为市内各类企业、社会团体及个人提供档案寄存服务，既与国家综合档案馆主要为具有社会和历史价值的各种档案提供保管服务不同，也与文件中心主要为各机关不经常使用、但还不能作最后处理的文件提供保管服务不同；档案寄存中心满足了小型企业和流动人口的需求，在深圳这块三资私营企业多、人口流动性大的土地上，大有市场。

（四）一体化信息管理中心模式

档案室兼做一定的图书、资料工作一直是有明文规定的，但主要强调管内部资料，而且是限定在围绕档案而收集、配合档案而利用，即作为档案的一个补充性、从属性部分而存在。这些年，随着竞争观念、信息观念的增强，经济科技情报工作在许多单位迅速发展起来，于是档案、资料、情报工作一体化管理信息中心在一些单位应运而生了。如河北省晋州市农业局在把下属植保站、土肥站、种子站和农业技术中心的档案工作联合起来的同时，还把他们的档案、图书报刊、情报工作也统一起来，实行一体化管理，他们的经验已引起石家庄地区农业局、省农业厅和农业部的重视和推广。在交通战线，张家口地区交通局的做法与晋州市农业局相类似，尽管它挂的是联合档案室的牌子，但其工作内容实际上已是档案、资料、情报工作一体化管理。在工业战线，唐山钢铁公司是一个全民所有制大型企业，1979 年开始恢复整顿，组建了科技档案室，1983 年成立档案科，统一管理文书科技档案。1985 年成立档案处，成立了唐山钢铁公司信息中心，保管公司的文书档案、会计档案、技术档案、底图、科技图书、科技资料，开展了晒图、咨询、编研和情报加工等业务。一体化信息管理中心模式的优点是，档案工作的业务范围扩大了，节省了单位的人力物力、增加了效益。

（五）文件中心模式

文件中心的性质是一种过渡性的半现行文件管理机构，它处于文件形成单位和档案馆的中间位置。国外文件中心独立于机关之外，归档案部门管理，属于档案系统，它起源于 20 世纪 40 年代的美国，是管理半现行文件的过渡机构，是当今各国的文件管理机构的主流形式。永靖县文件中心是在总结机关联合档案室工作经验并借鉴国外文件中心的范例基础上，于 1988 年 8 月建立的一种新型的群体性机关档案管理机构。永靖县的文件中心是在中国档案事业体制下设立的试验田。在全国档案事业发展"十一五"规划中将把建立文件中心试点作为任务之一，要求在实践中要进行大胆创新。文件中心负责统一收集、统一保管、统一鉴定、统一服务、统一销毁，定期向档案馆移交档案。各机关不设档案室、但要设分管领导，设兼职档案员，其职责是推行立卷改革，向中心移交档案。文件管理中心的职能是对各个单位半现行文件的管理，使文件资料的利用更有效、科学，为档案管理部门提供完整的归档文件。文件管理中心的工作分为实体管理和信息处理两部分。

可以这样认为，文件中心同样适应中国。因为首先国外文件中心与中国档案室相比具有高效、经济、服务快捷、信息共享等鲜明特点，它既然能被许多国外先进国家所接受，同样中国也有学习和借鉴的必要，其次，随着改革的不断深入，中国单一的公有制形式已经改变，中国多种所有制成分并存，档案的所有权也随之多元化，因此，与之相适应的公有制为基础的单一档案室形式也应改变，建立包括文件中心在内的多种管理档案机构。第三，中国加入世界贸易组织并融入一个充满变革和竞争的国际社会，这个国际社会由于通讯、网络及电子化的影响已变成地球村，信息共享方便快捷客观上要求适应新形势、同国际接轨，建立文件中心已成为时代的要求。应该以拿来的态度，用创新的精神构建具有中国特色的文件中心并与机关档案室乃至联合档案室（仍具有档案室的性质）共同发挥作用。

（六）中外合作的档案管理模式

中外合作的档案管理模式首次在中国落户，引起档案界的关注。2002 年，坐落在金沙江路上海长征工业园区内的上海信安达档案文件管理有限公司是由美国 Guarantee 公司和上海创造实业公司共同合作投资的中国首家档案文件保管机构。它是由企业通过社会化、市场化的运作方式向社会、企业及个人提供全方位的档案文件保管服务，其特点是省时、省钱、省力，适合文件资料较多的企业如银行、律师楼、会计事务所、投资公司及广告公司等。他们的口号是：我们是您的后勤部门，是您的另一间办公室！我们能减少您的行政管理成本。信安达公司服务特色体现在处处为客户着想。要查档案，为客户送上门，有 2 小时快递、当天或隔天送达。打个电话，公司就会把你需要的文件送上门，使用完毕再打个电话，公司又会派人取回文件。信安达的服务项目中也有在线服务，公司有自己的数据库，客户可以 24 小时享受服务，不受时间限制。

综上所述，中国机关档案工作已不是计划经济时代的单一的档案室。综合管理、联合管理、行政管理和一体化管理趋势非常明显。综合管理是一个立档单位内部所形成的全部档案，不管有多少门类，都应集中统一管理。联合管理是指多个立档单位的联合，是建立在各个立档单位档案综合管理基础之上的联合。行政管理是主管机关档案工作机构成工作人员对其下属单位档案工作负有监督指导之责，一体化管理则不仅是档案综合管理，而且是档案、图书报刊、情报资料等信息的综合管理，当然这也要以各信息载体自身的综合管理为前提。从中国机关档案管理体制看，中国机关档案管理模式为单一的行政命令自上而下建立起来的。随着机关体制的变革，要求打破一个单位一个档案室的传统做法，以适应 21 世纪的信息化、电子化社会需要。从精简高效原则考虑，中国机关工作又面临精简机构，缩编裁员，干部分流的实施，在这种情况下，合理设置文件中心，有利于提高机关行政效率，改善了档案文件的保管条件、节省资金和空间，大大减少人力、物力和保管费用。计划经济体制下构筑起来的庞大机关档案室网确保了国家档案的完整与安全，但在新形势下，档案室已渐渐地暴露出其业已存在的种种弊端。多年来人们所奉行的单一的机关档案室形式应该改变，从中国的国情出发，勇于创新，改传统的管理模式为多元的管理模式，寻找一条适合中国国情、并合乎精简高效的档案保管模式已成必然。

二、档案库房编号

拥有多间或多幢档案库房的档案室（馆），应对库房统一编号，以便于管理。档案库房编号有两种方法：一种是为所有的库房编统一的顺序号，这种方法适用于库房较少的档案室（馆）；另一种是根据库房的所在方位及库房建筑的特征进行编号，如"东一楼"、"红三楼"等。楼房内的库房自下而上分层编号，每层的房间从楼梯入口处自左至右顺序编号；平房应先分院或排，然后从左至右统一按顺序编号。

三、档案装具的排列和编号

库房中档案装具应排列有序，不同规格、不同式样的档案架、柜、箱应该分开排列，做到整齐划一。

如果是有窗库房，档案装具应与窗户呈垂直走向排列，以避免强烈光线直射；对于无窗库房，档案装具的排列也要注意有利于库房的通风。

档案装具的排放应注意最大限度地利用库房的空间，同时，也要宽度适宜，以便于档案的取放和搬运。一般情况下，档案装具之间的通道宽度应便于档案管理人员的工作与小型档案搬运工具的通行。在排放档案装具时应注意其不要紧贴墙壁。

为了便于对库房内档案的管理，所有档案装具应统一编号。一般的编号方法是：自库房门口起，从左至右、自上而下依次编档案装具的排号、柜架号一格层号（箱号），其号码采用阿拉伯数字。

四、档案的存放顺序和方式

在库房，档案是以全宗为单位进行排列的。所谓档案按照全宗进行排列，并不是说在任何情况下各种不同类型的档案都必须存放在一起。一些特殊类型的档案，如照片、影片、录音、录像档案，会计档案，以及科技档案等，应该分别保管。为了保持文件之间的历史联系，应该在案卷目录、全宗指南等检索工具中说明属于同一全宗、因类型不同而分别保存的档案的保管情况，并在全宗末尾放置全宗保管位置参见卡，指明存放地点。

入库全宗应按照档案进馆的先后顺序排列。全宗的位置确定后，就可以组织档案上架。档案上架的次序应按照档案架、柜、箱以及栏、格的编号顺序进行。

纸质档案在装具中的存放方式有竖放和平放两种。竖放时案卷的脊背朝外，管理人员可以直接看到卷脊上的档号，调卷方便。因此，目前较多的档案室（馆）采用竖放方式。平放比竖放有利于保护档案，其空间利用率也较大。但是，平放方式的缺点是不便于查看卷脊上的信息，存取也不太方便。因此，这种方式多用于保管珍贵档案，以及卷皮质地比较柔软、幅面过大、不宜竖放的档案。同时，采用平放方式应注意适当控制档案叠放的高度。

五、档案存放秩序的管理

在档案进入库房、排放于装具上之后，就开始了档案实体的保管阶段。在这个阶段中，档案存放秩序的日常管理和维护是一项基础性工作，其使用的工具和方法主要有以下几个。

（一）档案存放位置索引

档案存放位置索引是以表册或卡片的形式，记录档案在库房及装具中存放位置的一种引导性管理工具；其作用是指引档案管理人员准确无误地调取、归还案卷，以及进行其他项目的管理工作。由于档案存放位置索引能够清晰地反映各个全宗、案卷的存址，因此，它在档案室（馆）档案的迁移中具有更为突出的引导和控制作用。

档案存放位置索引分为如下两种体例。

1.指明档案存放处所的存放位置索引

这种索引是以全宗及各类档案为单位编制的，指明它们存放于哪些库房及装具中。

2.指明各档案库房保管档案情况的存放位置索引

这种索引是以档案库房和架、柜、箱为单位编制的，指明在哪些库房和装具中存放了哪些档案。

档案存放位置索引还可以制作成大型图表，张贴于办公室或库房入口的醒目之处，以方便管理人员使用。

（二）装具所存档案标识牌

装具所存档案标识牌是在每一列、每一件、每一层（格、箱）装具表面醒目处设置的标牌，以标明每一个档案架、柜、箱中所存放档案的起止档号，以便检查和调还档案。

六、全宗卷

全宗卷是档案室（馆）在管理某一全宗的过程中形成的，记录和说明该全宗历史情况的专门案卷；它是一个全宗在形成和管理活动中形成的"档案"。我们在每一个全宗的管理中都应该建立全宗卷。全宗卷的形成过程和成分如下所述：

（1）在档案收集工作中形成的文件材料，如"档案移交目录"和"移交书"等。

（2）在档案整理工作中形成的文件材料，如"档案整理工作方案"、"分类方案"、"立档单位和全宗历史考证"等。

（3）在档案鉴定工作中形成的文件材料，如"档案鉴定材料分析报告"、"档案销毁清册"等。

（4）在档案保管、统计工作中形成的文件材料，如"档案受损与修复记录"、"档案安全检查记录"、"档案数量与状况统计"等。

（5）在档案提供利用工作中形成的文件材料，如"全宗指南"、"机关工作大事记"、"机关组织沿革"等。

全宗卷的建立是一个由少到多、不断积累的过程。全宗卷在管理上不宜装订，而适宜使用活页夹或档案袋（盒）进行保存，以便于材料的积累和整理。全宗卷内的材料积累到一定程度，应该进行清理。如果全宗卷内的文件数量较多，也可以分为若干卷。

全宗卷是围绕全宗的管理活动而形成，并以一个全宗为单位组合成的案卷。因此，全宗卷不属于全宗内的一个案卷，在管理上不能与全宗内的档案混合在一起，而应单独存放。其存放方式是：每个全宗的全宗卷，可以按照全宗号进行排列并专柜保管，也可以置于每个全宗排列的卷首。

第三节 档案流动过程中的维护和保护

一、档案在流动过程中的维护与保护制度

（一）档案使用的登记和交接制度

档案无论因何原因被使用，我们都必须对调卷、还卷及交接行为实行严格的登记和交接手续。例如：档案出入库时、与使用者交接档案时，等等，其档案的数量必须准确，签收手续必须清楚、细致、严格。

（二）档案使用行为的管理与限制制度

档案使用行为的管理与限制制度的内容应包括档案使用行为的方式及所应防止的不良现象。

在使用档案时，我们应制止的行为包括：不允许使用档案的人员在使用档案时吸烟、喝水、吃食物；不允许在档案上勾画、涂抹；更不允许有撕损、剪切等破坏档案的行为。档案在库房外未被使用时，不允许长时间摊放在桌子上，而应及时放入专用的柜子里锁好；不允许擅自将档案带离规定的使用场所；档案利用者之间未经允许不得私自交换阅览其他人借阅的档案；未经允许，任何人不得擅自拍照、记录、复印档案；经过批准进行的拍照、复印等行为，应以不损坏档案的理化状态为前提；无论是档案管理人员还是档案利用者，每次使用档案的数量、使用的时间长短都应有一定的限制。同时，对于损毁档案的行为要有严格的惩罚规定。

二、档案在流动过程中的维护与保护方法

（一）数量与顺序的控制

无论是档案管理机构内部使用还是外部利用档案，当所需使用的档案数

量较大时，我们应按制度规定分批定量提供，并且应该要求档案使用者在使用过程中和交还档案时保持其排列秩序，以免发生错乱。

（二）对档案利用行为的现场监督与检查

凡外部利用者利用档案，档案管理部门应在利用现场配备工作人员实行监督，并随时检查利用者的利用行为，发现问题及时指出并予以纠正。有条件的档案室（馆），可配备闭路电视监控系统。

（三）档案利用方式及利用场所的限制

档案的利用以现场阅览为基本方式，经允许的拍照或复印工作原则上应由档案工作人员承担。档案利用场所应为集中式的大阅览室，一般不为利用者安排单独的阅读房间，以免发生意外。

（四）对重要档案的保护性措施

对于重要的珍贵档案，我们应实施重点保护，其保护措施有：严格限制利用；即使提供利用，一般也不提供原件，而是提供缩微品或复印件；利用中要特别注意监护，必要时可责成专人始终监护利用。对重要档案的复制也应比一般档案有更严格的限制和保护性措施。

第四节 档案实体的安全与防护

档案库房内部的环境因素不是孤立的，它始终受外界环境的影响。为了保证档案实体的安全，我们必须根据本单位档案库房的具体情况，采取适当的措施，将库房的环境控制在适宜档案实体安全的范围内，最大限度地避免外界不良因素对档案实体的侵害，保证档案实体良好的理化状态。档案库房的安全与防护措施主要包括如下方面。

一、人员的进出库制度

档案库房是保存档案的重要场所，因此，必须对进出库房的人员及其进出的方式、时间、要求等进行必要的限制，并做出专门的规定。

一般情况下，档案库房只允许档案工作人员进入，非档案工作人员原则上不允许进入档案库房。如果工作确实需要非档案工作人员进入库房，如维修库房或设备等，则必须有档案工作人员始终陪同。

档案工作人员进出库房也必须有相应的限制性规定，例如：非工作时间内一般不允许进入库房；在库房内不允许从事与库房管理工作无关的活动；不允许携带饮料、食物进入库房；不允许在库房内吸烟、喝水、吃东西；库房内无人时必须关灯、关窗、锁上库房门等。

二、库房温湿度的控制

档案库房内的温湿度是直接影响档案自然寿命的环境因素，适宜于纸质档案保存的库房温度是 14℃~20℃，相对湿度应在 50%~65%。为了准确掌握库房温湿度的情况，档案室（馆）应在库房内配置精确、可靠的温湿度测量仪器，随时测量并记录库房温湿度的具体指标状况。针对不同的库房条件，控制和调节温湿度的方法主要有下述两种。

（一）库房密闭

对档案库房进行严格密闭，能够较好地隔绝库房内外温湿度的相互交流，加之在库房内安装空调或恒温、恒湿设备，可以将库房内的温湿度人为地控制在适宜的指标范围内。但是，这种方法所需费用较高，并非所有的档案室（馆）都有能力做到。

（二）机械或自然的调控

有些难以做到密闭库房又无力承担配置空调或恒温、恒湿设备费用的档案室（馆），可以采用如下一些机械的或自然的措施对库房的温湿度进行人工调控：

（1）在档案库房的门窗加密封条，可减少库房内外温湿度的相互交流，并有防尘作用。

（2）使用增温、增湿或降温、降湿等机械设备进行调控，改变不适宜的温湿度。这种方法需要将库房门窗关闭方能奏效。

（3）当库房外的温湿度适宜而库房内的温湿度较高时，我们可以利用库房内外温湿度的差别，采用打开门窗或排风扇、换气扇等方法进行自然通风，用库房外的自然温湿度来调节库房内的温湿度。采用这种方法，需要把握好库房内外温湿度的差异，以及通风的时机、具体时间、过程的长短和强度等。

（4）采用一些更为简便的人工方法调节库房的温湿度。例如：在库房地面洒水，放置水盆、湿草垫，挂置湿纱布、麻绳等，以适当增湿；在库房中或档案装具内放置木炭、生石灰、氯化钙、硅胶等物质，以适当降湿。但是，这些方法的效果只是局部的。

上述这些方法虽然达不到库房密闭的效果，但如果措施运用得当，也可以往一定程度上控制库房的温湿度。

三、库房的"八防"措施

档案保管中的"八防"通常是指防火、防水、防潮、防霉、防虫、防光、防尘、防盗，它们是库房管理工作中保证档案实体安全的重要内容。

（一）防火

我们在选择档案库房装具、照明灯具及其他电器时，要保证材质，性能上的安全性；在各种器材的安装方面必须按照规范执行，保证线路的安全。档案库房中必须按照消防规定配备性能良好、数量足够的消防器材；在条件允许的情况下，应安装防火（烟雾）报警器和自动灭火装置。

（二）防水

档案库房不能设置在地势低洼之处；库房内及附近不能有水源；库房选址应远离易发洪水的地点，位于有利于防洪的地段。

（三）防潮

防潮与库房温湿度的控制特别是湿度的控制密切相关。库房防潮的措施有：采用密闭隔热技术，安装通风、降湿、空气调节设备，采取通风、换气、除湿和降湿措施等。

（四）防霉

防霉主要指预防或抑制以霉菌为主的微生物在档案库房内的生长、发育和繁殖及其对档案实体的破坏。环境中微生物的数量与人和动物的密度、植物的种类和数量、馆舍的建筑材料、温湿度、日照、气流等因素有关。库房防霉的方法有：

1.及时清扫库房、装具、设备、档案中的灰尘，定期清除库房内的垃圾，包括剔除待销毁的档案，维持库房内的清洁卫生。

2.对库房的进出口、通风口等主要空气通道采用过滤措施，以净化入库空气。

3.严格控制库房的温湿度。

4.在档案实体和装具上施放低度、无色、高效、性能稳定的防霉药品，以抑制有害微生物的生长或蔓延。同时，定期对档案进行检查。

（五）防虫

预防档案害虫的关键是创造并维持一个不利于害虫生长又不损害档案的环境。具体措施有：

1.档案库房在选址、建造时，应注意远离粮仓、货仓、食堂等场所；地基采用钢筋水泥或石质结构；加强门窗的封闭性；地板、墙面、屋顶等处不能有缝隙。

2.搞好库房内外的清洁卫生；做好档案入库前的检疫工作，防止将档案害虫带入库房；一旦发现疫情，应立刻进行熏蒸消毒处理；定期对档案进行检查。

3.在档案库房及各种档案装具内放置驱虫药物。

（六）防光

光线对档案实体有破坏作用，特别是紫外线，其破坏作用更大。因此，档案库房要注意防止和减少光线对档案的危害，重点是防紫外线。具体措施有：

1.档案库房尽可能全封闭，即无窗；如果设置窗户也应尽量小一些。如果库房为有窗建筑，可以采用安装遮阳板、滤光玻璃或窗帘的方法，减少光线的透过量，降低紫外线的危害。

2.档案库房内宜使用含紫外线少的人工光源。库内使用人工光源时，以白炽灯为好，不宜使用日光灯。档案在保管期间，除了整理、检查、提供利用外，应尽量做到避光保存。

3.尽量减少档案使用过程中受光照射的时间和光辐射的强度。在档案受潮、水浸、霉变、生虫的情况下，不要将档案放在阳光下直接曝晒，只能置于通风处晾干。

（七）防尘

灰尘会对档案造成各种污染，是危害档案的隐性因素。预防灰尘的具体措施有：

1.库房的选址应尽量避开工业区或人口稠密的地区；提高库房的密闭程度；库房建筑要选择坚硬、光滑、易于清洗的材料作为墙面、地面，防止库房内表面起尘；采用空气净化装置，过滤和净化空气等。

2.档案入库之前要进行除尘处理；日常管理工作中要注重档案库房、装具和档案本身的除尘。

（八）防盗

档案库房要做到门窗坚固，进出库房要随时锁门，并尽可能安装防盗报警装置。

四、定期检查、清点工作

定期检查、清点是档案库房管理的一项制度化措施。定期检查的重点在于档案实体的理化状态，以查看档案是否发生霉变、虫蛀等迹象，库房中是否存在危害档案的潜在隐患，档案的调出和归还是否严格履行了手续，档案实体存放秩序是否出现了错乱，是否存在长期使用尚未归还的案卷等为具体内容。目的是及时纠正档案库房管理中的漏洞，保持档案实体的安全和严整有序。尤其在档案室（馆）搬迁或大规模的提供利用工作之后，清点工作更为必要。

一般情况下，档案室（馆）以月、季度、节假日为周期进行定期检查；定期清点的周期可以比定期检查的长一些。但在档案发生大规模变化的情况下，应及时清点。

五、档案应急抢救措施

档案应急抢救措施是单位为了保证档案在突发人为或自然灾害事故发生时获得及时救护，最大限度避免损失而编制的预案及所做的准备工作。尽管现在许多单位已经具备了现代化的档案管理条件，但是仍然需要在强化安全意识和管理措施的前提下，做好应急准备，确保各类档案，特别是重要档案的安全防护工作。2008年8月，国家档案局等单位发布了《档案工作突发事件应急处置管理办法》指出：突发事件应急处置工作应贯彻统一领导、分级负责、及时反映、果断决策、合作互助的原则，应建立严格的突发事件防范和应急处置责任制，制定相关工作预案，切实履行各自职责，保证突发事件应急处置工作有序进行。档案应急抢救措施主要包括如下内容：

（一）编制档案应急抢救预案

各单位应针对可能发生的灾害，如水灾、火险、塌方、盗窃等编制突发事件应急处置预案，其中应对档案进行抢救分级，以便在非常紧急的情况下保证单位永久保存档案的完整安全。《档案工作突发事件应急处置管理办法》提出预案的主要内容如下：

1.编制和实施预案的有关危机情况和背景。

2.应急处置工作的目标、要求和具体措施。

3.应急指挥机构的建立及其人员组成，应急处置工作队伍的数量、分工、联络方式、职能及调用方案。

4.有关协调机构、咨询机构及能够提供援助的机构、人员及其联系方式。

5.抢救档案的顺序及其具体位置，库房常用及备用钥匙、重要检索工具的位置和管理人员。

6.档案库房所在建筑供水、供电开关及档案库区、重点部位的位置等。

7.向当地党委和政府、有关主管机关和上级档案行政管理部门报告的联系方式。

8.其他预防突发事件、救灾应注意事项。

（二）落实档案应急抢救预案的各项要求

各单位应在组织、人员、设备、环境等方面提供切实的保障落实预案的各项措施，使之面对突发灾害性事件发生时，有效地发挥阻挡灾害蔓延，保护档案安全的作用。同时，必须通过宣传、培训、模拟演习等方式，强化人员的安全防范意识，并使相关人员学会紧急情况发生时的应对方法，保证预案的可行性和有效性。

首先，单位应该编制档案应急抢救预案，针对可能发生的灾害如水灾、火灾、塌方、盗窃等设计防范和抢救措施，其中应对档案进行抢救分级，以便在非常紧急的情况下保证单位永久保存档案的完整安全。

其次，单位应该落实档案应急抢救预案的要求，在组织、人员、设备、环境等方面提供切实的保障；同时，还要通过预拟演习使相关人员学会紧急情况发生时的应对方法，保证预案的可行性和有效性。

第六章 档案检索

档案检索是指对档案信息进行系统存储和根据需要进行查找的工作，它是开展提供利用工作的基本手段，是开发档案信息资源的必要条件。档案部门根据利用需求编制检索工具，建立检索体系，并帮助利用者查找档案的活动；它属于一项档案信息资源开发的工作，目的是为档案的提供利用创造先决条件。

第一节 档案检索工作概述

一、档案检索工作的内容

档案检索包括广义和狭义两种含义。广义的档案检索包括档案信息存贮和档案查检两个具体的过程。狭义的档案检索只限于查找所需档案的过程。作为档案工作人员，需要掌握广义的档案检索工作的内容和方法，学会编制档案检索工具、建立检索体系，并且能够熟练地利用检索工具查找档案，以获得开启档案库的钥匙。

（一）档案信息存贮阶段的主要内容

档案信息存贮是指将档案原件中具有检索意义特征的信息,如文件作者、题名、时间、主题词等，记录在一定的载体上，进行分类或主题标识，编制成档案检索工具，建立档案检索体系的过程。它包括如下环节。

1.档案的著录和标引

著录和标引是对档案的内容和形式特征进行分析、选择和记录，并赋予规范化的检索标识的过程；著录和标引的结果就是制作出反映档案内容、形式、分类和存址的可以用来检索的条目。

2.组织档案检索工具

这项工作是指按照一定的规则，对著录和标引所产生的大量条目进行系统排列，使之形成某种类型的检索工具，并根据需要进行检索工具的匹配，组成手工的或计算机检索系统。

（二）档案查检阶段的主要内容

档案查检是指利用检索工具和检索系统查找所需档案的过程，包括如下环节。

1.确定查找内容

确定查找内容是指对利用者的检索要求进行分析，确定利用者所需档案的主题，形成查寻概念，并将这些概念借助检索语言转换为规范化的检索标识。从确定利用主题到形成检索表达式的过程，也称为制定检索策略。

2.查找

查找就是档案人员或利用者通过各种手段把表示利用需求的检索标识或检索表达式与存储在手工检索工具或计算机数据库中的标识进行相符性比对，将符合利用要求的条目查找出来。在手工检索中，相符性比对由人工进行；在机检过程中，则由计算机担负两者间的匹配工作。

二、档案检索语言和符号

检索语言和符号是检索工作中存贮档案形式和内容特征信息时使用的记录工具。它们的作用是规范检索语言，简化记录的形式，并作为利用查寻的标记，使各种档案检索工具具有较高的查全率和查准率。

（一）档案检索语言

档案检索语言也称为标引语言，它是根据检索的需要而编制的一种专门语言；与自然语言不同，它是一种人工语言。检索语言具有如下两个特点。

1.单义性

单义性是检索语言与自然语言的根本区别所在。自然语言是人们日常生活与工作交往中使用的语言。由于在不同的时代和地域，人们表达事物具有不同的习惯，所以就存在一词多义和一义多词的现象，例如："分配"一次具有经济学和行政学上不同的含义；"电脑"和"电子计算机"表示的则是同一个事物。档案检索过程中，如果使用自然语言，就会造成著录信息与查寻信息之间的匹配误差，降低检索的查全率和查准率。例如：在检索中如果对"分配"一词不加限定，查找出的文件就可能不符合特定需要，造成误检。这类问题在计算机检索中更为突出。例如：对文件标引时使用"电子计算机"一词，在查找时却使用"电脑"一词，如果不加以人工的或自动的转换，两个词就无法匹配，从而造成漏检。而检索语言正是通过各种方法对自然语言加以严格规范，达到一词一义的效果。

2.专业性

专业性是指检索语言的词汇和编排方法符合档案信息的特点，专门用于档案的标引和查找。

（二）档案检索符号

符号作为一种人工语言，在档案的整理、编目、保管、利用等工作中具有指代档案实体、固定档案排列次序、表示档案存放位置的作用。在档案检索工作中，无论是著录标引，还是组织档案检索工具，都需要利用符号的简洁、易于组合、指代性强等特点，来表达档案信息的逻辑关系和作为标识。

档案检索符号大致可以分为实体符号、容具符号和标识符号三种。实体符号包括档案室（馆）代码、档案分类号、档号、缩微号等。容具符号包括库房号、装具号等。标识符号包括著录项目标识符与著录内容标识符。这些符号互相结合，构成一个完整的检索符号系统。

三、档案检索效率

检索效率是指通过检索满足利用者特定要求的全面性、准确性程度；它是衡量检索系统性能以及每一个检索过程质量的最基本的指标。我们在计算检索效率时通常采用查全率和查准率两个指标来衡量和表示。

查全率是指检索结果满足利用者要求的全面程度，即检索出来的有关档案与全部有关档案的百分比；与之相对应的是漏检率，即未检索出来的有关档案与全部有关档案的百分比。其公式如下：

查全率=检索出的有关档案/全部有关档案×100%

漏检率=未检索出的有关档案/全部有关档案×100%

查准率是指满足利用者要求的准确程度，即检索以来的有关档案与检索出来的全部档案的百分比。与之相对应的是误检率，即检索出来的不相关档案与检索出来的全部档案的百分比。其公式如下：

查准率=检索出的有关档案/检索出的全部档案×100%

误检率=检索出的无关档案/检索出的全部档案×100%

应该注意的是：查全率与查准率之间存在着一种互逆关系，即如果放宽检索范围，以求得较好的查全率，那么，查准率就会下降；反之，如果限制检索范围，以提高查准率，查全率则会下降。因此，我们在设计档案检索系统和进行检索时，应该从利用者的不同需要出发，确定适当的查全率和查准率指标。

四、档案检索工具的意义和作用

档案检索工具是记录、报道、查找馆（室）藏档案材料的手段，是档案管理和提供利用的工具。所谓记录馆（室）藏，就是通过一定的格式、规则，准确地把档案外形和内容特征、存址记录下来，揭示出档案馆（室）保存档案的内容和成分。报道馆（室）藏是指通过一条条记录，介绍馆（室）收藏档案的范围、种类、内容，供利用者选择使用。查找是指按照一定的途径和方法，把馆（室）藏的档案材料及时准确地提供出来，满足利用者的需要。

在三者关系上，记录（又称著录）是基础，报道、查找是手段，发挥档案作用是目的。编制和使用检索工具，在实现档案科学管理和提供利用工作中占有重要地位。周恩来同志在 1958 年曾向档案工作人员指出："到档案馆工作不仅要整理和保管好文件，更重要的是熟悉业务，多做些索引、目录，使利用时查找方便，别找一个文件花半天工夫啊！"周总理的话，阐明了档案检索工具的重要作用。在新的历史时期，档案馆（室）的主要任务，就是逐步实现档案管理的现代化，大力开发档案信息资源，通过提供档案更好地为党的总任务、总目标服务，为建设社会主义物质文明和精神文明服务。要实现这一任务，各档案馆（室），必须千方百计地丰富馆藏，以满足各行各业对利用档案的需要。丰富馆（室）藏虽然为开展利用工作奠定了物质基础，但是要从堆积如山的档案中索取利用者所特定需求的档案材料，并不是一件容易的事，"沙里淘金"、"大海捞针"，正是这种状况的形象描述。有时利用者急需的档案材料，档案人员翻箱倒柜也找不到，究竟是有还是没有，也无法肯定回答，其重要原因之一，就是缺乏必要的检索工具。

五、档案检索工具体系

档案检索工具体系是指档案馆（室）为了从不同角度充分揭示馆（室）藏，更好地满足利用者多方面的需要而编制的各种检索工具，它们之间是一个有着合理分工而又互相联系、互为补充、具有一定检索功能的有机整体。

六、档案检索工具的符号

（一）符号的作用

符号又称标记符号。它作为一种人工语言的形式，在档案整理与编目、科学管理和提供利用、实现档案工作的标准化和现代化中有着不可忽视的作用。具体表现为：一是它把复杂的概念转换成用简练的数字、字母、标识来表示，指代某一特定的实在内容，便于著录和检索，是编制档案检索工具必不可少的因素；二是符号利用本身具有的一定自然顺序来固定档案的排列次序、存放位置，巩固档案整理、编目分类的成果和准确地识别不同著录项目；三是便于输入电子计算机存贮和检索，有利于从手检向机检过渡，为档案工作现代化创造了有利条件；四是档案、图书、情报部门在检索中逐渐开始向统一的标记符号过渡，有利于相互间的情报交流，实现"资源共享"。

（二）符号的分类

档案检索工具中常见的符号，大体可分为实体符号、容具符号、标识符号三种。

（三）符号的要求

符号应具有简易性、统一性、条理性以及专指性。

当前，在符号这一具体问题上，存在着不够重视符号的使用及沿用符号的混乱现象，特别是对档号的编制方法亟待统一起来。

（四）档号

档号包括全宗号、案卷目录号、案卷号、页号，这些是档案馆工作最常用的代号。它在固定档案的整理体系、分类排列顺序、揭示每份文件或案卷的出处上有着特殊的作用，是编制各种档案检索工具不可缺少的项目。

根据长期的实践经验，档号的编制方法，应逐步实现标准化，切实遵循不重、不缺、不变、不繁琐、一般不留空号的原则。编制档号是为了固定文件与案卷之间的排列顺序，便于统计和查找档案，以及公布和引用时注明出处。它与库房内的分类排架是两个事物，二者可以一致，也可以不一致，不必强求划一。

第二节 档案著录和标引

档案检索工作的一项重要内容就是编制各种档案目录，以从不同的角度揭示和介绍档案的内容和成分，指出其存放位置，为利用者提供查找档案的途径。档案著录和标引则是编制档案目录时的两项具体工作。

一、档案著录

（一）档案著录的含义和作用

档案著录是指在编制档案目录时，对档案的内容和形式特征进行分析、选择和记录的过程。内容特征是指档案的主题，表现为档案的分类号、主题词、摘要等；形式特征是指档案的标题、作者、形成时间、档号、文种、载体等。

著录是形成档案目录的基础。档案目录是按照一定的顺序排列的，指出案卷或文件的内容和形式特征以及存址，供人们查找的名目，如案卷目录、卷内文件目录等。

档案目录本身是一个档案信息线索查寻体系，它是由许多档案条目组成的。档案条目是组成档案目录的基本单元，它是对单份文件或案卷的内容和形式特征所做的一条记录。而档案条目又是由著录项目组成的，每一个著录项目都揭示了档案内容或形式方面的一个特征。

（二）档案著录规则

为了保证档案著录方法的规范，我国制定并颁布了《档案著录规则》，作为档案著录的应用标准。这个规则主要包括如下内容。

1.著录项目

著录项目是指用以揭示档案的内容和形式特征所需要的记录事项。根据

《档案著录规则》，档案著录项目包括以下各项：

（1）题名与责任说明项，该项包括正题名、并列题名、副题名及说明题名文字、文件编号、责任者、附件六个单元。

（2）稿本与文种项，该项包括稿本和文种两个单元。

（3）密级与保管期限项，该项包括密级、保管期限两个单元。

（4）时间项。

（5）载体类型及形态项，该项包括载体类型、数量及单位、规格三个单元。

（6）附注与提要项，该项包括附注、提要两个单元。

（7）排检与编号项，该项包括分类号、档案馆代号、档号、缩微号、电子文档号、主题词或关键词六个单元。

在这些项目中，正题名、责任者、时间、分类号、档号、缩微号、电子文档号、主题词或关键词为必要著录项目，其余为选择著录项目。

2.标识符号

标识符号是表示不同著录项目和著录含义的标志。根据《档案著录规则》，著录项目和一些特定的著录内容使用标识符号，而不是传统的文字指示的表示方式。

指明各著录项目、单元及内容的标识符号及其位置如下所述：

（1）"一"置于下列各著录项目之前：稿本与文种项、密级与保管期限项、时间项、载体类型及形态项、附注项。

（2）"一"置于并列题名之前。

（3）"："置于下列各著录单元之前：副题名及说明题名文字、文件编号、文种、保管期限、数量及单位、规格。

（4）"/"置于第一责任者之前。

（5）"；"置于多个文件编号或多个责任者之间。

（6）"，"用于相同职责、身份省略时的责任者之间。

（7）"+"置于每一个附件之前。

（8）"[ ]"置于下列著录内容的两端：自拟著录内容、文件编号中的年度。

（9）"（）"置于下列著录内容的两端：责任者所属机构的名称、责任者的真实姓名、责任者职责或身份、外国责任者国别及姓名原文、中国责任者的时代，以及历史档案中的朝代纪年、农历、地支代月、韵目代日转换后的公元纪年。

（10）"？"用于表示不能确定的著录内容，一般与"[ ]"号配合使用。

（11）"—"用于下列著录内容之中：日期起止、档号、电子文档号、缩微号的各层次之间。

（12）"…"用于表示节略内容。

（13）"口"用于表示每一个残缺文字和未考证出时间的每一数字。未考证出的责任者及难以计数的残缺文字用三个"口"号表示。

3.著录格式

著录格式是著录项目在条目中的排列顺序及表达方式。《档案著录规则》规定，一般使用段落符号式的条目格式，实际工作需要也可以使用表格式条目格式。

段落符号式是指将著录项目分为若干段落，每个项目之间用符号分开的著录格式。在这种格式中，每一著录项目的字数不受限制。

使用表格式条目时，其著录项目应与段落符号式条目相同，排列顺序亦可参照段落符号式条目。

采用"段落符号式"卡片著录，卡片的规格为 12.5cm×7.5cm；著录时，卡片四周均应留出 1cm 空隙。如果卡片正面未著录完，可在背面接续著录，并在正面右下角采用"（接背面）"的方式加以注明。

4.著录用文字和著录信息源

《档案著录规则》要求：著录时使用的文字必须规范化。汉字必须是规范化的简化汉字；外文与少数民族文字必须依照其书写规则。文件编号项、时间项、载体类型及形态项、排检与编号项中的数字一律使用阿拉伯数字。图形及符号应照原文著录，无法照原文著录的可改为其他形式的相应内容，并加"[ ]"号标识。

档案著录的信息来源于被著录的档案。单份文件或一组文件著录时主要依据文头、文尾；一个或一组案卷著录时，主要依据案卷封面、卷内文件目录、备考表等；被著录档案本身信息不足时，可参考其他有关档案材料。

5.著录级别

按照《档案著录规则》，档案著录级别可以是单份文件、一组文件、一个案卷或一组案卷。一般说来，档案室（馆）对价值较大或珍贵档案应主要采用文件级著录，辅之以案卷级、一组文件或一组案卷的著录。对于内容比较单一的案卷，可以采用案卷级著录；对于反映同一问题的案卷以及由内容基本相同的文件组成的案卷，可以以一组文件为单位著录；对于相同题名的若干案卷，可作为一组案卷著录。

（三）著录项目细则

1.题名与责任者说明项

题名又称标题，是表达档案中心内容、形式特征，并使其个别化以区别于其他档案的名称；责任者是指对档案内容的创造负有责任的闭团体或个人。

（1）正题名：是档案的主要题名，一般指单份文件文首的题目和案卷封面上的题目。

正题名照原文著录，题名中的各种符号亦不应遗漏。

单份文件无题名的，依据其内容拟写题名，并加"[ ]"号。

单份文件的题名不能揭示其内容时，原题名照录，并根据其内容另拟题名附后，加"[ ]"号。例如："通告：[××县人民政府关于春季封山育林的通告]"。

（2）并列题名：是指以第二种语言文字书写的与正题名对照并列的题名，必要时并列题名与正题名一并著录；并列题名前加"-"号。

（3）副题名及说明题名文字：是指解释或从属正题名的另一题名。必要时照原文著录，其前加"："号。例如："加强档案馆工作建设，为四化服务：××同志在全国档案馆工作会议上的报告"。

说明题名文字是指在题名前后对档案内容、范围、用途等的说明文字，必要时照原文著录，其前加"："号。例如"：根据录音整理，未经本人审阅"。

（4）文件编号：是文件制发过程中由制发机关或个人赋予的顺序号，包括发文字号、科技实验报告流水号、标准规范类文件的统编号、图号等。文件编号照原文字和符号著录，其前加"："号，例如"：中发[1980]1 号"、"：J6-021-001"。

联合发文有多个文件编号时，一般著录立档单位的文件编号。

（5）责任者：当责任者只有一个时，照原文著录，其前加"/"号，例如："山西省劳动局"。

当责任者有多个时，著录列居首位的责任者；立档单位本身是责任者的必须著录，其余的视需要著录。责任者之间以"；"号相隔，例如："/国家计委；财政部；商业部等"。职责或身份相同的责任者之间用"，"相隔，例如："/中共北京市委办公厅，北京市人民政府办公厅"。

机关团体责任者必须著录全称或通用简称，如"中国共产党中央委员会"简称"中共中央"。不得使用非通用简称；不得著录"本省"、"本公司"、"省计委"等。历代政权机关团体责任者，其前应冠以朝代或政权名称，并加"（）"号，例如："/（民国）教育部"。

个人责任者一般只著录姓名，必要时，在姓名后著录职务，并加"（）"号，例如："/王枫（《人民日报》记者）"。

清代及其以前的个人责任者应冠以朝代名称，并在其前加"（）"号，例如："/（清）左宗棠"。

少数民族个人责任者称谓各民族有差异,应按少数民族的署名习惯著录。

外国责任者应著录各个历史时期易于识别的国别简称，其后著录统一的中文姓氏译名，必要时著录姓氏原文和名的缩写。国别、姓氏原文的缩写前均应加"（）"号，例如："（美）尼克松（Richard Nixon）"。

文件个人责任者为别名、笔名时，均照原文著录，但应将其真实姓名附后，并加"（）"号，例如："/胡服（刘少奇）"。

未署责任者的文件，应著录根据其内容、形式特征考证出来的责任者，并加"[ ]"号；经考证仍无结果时，以三个"口"代之，著录为"口口口"。

文件责任者不完整时，应照原文著录，将考证出的完整责任者附后，并加"[ ]"号，例如："/周[周恩来]"。

文件的责任者有误时，仍照原文著录，但应将考证出的真实责任者附后，并加"[ ]"号，例如："/王国央[王国英]"。

考证出的责任者证据不足时，在其后加"？"号，一并著录于"[ ]"号内，例如："[张治中？]"。

（6）附件：是指文件正文后的附加材料。只著录附件题名，其前冠"+"号。文件正文后有多个附件时，应逐一著录各附件题名，各附件题名前均冠以"-i-"号。

如果附件题名具有独立检索意义，亦可另行著录条目，并在附注中说明。

2.稿本与文种项

稿本是文件的文稿、文本、版本的名称，依实际情况著录为正本、副本、草稿、定稿、手稿、草图、原图、底图、蓝图、原版、修订本、影印本等，其前加".——"号。

文种是指文件种类的名称。文种依实际情况著录为命令、决议、指示、通知、报告、批复、函、会议纪要、原始记录、说明书、协议书、鉴定书、任务书、判决书、国书、照会、诰、敕、奏折等，其前加"："号。

3.密级与保管期限项

密级是指文件的机密程度，依国家标准《文献保密等级代码与标识》（GB/T 7156-2003）划分为公开、国内、内部、秘密、机密、绝密六个级别。密级一般按文件形成时所定密级著录，公开、国内两级可不著录；对已升、降、解密的文件，应著录新定密级，其前加"，——"号。

保管期限一般按案卷组成时所定保管期限著录，其前加"："号；对已更改保管期限的案卷，应著录新定保管期限。

4.时间项

时间项视不同著录对象，分为文件形成时间和文件起止时间，其前均加".～-"号。以单份文件为对象著录一个条目时，著录文件形成时间；以一组文件、一个案卷、一组案卷为对象著录一个条目时，著录文件起止时间，其中最早和最迟形成的文件时间之间用"-"号连接。

时间一律用八位数字表示：第一位至第四位数表示年，第五位至第六位数表示月，第七位至第八位数表示日，例如："20030501"。

历史档案中的朝代纪年、农历、地支代月、韵目代日，应照原文著录，同时应将换算好的公元纪年附后，并加"（）"号，例如："，——清乾隆十年九月二十六日（17451021）"。

没有形成时间的文件，应根据其内容、形式特征等考证出形成时间再著录，并加"[ ]"号，例如："．-[19630124]"。

文件时间不完整或部分时间字迹不清时，仍著录原文时间，原时间中缺少或字迹不清部分以"口"号补之，再将考证出的时间附后，并加"[ ]"号，例如："．-195 口口口口口[19550307]"。

著录起止日期时，无论是本年度或跨年度都要著录完整，不能省略年度，例如："．-20000901-20010831"。

5.载体类型及形态项

（1）载体类型标识：档案的载体类型分为甲骨、金石、简牍、缣帛、纸张、唱片、胶片、胶卷、磁带、磁盘、光盘等。以纸张为档案载体的一般不著录；其他载体类型据实著录，并在其前加"，～-"号，例如：以磁带为载体的文件著录为"，～-磁带"。

（2）数量及单位：数量用阿拉伯数字著录，单位用档案物质形态的统计单位著录，如"页"、"卷"、"册"、"张"、"片"、"盒"、"米"等，其前加"："号，例如："，-5 页"；"．——唱片：3 张"。

（3）规格：指档案载体的尺寸及型号等，其前加"："号。例如："．-5页：16 开"；"．——磁盘：4 片：3.5 英寸"。

6.附注项与提要项

附注项是著录各个项目中需要解释和补充的事项，依各项的顺序著录。项目以外需要解释和补充的列在其后。附注项前加"．——"号；每一条附注间均以"，～"号相隔。

提要项是对文件和案卷内容的简介和评述，应力求反映其主要内容和重要数据，一般不超过 200 字。

7.排检与编号项

排检与编号项是目录编排和档案室（馆）业务注记项。

（1）分类号依据《中国档案分类法》和《档案分类标引规则》的有关规定著录，置于条目左上角第一行。

（2）档案馆代码依据《编制全国档案馆名称代码实施细则》所赋予的代码著录，置于条目右上角第一行。档案馆代码在建立目录中心或报道交流时必须著录。

（3）档号是指档案室（馆）在整理或管理档案的过程中对档案的编号，通常包括全宗号、案卷目录号、案卷号、件号或页号。某些科技档案可著录有检索意义的专业号、工程号、专题号、产品型号等编号。档号著录于条目左上角第二行，与分类号齐头，各号之间用"-"号相隔，例如：21-3-57-6。

（4）电子文档号是档案室（馆）管理电子文件的一组符号代码，著录于条目第二行的中间位置。

（5）缩微号是档案缩微品的编号，著录于条目右上角第二行，与档案馆代码齐头。

（6）主题词或关键词：主题词是揭示档案内容的规范化名词或词组；关键词是揭示档案内容的未经规范的词语。主题词参照《中国档案主题词表》、《文献主题标引规则》及本专业、本单位的规范化词表进行标引。

主题词或关键词著录于附注与提要项之后，另起一行齐头著录；各词之间空一格，一个词不得分为两行。

（四）档案著录的内容和意义

档案著录是档案馆（室）编制档案检索工具时对档案的内容和形式特征进行分析、选择和记录的过程。通过著录可以具体记录下每份文件或每个案卷的特征，揭示其主题内容和科学价值，并指明出处。著录的结果是编制出条目。所谓条目，就是由若干著录项目组合而成的一条记录，是依照一定的方法，对单份文件或案卷的内容和形式特征的记录。

编制检索工具，一般都经过两个步骤。第一步就是档案著录，遵循著录规则，将文件或案卷内容和形式特征目录形成一个个条目；第二步是组织目录，就是把许多条目按照一定的方法组织成一个有机体系，形成档案检索工具。

档案著录的质量决定检索工具的质量。任何检索工具要具备良好的存贮和检索的功能，都必须以目录的详细、准确、格式与标识相统一、方法一致、文字简明为条件。著录中的差错与混乱，必然降低检索工具的效能，甚至会丧失作用。

为了实行档案著录的标准化，1985 年国家档案局制定了《档案著录规则》。它的内容有：著录项目、标识符号、格式、著录详简级次、著录来源、著录方法等。

二、档案标引

档案标引是指在档案著录中对档案内容进行分析和选择，并赋予其规范化检索标识的过程；标引的目的是提供检索途径。

档案标引包括分类标引和主题标引两种类型；其中赋予分类号标识的过程为分类标引；赋予主题词标识的过程为主题标引。

（一）档案标引的标准文件

1.《中国档案分类法》

《中国档案分类法》主要用于档案分类标引和组织档案分类目录，它适用于我国各个历史时期所形成的各类档案。其体系结构包括如下几个部分：

（1）编制说明：是对分类法进行基本的、全面的介绍。它包括编制目的和适用范围、编制原则、基本类目的设置及次序安排的理由、对各种分类问题的处理方法、标记符号、注释以及分类法的管理等。

（2）"中华人民共和国档案分类表"：适用于类分 1949 年 10 月 1 日中华人民共和国成立以后形成的档案，由主表和辅助表（综合复分表、世界各国和地区表、中国地区表、中国民族表以及科技档案复分表等）组成。

（3）"新民主主义档案分类表"：适用于类分中国共产党领导的新民主主义革命斗争时期形成的档案，由主表和辅助表（综合复分表）组成。

（4）"民国档案分类表"：适用于类分 1911 年至 1949 年民国时期形成的档案，由主表和辅助表（综合复分表、民国时期世界各国和地区表、民国时期行政区划表、民国时期民族表）组成。

（5）"清代档案分类表"：适用于类分清代档案，其一级类目还适用于类分清代以前各历史时期的档案。分类表由主表和辅助表（清代档案综合复分表、清代时期世界各国和地区表、清代行政区划表）组成。

上述四个分类表的结构大致相同，由基本大类、主表所组成。例如："中华人民共和国档案分类表"设有 19 个基本大类，涵盖 53 个专业，类目总量达 10 万余条。

主表是分类表的主体，是档案分类的细目。在主表中，各个大类一般都设立四级类目，有的还设立了五级类目，个别的只设立了三级类目。

《中国档案分类法》采用汉语拼音字母和阿拉伯数字相结合的混合号码制；用一个字母表示一个基本大类，根据需要有些二级类目采用了双字母制。

在字母之后采用了阿拉伯数字表示下属类目的划分并顺序编号。数字的数位一般表示类目的级位，基本上遵循层累制的编号原则。

为了使号码适应类目设置需要，在号码的配备上采用了两种办法。第一，当同位类目超过 10 个并在 16 个以内时，采用八分制，即同一类目的号码由 1 到 8，以后用 91、92 直到 98。号码设置一般不用 0。第二，当同位类目超过 16 个时，为避免号码冗长，采用双位制表示各同位类，即用 11、12 直到 19，再从 21、22 直到 29，以此类推，可以容纳 81 个同位类。在编号时，应注意为以后并充类目留有一些空号。

2.《中国档案主题词表》

《中国档案主题词表》是一部由反映档案内容的主题词和词间关系组成的规范化词典，共收录主题词 25891 条，其中正式主题词 21785 条、非正式主题词 4106 条。它是进行档案主题标引和主题检索的词语控制工具，主要供档案部门及文书处理部门标引和检索档案、文件、资料之用。这部词表具有比较突出的专业性，在揭示档案、文件的主题内容上具有较强的表达能力。该词表对科技档案中的专业词汇收录较少，明清时期的专业名词基本未收。

（1）《中国档案主题词表》的体系结构。

《中国档案主题词表》主要由主表（字顺表）及其词族索引、范畴索引、首字笔画检字表和附表、附录组成。

主表的基本单元是主题词款目，由款目主题词及其汉语拼音、范畴号、注释、词间关系项等组成。款目主题词依照首字音序、调序结合汉字字型笔画排列，款目主题词首字相同者依第二字音序、调序、字形笔画排列，以此类推。

注释是对主题词所作的简要说明，分为限定注释和含义注释两种类型。限定注释指明该主题词的使用范围，用圆括号注在款目主题词之后，作为该主题词的组成部分；含义注释是说明该主题词的特定内容，用圆括号注在款目主题词之下，不作为主题词的组成部分。

范畴号是款目主题词的范畴分类类目代号，标识于款目主题词的右侧。通过范畴号可以在范畴索引中查寻与该主题词同属一类的有关主题词。

词间关系又称参照系统，用来说明款目主题词在语义上的等同关系、属分关系和相关关系。

词族索引是将主表中具有属分关系、包含关系和整体部分关系的正式主题词按规定属分级别展开全显示的一种词族系统。这种索引是在标引和检索中提供查词和选定标引词辅助工具，在机检系统中是实现自动扩检、缩检、上位词登录及满足族性检索的重要手段。

范畴索引是将主表中的全部主题词按照既定的类目分类排列以便按类查词的一种辅助工具。

《中国档案主题词表》的附表包括人名表和机构名表两种，收录的是人名和机构方的词目。设置附表的目的：一是控制主表的词量，免得主表过于臃肿；二是方便利用者查找人物和机构方面的主题词。

《中国档案主题词表》的附录包括《档案著录规则》、《中国历史纪年表》、《韵目代日表》、《干支次序表》和《化学元素周期表》，供标引、检索档案时使用。

（2）《中国档案主题词表》的使用方法。

《中国档案主题词表》的使用方法如下所述：

①按汉语拼音音序、调序、字形笔画参照开头提示，从主表或附表中查找标引用主题词，或按笔画笔顺从词目首词笔画检字表中检出主题词的首字，再按该字所在的页从主表中查找标引用的主题词。

②按分类类目从范畴索引中查找标引用的主题词，必要时再从主表中查阅该词的关系项．以选定更恰当的主题词。

③所选词是主表、附表或范畴索引中标明属非正式主题词者，应转换为正式主题作为标引词。

④在主表中查到的主题词，如果不能恰当反映文件主题，可参考该词的词间关系进行校正，也可按该词的范畴号或族首词在索引表中查选更恰当的词。

⑤从词族索引中查找属性相同的一族词，从中选定最专指的主题词。必要时，再从主表中查阅该词的其他词间关系，以确定更恰当的主题词。

⑥应用计算机进行标引、检索时，可利用计算机机读主题词表中的词族索引进行上位登录和自动扩检、缩检，以提高标引速度和查全率、查准率。

（二）档案标引的步骤与方法

档案标引步骤主要包括主题分析和概念转换两个方面。档案分类标引和主题标引都要按这两个步骤进行。

1.主题分析

主题分析是确定被标引档案主题概念的过程。正确的主题分析是保证档案标引质量的重要因素；主题分析的误差必然会导致检索标引的误差，从而直接影响档案的检索效果。

（1）主题的类型。

主题分析的主要内容是确定主题的类型和构成因素。主题的类型依据档案的内容可以分为单主题和多主题。

单主题是指一件（卷）档案只表达一个问题。根据主题概念语义性质的不同，单主题中又分为单元主题和复合主题。单元主题是指用一个单元词即可表达的主题，如《关于聘任的若干规定》，用"聘任"一个单元词即可表达其主题。复合主题又称多元主题，是指用若干个单元词组配或直接采用复合词表达的主题，如《中国人民银行调整储蓄利率的公告》，需要用"储蓄"和"利率"两个单元词组配才能表达其主题。多主题是指一件（卷）档案记述两个以上的问题，如《关于做好农产品市场预防"非典"工作和维护农产品流通秩序的通知》，包括农产品市场预防"非典"和农产品流通秩序两个主题，需要分别给予标引。

（2）主题分析的步骤和方法。

档案主题是通过对文件的内容和形式特征的分析而得到的，内容特征是其根本依据，形式特征是其辅助依据。采用主题分析的步骤和方法是：

第一，阅读与理解文件或案卷标题。文件或案卷标题是其形成者或整理者对其内容的概括，一般能够反映其主题。但也有些文件或案卷的标题对其主题揭示得不够准确或不够完整。因此，文件或案卷标题是主题分析的重要依据，但不是唯一根据。

第二，阅读文摘、简介、前言、领导人批语等，从中往往可以发现标题中未予表达的内容；但不是所有文件都有这些组成部分。

第三，浏览正文。通过浏览正文可以了解文件的大致内容，对于揭示文件主题特别是揭示隐含的主题具有重要作用。一般情况下，除了内容单纯明确的文件之外，仅依据标题来确定文件主题是不够的，还需要浏览正文才能确定。

第四，查阅文件的外部特征，如作者、时间、密级等，有助于明确文件的形成背景和作用范围，对确定文件主题具有一定的帮助。

在主题分析时，不仅要分析档案本身的特征，还要注意考虑利用者的需求方向和查寻角度，使确定的主题因素尽量与利用者的需要吻合。

2.概念转换

在确定了文件的主题概念之后，我们应将其转换为检索语言，并且做出标引。

分类标引概念转换的基本做法是：根据主题分析的结果，查找档案分类表，将相应类目的分类号作为检索标识，标于著录条目之上。

主题标引概念转换的基本做法是：根据主题分析的结果，查找主题词表，将相应的主题词作为检索标识，标于著录的条目之上。对单主题文件的概念转换，只要赋予相应的一个分类号或一至若干个主题词标识即可；对多主题文件则需要先分解为单主题，再分别赋予其分类号，或再采用主题词分组组配的标识方式。

3.审校

审校是标引的最后一道程序，是确保标引质量的重要环节。

审校的内容包括：

（1）档案的主题是否提炼得准确全面；主题概念是否准确恰当；是否遗漏了隐含的主题；所标主题是否具有检索意义。

（2）是否存在过度标引或标引不足的问题。

（3）分类标引是否符合分类标引规则；主题标引是否符合主题标引规则和组配规则。

（4）标引的类号、主题词是否充分、完整、准确，书写是否正确无误。

（5）对同一主题的标引是否前后一致。

审校的程序分为自校、互校和总较。

（1）自校：标引人员对自己的标引结果进行校对，发现主题分析有误、归类不当、前后不一致、符号错误等，及时纠正。

（2）互校：标引人员对标引结果互相进行校对，纠正因个人理解不同而引起的错误，保持不同人员标引的一致性。

（3）总校：在自校、互校后，必须选派熟悉业务、通晓目录工作的人员担任总校。通过总校，可以进一步消除档案主题分析与标引过程中的误差，保证标引工作的整体优化；同时，可以对标引工作中所遇到的问题进行综合分析，统筹考虑合理的解决方案。

第三节 档案检索工具

档案检索工具是记录、报道和查找档案的工具。它的基本职能有两个：存储档案信息和提供查找档案的途径。档案检索工具是档案检索工作中存贮阶段的工作成果，又是查寻利用档案的必要条件。

一、档案检索工具的种类

（一）按编制体例分

1.目录

是指将通过档案著录标引工作编制成的条目按照一定的次序编排而成的检索工具，如分类目录、主题目录、专题目录等。

2.索引

是指将档案的某一内容或外部特征及其出处按照一定的原则和方法排列而成的检索工具，如人名索引、地名索引、文号索引等。

索引与目录没有严格的界限，一般说来，目录是对档案内容和形式特征进行全面、系统的著录，项目比较完整；索引则是对档案中的某一部分特征进行著录，如文件中涉及的人名、地名等，著录项目比较简单，有的只有名称（人名、地名、文号）及出处（档号）两个项目。

3.指南

指南是以文章叙述的方式综合介绍档案情况的一种检索工具，如全宗指南、专题指南、档案馆指南。

（二）按检索范围分

1.全宗范围的检索工具

即以一个全宗的档案为著录或介绍对象的检索工具，如案卷目录、案卷文件目录、全宗指南等。

2.档案馆范围的检索工具

即以一个档案馆全部档案为著录或介绍对象的检索工具，如全宗目录、分类目录、主题目录、档案馆指南、人名索引、地名索引等。

3.专题范围的检索工具

即以档案馆内有关某一专题的档案为著录或介绍对象的检索工具，如专题目录、专题指南、专题性人名索引和地名索引等。

4.若干档案馆范围的检索工具

即以全国或从一地区若干个档案馆内的全部或某一专题的档案为著录或介绍对象的检索工具，如综合性或专题性联合目录、馆际档案史料指南等。

（三）按功能分

1.馆藏性检索工具

馆藏性检索工具是反映档案实体整理体系及其相互关系的检索工具，如案卷目录、全宗目录、案卷文件目录等。馆藏性检索工具的主要功能是：固定和反映档案整理顺序，帮助档案管理人员了解和分析馆藏情况，便于按照档案整理顺序查找档案。其缺点是：目录组织方式受档案整理顺序的限制，检索途径单一；检索范围一般不能超出一个全宗，检索深度不够。

2.查检性检索工具

查检性检索工具是脱离档案实体排列顺序，从档案的某一内容或形式特征的角度来提供检索途径的检索工具，如分类目录、主题目录、专题目录、人名索引、地名索引、文号索引等。查检性检索工具的主要功能是：建立多种检索标识，提供多种检索途径；可以打破全宗、案卷等档案实体管理的界限进行检索；可以选择多种检索深度。

3.介绍性检索工具

介绍性检索工具是指以文章叙述的形式介绍和报道档案内容及其有关情况的检索工具，如全宗指南、专题指南、档案馆指南等。介绍性检索工具通常不记录档案的检索标识，不建立排检项目，因此，它不能起到直接检索档案的作用，只是一种间接性的检索工具。介绍性检索工具的主要功能是：全面概括地介绍档案的情况，客观评述档案价值，发挥宣传报道的作用，向利用者提供一定的档案线索。

（四）按载体分

1.卡片式检索工具

卡片式检索工具是以单张卡片为单位，每张卡片上著录一个条目，并将卡片按照一定顺序排列成查找体系的检索工具。其主要优点是具有较大的灵活性，便于增减条目和调整条目之间的顺序；利用其各个条目相对独立的特点，可以编制其他形式的检索工具；由于卡片纸质较好，比较耐翻检。其主要缺点是：卡片数量和体积较大，不便于管理；不便于传递和交流，一般只适用于在档案室（馆）内使用；手工检索速度较慢；成本较高。

2.书本式检索工具

书本式检索工具也称簿式检索工具，是将著录条目连续排列并装订成册的检索工具。其主要优点是：体积小，便于管理；可以出版，便于各档案室（馆）之间进行交流和馆外查询；编排紧凑，便于阅读；手工检索速度较快；成本较低。其主要缺点是：缺乏灵活性，编制完成后不便于增减条目和调整条目之间的关系。

3.缩微式检索工具

缩微式检索工具是以缩微摄影方式制作的以胶片为载体的检索工具。这种检索工具用于手工检索时可使用缩微阅读器放大阅读，也可用于计算机检索。缩微式检索工具的主要优点是：密集存储，节约空间；体积小，便于携带和交流，便于复制；耐久性较好，便于长期保存和使用。

4.机读式检索工具

机读式检索工具是以数码形式存储在磁性材料上，供计算机识读的检索工具。其主要优点是：存储密度高，检索速度快，可以进行多种途径的检索。

5.网络检索工具

网络检索工具是档案馆在互联网上公布档案馆开放档案目录而形成的检

索工具。目前，我国许多省级档案馆在互联网上建立了馆藏开放档案的目录检索系统。这种检索工具的最大优点是，用户在任何时间、地点，利用任何一台联网的计算机就可以查询已经上网的档案馆的目录，并且还可以向档案馆预约查阅原件的时间，极大地方便了档案用户。

二、常用检索工具的编制方法和使用

（一）案卷文件目录

案卷文件目录也称为"卷内文件目录汇集"或"全引目录"。它是将一个全宗内的案卷目录和卷内文件目录汇编成册，使每一案卷中所包含的文件标题都在目录中反映出来，兼有案卷目录和卷内文件目录的双重功能。案卷文件目录使馆藏性目录实现了对案卷和文件的配套检索。

编制案卷文件目录的方法是：将案卷目录和卷内文件目录依次打印，复印剪贴后装订成册，或者利用计算机编辑整合即可。案卷文件目录是书本式检索工具。

（二）分类目录

分类目录是根据分类法的原理，以分类号为排检项，依据《中国档案分类法》的体系组织起来的一种检索工具。分类目录的主要特点是系统地揭示档案的主题内容，具有较强的族性检索的功能。目前各档案室（馆）的手工检索分类目录大多采用卡片式。编制卡片式分类目录的基本方法如下所述。

1.填制卡片

应根据《档案著录规则》的有关规范和档案标引的有关要求在卡片上进行著录和标引；可以采用一文一卡、一卷一卡、多文（卷）一卡等多种形式。当一件（卷）档案需标引多个分类号时，应对该档案分别填写多张卡片。

2.排列

卡片填写完毕后，需要对其进行系统排列，排列方式应以《中华人民共和国档案分类表》为准。一方面，记录不同历史时期档案信息的卡片应分别排列；另一方面，一个档案室（馆）中，记录同一时期不同种类档案信息的卡片应统一排列，构成一个完整的分类体系。

排列时，应按分类号的顺序逐级集中卡片。具体做法是：先按字母顺序排列，同一字母的卡片集中排放在一起，然后再逐级按阿拉伯数字的大小排列；类目排列顺序应与《中华人民共和国档案分类表》相一致。

在同一类目内，卡片的排列顺序可以根据档案以及利用特点采用不同的做法，但在一个档案室（馆）内应保持方法的一致性。常见的排列方法有按年度、发文级别、责任者、时间、地区、全宗等。

3.设置导卡

将全部分类卡片排列完毕后，由于卡片的数量大，为了便于查阅，需要在卡片盒中设置导卡。导卡也称指引卡，是一种上端带有耳状突出处的卡片，使用时在突出处标明各类目的分类号和类目名称，便于检索者迅速准确地查找到所需卡片。

4.编制分类目录说明

分类目录说明是对本档案室（馆）分类目录的介绍，由两部分组成：第一部分是分类一览表，即将档案室（馆）分类目录中所包括的类目按分类表体系顺序列出；第二部分是类目说明，即将归类原则以及每一类中档案的内容加以概要的介绍，特别要对交叉类目以及一些经过特殊归类处理的类目进行说明，以便于使用者了解类目的含义。

（三）主题目录

主题目录的编制方法是：根据主题法的原理，对文件进行主题分析，确定主题概念，然后将其转换为规范的主题词，并标明文献出处的一种目录。主题目录可以采取按字顺序排列的方法组织。主题目录的主要特点是能够集中地揭示有关同一事物的档案的内容，具有较好的特性检索功能。

主题目录的优势在计算机检索中可以得到充分的发挥；将每份文件的主题词输入计算机后，能够以任何一个词作为检索项，查检出有关该主题词的全部文件。

（四）专题目录

专题目录是集中、系统地揭示档案室（馆）有关某一专门事物、专门内容档案的检索工具。专题目录多采用卡片式，其编制方法如下所述。

1.选题

在编制专题目录时必须要进行选题，以保证编制出的专题目录针对性强、查检频率高。选题的原则是：第一，选择能够反映馆藏特色，并具有一定研究意义的专题。因为这类专题比较受利用者的欢迎，有较高的利用率。第二，不能选择与分类目录重复的专题，避免造成浪费。

2.选材

专题目录是跨越全宗界限的检索工具，在提取信息时会涉及许多的全宗和类别。因此，需要对材料进行选择，以确定著录的对象。首先，要根据专题的内容详细地了解和确定与专题有关的全宗、类别、时间所涉及的档案的范围；其次，将有关的案卷调出直接阅读，逐卷逐件地挑选具有查考利用价值的档案作为著录对象。在选材时，范围可以适当放宽一些，将有关该专题的不同论点的材料尽可能收入，力求给利用者提供全面、系统、完整的材料。

3.填制卡片

填制卡片一般在选材过程中结合进行。卡片的填写形式有一文一卡、一卷一卡、多文（卷）一卡。在一个专题目录中，根据档案的情况，这三种形式都可采用。填写卡片应按全宗和类别进行，不同全宗和类别的文件或案卷不能填写在一张卡片上。

4.排列

卡片式专题目录的排列应打破全宗的界限，按卡片著录档案的内容分类来进行。具体而言，可以采用问题、时间、地区等标准将卡片分类集中。例如：对于具有明显阶段性的某一历史事件的专题，可以采用按照时间标准分类；如果事件涉及的面比较广，可以采取问题标准分类。至于类内卡片则可以按时间、级别、重要程度等排列。为了便于查找，应在类、项、目之间设置导卡。

（五）人名索引

人名索引是揭示档案中所涉及的人物并指明出处的检索工具。它是查找涉及人物档案的有效途径。

人名索引的著录项目包括人名和档号两部分，两者对应，即可指出相关档案的所在；利用者通过索引的指示，便可查到记载某一人物的档案材料。

人名索引可以分为综合性和专题性两种。综合性人名索引是录入档案室（馆）所藏档案中所涉及的全部人名；专题性人名索引是根据所列专题范围，如任免、奖励、处分等，录入涉及该专题的人名。

实践经验显示：专题性人名索引在编制工作量和利用效率方面优于综合性人名索引，所以一般的档案室（馆）以编制专题性人名索引为宜。对于某些内容特殊的档案，如外事档案、人事档案、诉讼档案、公安档案等，由于所涉及的人名大都具有检索意义，可考虑编制综合性人名索引。

人名索引可以按照姓氏笔画、汉语拼音字母顺序或笔形法排列。排列时，我们应注意区分同姓名而不同人的情况，以免发生误检或漏检。

（六）地名索引

地名索引是揭示档案中所涉及的地名并指明出处的检索工具，它可以为利用者提供查询有关档案的途径。地名索引的著录项目包括地名和档号两部分，一般按照地名首字的字母顺序排列。编制地名索引时，我们一定要考察清楚各个地区和机关在行政区划、名称等方面的沿革、变化情况，以免出现错误。

（七）文号索引

文号索引是揭示文号和档号之间对应关系的检索工具，它提供了按照文号查询档案的途径。文号索引一般采用表格的形式，通常称为"文号、档号对照表"。也有的档案室编制项目比较全面的文号目录。文号索引比较适合于单位的档案室和地、县级档案馆，省级以上的档案馆一般不需编制文号索引。

文号索引应按年度、发文机关分别编制，即将同一年度、同一发文机关文件的文号与档号编制成一张表，然后将所有的表装订成册，就成为一个档案室（馆）的文号索引。

（八）全宗指南

全宗指南又称全宗介绍，是以文章叙述的形式揭示和介绍档案室（馆）收藏的某一全宗档案的内容、成分和价值的一种工具书。全宗指南的主要作用是介绍和报道某一全宗的基本情况，如立档单位的历史、全宗的形成历史、全宗的内容和成分等，从而使档案利用者和管理者能够比较全面地了解有关全宗的情况，提供查询档案的线索。全宗指南的内容有以下方面。

1.立档单位的简要历史

立档单位的简要历史包括：立档单位成立的历史背景，成立的时间、地点，单位的名称、性质、职能、职权范围、隶属关系、内部组织机构设置，立档单位经历的重大事件；如果是撤销机关，还应写明机关撤销的原因和时间。

2.全宗简要情况

全宗简要情况包括：全宗内档案的起止日期、来源、案卷数量、种类、主要内容、完整程度，档案的接收、整理、鉴定、保管、利用及检索工具的种类等。

3.全宗内档案内容和成分的介绍

全宗内档案内容和成分的介绍是全宗指南的主体，在介绍时，我们应该依照全宗档案的整理分类体系进行。例如：全宗内档案如果采用组织机构分类法，可按照组织机构的顺序逐一介绍档案的内容和成分；如果采用问题分类法，则可按问题的顺序逐一介绍档案的内容和成分。

档案内容和成分介绍的目的主要是指明档案的来源、内容、形成时间、可靠程度、利用价值等。

介绍时原则上以案卷为单位，介绍方法主要有以下三种：第一种，简要介绍。即对案卷的内容综合概括地介绍；其特点是篇幅简短，编写迅速，阅读方便，但是内容比较粗略。这种方法比较适合于那些具有一般价值的全宗。第二种，详细介绍。即对每一个案卷作具体详细的介绍，可以注明出处等；其特点是提供情况全面、详尽，篇幅较大，编写周期较长。这种方法比较适合于具有重要价值而案卷数量又不太多的全宗。第三种，重点与全面相结合的介绍。即对于全宗内价值一般的案卷作简要介绍，而对重要的案卷或文件作比较详细的介绍。这种方法兼有上述两种方法的优点，适用范围较广。

4.全宗指南的辅助工具

为了便于利用全宗指南，可以编制人名索引、地名索引、目次、机关简称表等，作为辅助工具提供给利用者参考。

（九）专题指南

专题指南又称专题介绍，是按照一定的题目，以文章叙述的形式揭示和介绍档案室（馆）收藏的有关该题目的档案内容、成分的一种工具书。

编写专题指南可以在专题目录的基础上进行，这样既便于编写，又便于利用者将两者结合起来查阅。专题指南的选题原则与专题目录相同，其基本结构如下所述。

1.序言

序言是对所选题目的含义、意义、选材范围、档案价值以及编写方法等的概要说明。

2.档案内容和成分的介绍

这是专题指南的主体部分，主要介绍档案的来源、内容、起止时间、种类、价值等方面的情况。以专题目录为基础编写的指南，可以按照目录所划分的类别分别介绍，叙述方法可采用简要介绍、详细介绍和重点与全面相结合的方法。

3.附录

当需要时，可以编制全宗名单、人名索引、地名索引等作为附录，以供参考。

三、建立档案检索体系

档案检索工具的种类很多，每一种检索工具都有自己的特点，在功能上既有互补性，也有重复性。因此，档案室（馆）不需要配齐所有的检索工具，而应根据自身的实际需求，充分利用档案检索工具之间的互补性建立检索体系，这样才能高效率地构建完备的检索途径。

档案室（馆）要建立合理的检索工具体系。应符合以下基本要求。

（一）保证有一定数量和种类的检索工具

通常一种检索工具只能提供一种检索途径，满足一种类型的检索需求。为了满足利用者动态的、多方位的检索需求，档案室（馆）需要配备一定数量和种类的检索工具，进行检索工具体系建设。

（二）充分利用检索工具的互补性

在建立检索工具体系时，不能单纯地追求种类的多样化，而应着眼于功能的齐全。因此，对功能上比较接近或部分甚至全部功能可以替代的检索工具，就应该避免重复设置，而应该将互补性作为选择检索工具的条件。

（三）检索工具的设置应与利用需求相吻合

在编制档案检索工具、建立检索体系时，应该考虑大多数利用者的需求，以较为普遍的利用需求和查询规律为依据来设置检索工具，而不必为极少数利用者特殊的查询角度编制专门的检索工具。

（四）馆藏性、查检性、介绍性检索工具并举

在一个档案室（馆）的检索体系中，应同时具有馆藏性、查检性、介绍性检索工具，三者不可偏废。馆藏性检索工具是档案室（馆）必备的检索工具。此外，还需要编制查检性检索工具和介绍性检索工具，以提供比较完善实用的检索途径，满足其检索需求。

四、如何使用检索工具

在档案室（馆）建立了档案检索体系，各种档案检索工具投入使用之后，

无论是档案管理人员，还是档案利用者，都需要掌握一定的利用检索工具查询档案方法，才能顺利地实现检索的目的，查找到所需的档案。

（一）档案检索（查询）的一般过程

档案检索（查询）是通过利用检索工具查检出所需要档案的过程。这一过程一般由档案利用者自己操作，有时也可以由档案工作人员协助或代为完成。

（1）运用主题分析法，明确检索要求，即了解清楚档案利究竟需要什么档案，将其需求归结为明确的检索主题概念。

（2）根据档案室（馆）检索系统的设置情况制定检索策略，也就是从利用者已经掌握的线索和档案室（馆）检索系统的情况出发，选择比较有效的检索途径，并将检索主题概念转换为检索标识。

（3）执行检索策略，即从检索系统中进行查检。具体操作是将表达检索主题概念的检索标识与检索系统中的检索标识进行相符性比较。

（4）根据查出的档案线索提取档案，进行甄别、筛选或利用。

（二）检索要求的类型

1.从检索目的角度划分

检索目的是指利用者是为了解决什么问题来查询档案。利用者的具体查询目的虽然各有不同，但总的来看可以归纳为如下两种类型：

（1）查证型检索要求。

查证型检索要求是指通过档案提供证据，解决某个需要证实的情况或问题。这种检索要求的基本特点是针对性强，不可替代，只有查到所特指的原始文件才能解决问题。

（2）研究型检索要求。

研究型检索要求是指利用档案作为研究历史、总结经验、探索规律的参考资料。这类检索要求的基本特点是全面性，查询档案的范围较大。

2.从检索对象的角度划分

检索对象是指利用者需要查检的是什么档案材料，如某一文件、事物、人物、机构、事件、地区、学科领域、工作领域等的档案。

检索类型所涉及的检索范围，可以是检索对象的全部档案材料，也可以是检索对象从一部分的档案材料。研究型检索要求大多数要检索对象的全部档案材料，而查证型检索要求大多需要检索对象的某一部分的档案材料。

3.从利用者对检索对象线索掌握的程度划分

这类大体上可以分为已经确切掌握检索对象线索的、未全面掌握检索对象线索的和对检索对象了解甚少或完全未掌握的三种情况。

（三）检索提问分析

检索提问分析是指在档案检索过程中的主题分析。其目的是调查清楚利用者究竟需要什么档案，以便正确划定检索对象和检索范围，并制定出检索策略。

为了正确地进行检索提问分析，我们需要了解清楚下列问题。

1.检索目的

查清利用者是为了查证某一事实，还是为了研究某一问题。如果是委托档案管理人员代为查询，在不影响利用者保密的情况下，提问应尽量具体。

2.检索对象

查清利用者所需档案涉及的是某个事件、事物、机构、人物、地区，还是某个专业领域或工作领域。

3.检索范围

查清检索对象涉及的是全部档案材料，还是部分档案材料；是什么类型的档案材料，如文书档案、科技档案、音像档案等。

4.利用者掌握相关线索情况

了解利用者掌握了哪些有关线索，如机关的名称、沿革情况，文件的作者、标题、时间、文号，事件的时间、地点等。

（四）检索策略的制定和执行

检索策略是指在分析检索提问、明确利用需要的基础上，根据档案检索系统的具体情况制定的以书面形式表达的检索方案。检索策略的内容如下所述。

1.确定检索范围

检索范围可以分为核心区和相关区两部分。

核心区是指与检索对象关系直接，信息比较密集，必须重点检索的部分；相关区是指与检索对象有间接关系，可以对核心区档案进行补充，有助于扩大和深化对检索对象的认识的部分。

2.确定检索路线

检索路线是指查询者为实现检索目的所可能选择的检索途径以及查询步骤。某种检索要求可能选择什么检索路线，取决于档案利用者对检索对象线索的掌握程度和档案室（馆）检索系统的设置情况。

检索路线有多条，检索时除了确定主要的检索路线外，还可以有备用的和补充的检索路线。例如：利用者需要检索一份已知文号和主题的文件，那么查阅文号索引为最佳检索路线；但是如果档案室所编制的文号索引恰恰没有收录该文件，就可以利用备用的分类目录或主题目录等进行查找。

3.确定检索标识

检索标识需要根据选定的检索工具来确定。例如：使用分类目录，就要根据《中国档案分类法》确定分类号；使用主题目录，就要根据《中国档案主题词表》确定检索词。同时，许多查询需求的检索标识不止一个，涉及范围广的检索要求可能需要多个甚至几十个检索标识进行检索，因此，为了保证查全和查准，检索标识要设计得完整和周密。

第四节 档案计算机网络检索

随着计算机网络技术的发展,网络办公已经成为许多单位常规办公方式。计算机强大的处理信息的功能,与网络迅速传递信息的功能相结合,使档案计算机检索已经成为现实。

一、档案计算机网络检索系统的结构

档案计算机网络检索是指以电子计算机作为检索设备,通过计算机检索软件对输入的档案目录信息进行存储、整理、检索、输出、统计,利用互联网或局域网进行传输的过程。

计算机网络检索系统由硬件——计算机(服务器、主机及外围设备)、软件和数据库——档案目录信息、著录规则和记录格式、检索语言等要素构成。

计算机检索与手工检索的原理相同,也是由存储和查检两部分组成,在计算机中通常被称为输入和输出。

二、建立计算机检索的步骤

(一)系统分析

系统分析是从整体上考虑检索系统的每一部分和建立系统的每一个步骤。首先,我们要明确系统应达到的目标和指标,如规模、查询途径、功能等,进行可行性分析。然后,需要进行四个方面的分析:第一,工序分析,即把检索系统所要完成的工作任务进行分解,划分为若干部分,明确各个部分的工序及其之间的关系等。第二,工作量分析,就是对每一部分的程序设计和数据准备等需要完成的工作量进行估算,并确定工作人员。第三,费用分析，包括购买设备的费用以及一切费用的估算，第四，时间分析，即确定建立系统应划分为几个工作阶段、各阶段所需要的时间、总的工程时间等。系统分析的结果应形成书面材料。

（二）设备选购和安装

选购设备应根据技术系统的要求，从计算机的性能、容量、联网需要、扩展性能、维护条件、费用等多方面考察。除了计算机外，还要有必要的附属设备和适合的操作工作室。

（三）人员培训

人员培训包括程序设计人员、计算机操作人员、著录标引人员、数据输入人员和日常维护人员的培训等。

（四）检索软件设计

档案计算机检索软件的设计应该由软件设计专业人员与档案专业人员共同负责，以保证检索应用系统具有良好的专业资料的检索功能。

（五）数据准备

数据准备就是进行档案信息的采集、著录。在档案计算机检索系统的建设过程中，工作量最大的就是数据的采集和录入工作，并且其质量将直接影响检索系统的效率。

（六）系统的检验和修改

系统设计过程中和设计基本完成后，应输入一定数量的数据进行检验，发现问题，及时修改。修改、检验必须反复多次，才能使系统软件趋于完善。

（七）系统操作管理

计算机检索系统虽然灵活、快捷，但是也存在易发生故障的不足。操作不当、计算机病毒等都会使系统受到破坏。因此，应建立正规的管理制度，设置专门人员负责管理与维护。

（八）系统评价

在档案计算机检索系统建成并运行一个阶段后，应对该系统的功能、质量情况进行评价，以便发现问题、进行改进。

第七章 档案登记和统计工作

　　档案的统计及各种登记档案统计,就是用表册、数字等形式揭示档案和档案工作的发展过程和一般规律。档案统计包括登记和统计两部分。档案登记就是对档案的收进、移出以及整理、鉴定、保管、利用等情况,通过簿、册、表、单等形式加以记载。它是档案统计的一种原始资料。常用的档案登记有:卷内文件目录、案卷目录、档案移交登记簿、总登记簿、档案借阅登记簿、档案销毁登记簿、档案利用效果登记簿等等。档案统计要求档案人员要熟悉统计中的各项内容;认真按照统计的各项指标填报;一律用阿拉伯数字填写,如有特殊情况,应在备注说明。档案统计要求及时、准确,不得漏报、错报及拒报。档案登记是对档案管理活动中所有重要的事实、行为和数据进行随时记录的工作;档案统计是运用专门的统计技术和方法,对档案工作中的现象、状态、程度等进行量的描述与分析的工作。这两项工作是对档案管理过程及状况进行记录、检查和反馈的手段,其目的是为不断完善管理提供真实的数据和资料。

第一节 档案登记工作

档案登记分为档案状况登记和档案工作登记两个方面，它属于工作记录性登记，既是档案管理各环节进行中必须履行的工作程序或手续，也是一种管理的手段。档案登记所形成的记录直接反映了档案和档案管理的状况，可以作为统计工作的基础数据。

一、档案状况登记

档案状况登记是指对档案的数量、存在、保管状况及其变化情况等基本方面的登记，其主要形式如下所述。

（一）案卷目录与卷内文件目录

案卷目录和卷内文件目录都是在档案整理工作中形成的。卷内文件目录记录着每一份档案的基本情况，案卷目录记录着每一卷档案的基本情况，两种目录的总体又记录着所有案卷及文件的总数量和总的秩序状态。因此，它们是两种最基本的记录、反映档案数量与存在状态的登记形式。

（二）总登记簿

总登记簿是档案室用于登记档案收进、移出变化情况和档案实存数量的登记形式。总登记簿是以全宗内的案卷目录为单位进行登记，以此说明案卷的收进和移出情况。档案室如果保存了两个以上全宗的档案，则每个全宗各自建立登记簿，或者在同一本目录上分户登记。如果档案室收到和保存有尚未编目的档案，也应同已编目档案分簿或分户登记。

（三）档案收进登记簿

收进登记簿主要用于档案馆和规模较大的档案室，是档案管理机构记录档案进室（馆）情况的登记形式；它能够反映档案室（馆）接收各种档案的时间、来源、数量和状态，显示各个时期档案的增加情况，以及准确报告档案的接收情况。档案收进登记簿一般为簿册式，是以档案进入档案室（馆）的时间顺序为单位进行登记，即每收进一次档案，无论其数量及全宗的所属情况如何，都要在收进登记簿上登记为一个条目。

（四）全宗名册

全宗名册主要用于档案馆和规模较大且保管多个全宗的档案室,是档案管理机构用来统计保存的全宗数量并固定全宗顺序号的登记册。每一个全宗在登入全宗名册、编定全宗号后，其编号顺序即固定不变。

（五）全宗单

全宗单主要用于档案馆和保管多个全宗的档案室，是在档案初次进室（馆），完成了收进登记簿和全宗名册的登记之后填写的一种综合性登记文件，其形式为单页式。全宗单能够具体反映每个全宗档案的全面情况，是记录全宗情况最基本的原始材料。全宗单以全宗为单位分别登记，按照全宗号的顺序排列保管。

全宗单由全宗的一般情况、未编目档案和已编目档案三部分组成，每一张全宗单登记一个全宗的详细情况。

（六）案卷目录登记簿

案卷目录登记簿主要用于档案馆和案卷目录数量较多的档案室，是对所有案卷目录进行登记的一种形式，能够反映各个全宗案卷目录的数量，固定案卷目录的顺序号。案卷目录登记簿按照全宗分户登记，以案卷目录的本册为单位，每一本册案卷目录登记为一个条目。

（七）档案成分和数量变化情况报道表

档案成分和数量变化情况报道表是档案馆按照要求向档案行政管理机关报送的一种登记形式，其作用是随时报告馆藏各全宗档案的变化情况。档案行政管理机关根据档案成分和数量变化情况报道表的内容，在全宗卡片上进行补充性登记。

（八）全宗卡片

全宗卡片是档案行政管理机关要求档案馆报送的一种登记形式,其作用和目的是随时掌握各档案馆所保存全宗的基本情况。它与"档案成分和数量变化情况报道表"结合使用。国家档案局对全宗卡片的格式和内容已有统一规定，由各级档案行政管理机关统一印制，下发所属档案馆填报。

二、档案工作登记

档案工作登记主要涉及档案管理过程中发生的一些重要情况和一些基本的工作行为、事实、数字，其中提供利用是其登记的重点内容。档案工作登记主要包括以下几种形式。

（一）档案工作日志

档案工作日志是档案工作人员对每天进行的业务活动所作的记录;其作用是记载每天的工作内容和遇到的问题，为日后查考情况和总结经验提供原始材料。档案工作日志一般由档案管理部门的负责人记录，通常采用簿册形式。其记录方法是：每个月或每一年用一册；每一页登记一天或一周的工作情况。具体的登记项目各单位可以根据需要灵活设置，一般应包括日期（年、月、日、星期），时间（上午、下午或具体时间），工作内容，工作量与进度，工作中的问题及处置情况，每周或每月的统计、小结等。

（二）人员进出库房登记表

人员进出库房登记是库房管理的一种手段，采用登记本的登记形式，一般放置在档案库房的入口处。档案库房管理人员及其他人员每次进出库房均需在登记本上登记，以记录和查考人员出入库房情况。其登记项目一般应包括：日期、进出库房人员的姓名、进入库房的时间（时刻）、进库事由、出库时间（时刻）等。

（三）档案出入库登记簿

档案出入库登记是记载档案调出和归入库房情况的登记形式，是库房管理的一种手段。档案出入库登记常采用登记簿形式，放置在库房入口处或库房中固定的位置。无论何种原因，只要档案被调出库房以及最终又归入库房，均应进行登记。其登记项目应包括档案出库的日期、时间（时刻）、档号及数量、原因（用途），以及归入日期和时间、经手人等。

（四）档案清点、检查登记簿

档案清点、检查登记簿是对档案进行定期或不定期的清点、检查过程中或之后的登记；其登记内容包括：清点、检查的日期、原因，清点、检查过程中所发现的情况及问题，清点、检查的结果（结论），经手人姓名。

（五）档案利用登记簿

档案利用登记簿是档案部门提供档案利用时形成的登记形式，它全面、系统地记录了档案提供利用的情况，同时，它又是档案馆向利用者提供档案时履行交接手续的一种交接凭据。

（六）利用者登记卡

利用者登记卡是档案馆和规模较大的档案部门对利用者进行记录的一种登记形式。每一位利用者在初次到某一档案部门利用档案时，由档案部门对其进行初次登记。

（七）档案借出登记簿

档案借出登记簿是档案部门在档案被借出之时进行的登记，反映了档案借出的时间、去向、原因及借出人等情况。

（八）档案复制、摘抄登记表

档案复制、摘抄登记表是利用者到档案部门提出复制、摘抄档案的要求，档案部门向利用者提供复制件、摘抄件过程中形成的登记形式，档案复制、摘抄登记的作用是记录利用者复制、摘抄档案的申请，履行批准手续和确认复制、摘抄档案的事实。

（九）档案利用效果登记表

档案利用效果登记表是档案部门对每次档案提供利用成效进行跟踪调查所形成的登记形式，对于档案部门了解用户需求，不断改进利用工具和服务质量具有重要价值。档案利用效果登记一般采用散页式的登记表，其内容包括：利用者的姓名、年龄、职业、职务、工作单位、利用目的、利用档案的数量及档案号、利用方式、利用效昙、对档案部门提供利用工作的评价、希望和建议等。

档案利用效果登记表在档案提供利用时与档案一起交给利用者，并简要交代填写方法和要求，待利用完毕后收回或日后形成利用效果时由利用者寄回。对于收回的档案利用效果登记表的内容，要进行整理和分析，并做出结论。

三、做好档案登记工作的几点要求

（一）充分认识档案登记工作的意义

《档案法》第八条规定，县级以上地方各级人民政府档案部门正当履行监督指导本行政区域内的档案工作的职责。档案登记作为记录、审核行政管理相对人档案工作的手段，与《档案法》赋予档案行政管理部门的监督指导职责是一致的。档案登记行为依法产生，具有国家强制力，不以人的主观意志为转移。

首先，档案登记有利于维护各单位档案集中统一管理，维护档案完整与安全。各单位档案形成情况复杂，通过对登记内容的分析，可以了解该单位各类档案形成、管理情况，对无归档记载或归档而未登记报送的，应提出集中统一管理和登记填报要求。同时，进馆单位形成的档案要 10 年或 20 年后移交进馆，档案在相当长时间内保存在馆外，安全风险较高。档案登记将各单位室藏档案数量、内容进行记录、固化，并加以备份，可以避免因各种自然

第七章 档案登记和统计工作

或人为因素导致档案丢失、损毁，造成一个单位历史记忆的空白。其次，档案登记有利于行政监管。档案经定期登记形成档案资源台账，档案行政管理部门可以及时、全面掌握各进馆单位档案形成、变迁情况，掌握数据库文件的形成、备份情况，对各单位档案形成、归档和安全管理起到威慑、督促作用。档案登记材料也是档案行政管型部门对各单位档案管理情况监督检查的依据。再次，档案登记有利于备份工作的开展。通过档案登记审核，档案行政管理部门能够更为具体、客观地掌握登记单位档案内容、价值和档案工作基本状况，合理确定登记单位备份档案内容、数量以及备份形式，制定科学的备份策略。

（二）规范开展档案登记工作登记

档案登记备份是指档案行政管理部门定期记录机关、人民团体、有关企业事业单位和有关重点建设项目的建设单位（以下统称单位）的档案管理情况，并在此基础上对单位重要档案组织实施电子备份的活动。单位应当每年向本级档案行政管理部门报送本单位的档案管理情况，由档案行政管理部门对下列事项进行登记：一是档案类别、总量，数据库名称及容量；二是当年整理、归档的情况；三是有否自行采取的档案备份措施；四是其他事项。档案行政管理部门应当对单位报送的档案管理情况予以核实，并根据单位档案的价值和国家档案灾害防治要求，提出实施档案备份的意见和档案安全管理的相关建议。

由上可见，档案登记就是指档案部门把各单位报送的档案内容、数量等相关情况予以登录、记载，并进行审核后提出督查和备份意见。这与各地开展的档案年检在执行依据、程序和法律责任方面是有区别的。具体而言，规范开展档案登记工作应做好以下工作：

1.报送时间要及时。

登记单位应当每年进行一次档案登记。登记单位应于每年 7 月底前向同级档案行政管理部门进行档案登记。在档案登记以前，应按照规定完成立卷归档。

2.登记材料要完整。

登记单位将本单位各类档案情况向同级档案行政管理部门进行报送、登记。登记报送的内容包括宝藏各类传统档案内容、数量，当年整理归档的内容、数量及情况说明，电子公文内容与数据量，电子业务系统、数据库文件类型与数据量，自行采取的档案备份措施等。应做到填报的表单、书面材料齐全完整，反映的档案类型、内容没有遗漏，档案数量与实际情况一致。

3.登记审核应仔细。

档案行政管理部门应对照报送单位的归档情况、职能任务等情况，对登记报送的内容进行逐项审核。审核的内容包括报送的材料是否完整，各类档案是否已实行集中统一管理，形成的档案是否已及时整理归档并与归档范围一致，是否已采取合理的备份措施等。

4.备份意见应科学合理。

经审核分析登记单位形成的档案价值，提出备份的内容、形式、周期等意见。对于一些重要涉民单位，应指导其制订档案备份方案，周期性地开展档案备份工作。

5.督查整改应严格。

对登记审核发现的问题，要提出书面整改意见，并对档案是否完整齐全、是否整理归档等情况进行督查。有登记审核而无登记督查，登记的效力将大打折扣。

此外，加强登记工作还应明确登记主体。档案登记的范围包括机关、人民团体、有关企业事业单位和有关重点建设项目的建设单位，单位的具体范围，由县级以上档案行政管理部门根据国家和省的相关规定确定。

总之，必须规范开展档案登记工作，确保档案登记工作的制度化、常态化。只有常抓不懈、持之以恒，档案登记备份的安全监管、保障功能才能得到有效发挥，档案行政监管效力才能真正得以提高。

第二节 档案统计工作

档案统计工作是以表册、数字等形式揭示档案和档案工作有关情况的档案业务工作，是了解和掌握档案工作情况及规模的基本手段和科学决策的重要依据，是档案业务建设的一项基础性工作，对档案工作和档案事业发展具有重要作用。

一、档案统计工作的对象和体系

（一）档案统计工作的对象

档案统计工作的对象涉及档案、档案管理和档案事业的所有方面，凡是档案事业领域内可进行量的描述与量化研究的现象，都可以纳入档案统计工作的范畴。档案统计工作是一般统计方法与技术应用于档案工作的过程，它具有统计工作与档案工作的双重性质。正因如此，档案统计工作具有统计工作规范化、科学化、制度化和体系化的基本特征。

（二）我国档案统计工作体系

1.由国家档案局组织实施并受国家统计局指导、监督的全国档案事业基本情况统计；该项统计已经纳入国民经济和社会发展的统计体系之中。

2.由国家专业主管机关组织实施的专业系统档案统计工作。

3.由地方档案行政管理机关组织实施的地方档案统计工作。

4.各档案室（馆）对自身工作进行的内部统计，它是上述三方面统计的基础。

二、档案统计工作的基本要求

档案统计工作首先应该遵守一般统计工作的重要性、真实性、可量化、科学化、规范化、体系化、制度化等基本原则；同时，还要符合以下档案统计工作的专业要求。

（一）恰当地选择统计对象

档案统计的对象应选择那些能够恰当反映档案工作整体情况的基本方面和关键因素，例如：档案、档案工作人员、档案工作机构的数量、质量、状态、变化趋势；档案工作的设备、经费、工作水平与状况、社会效益；档案被利用的情况；等等。

（二）合理地设置统计指标

在开展档案统计时，所设置的统计指标和使用的统计方法应能够对档案和档案工作各方面情况进行精确的描述。例如：档案数量的计量单位在使用传统"卷"的同时，还要使用表达排架长度的"米"，以较清楚地反映档案的空间占有状态；在统计档案利用情况时，不仅统计所利用档案的绝对数量，而且还统计其"利用率"、"有效率"和"增长率"等相对数量，这样就可以为客观评价和改进档案基础工作和利用工作提供可靠的依据。

三、档案统计工作的步骤

档案统计工作的步骤大致可以分为统计设计、统计调查、统计整理和统计分析四个阶段。

（一）统计设计

统计设计是统计工作的前期准备阶段，其目的是对统计工作的目标、具体任务、程、方法等进行统筹规划。在统计设计的方案中，对统计项目（指标）、名称及含义、计量单位、填报与计算方法、表格、所采用的分析技术、拟解决的问题以及统计所涉及的时间和空间范围、工作进度和完成时限等，要予以明确规定，以保证统计工作有序进行。

（二）统计调查

统计调查的基本任务是取得各种原始数据，其所采用的调查手段主要是各种各样的调查表。根据统计工作的不同任务，统计调查分为下述两种类型。

1.综合性调查

综合性调查是由国家统计机关和专业主管机关组织实施的一种统计调查的基本方式，属于国家统计工作制度的一项主要内容。综合性统计调查的表现形式是统计报表；它带有强制执行性质的官方文件，要求各单位和个人以原始记录为依据，按照规定的格式、统一的计算方法和期限填报。

目前，在档案工作中，各级各类档案工作机构按照统一的规定向上级报送的统计报表主要有"中央国家机关、人民团体档案工作情况表"、"档案馆基本情况表"和"档案机构、人员基本情况表"，它们是档案统计工作中最基本、最经常的一种形式。

2.专门调查

专门调查是出于某一特定需要而组织的专题性质的调查活动。专门调查的组织者和调查的规模、对象及方式比较多样，如果从对调查对象是否进行选择的角度看，有普遍调查和抽样调查两种类型。

普遍调查是指对调查范围内的所有对象进行的逐一调查。而抽样调查则是在调查范围内采用一定方法选择部分对象作为样本所进行的调查。抽样调查选择样本的方法分为随机抽样调查和非随机抽样调查两种类型。上述几种专门调查的类型具有不同的功能，在实际工作中究竟采取哪种方式，应根据统计工作的目的、具体任务以及统计对象的特点确定。

（三）统计整理

统计整理是指对统计调查所收集的原始数据进行分组、归类、审核和计算等处理，使之条理化的工作；其目的是为统计分析提供规范、系统的数据。统计整理的方法主要包括如下两种。

1.统计分组

统计分组就是对统计对象及有关的数据进行分类，然后在各类内将统计对象和数据按照一定的规则进行排列或计算等处理，为下一步的统计分析提供可靠的数据基础。

统计分组按分组时所采用标准的多少，分为简单分组和复合分组两种类型。只采用一个标准分组的为简单分组；同时采用两个或两个以上的标准进行分组的为复合分组。统计分组工作通过统计表进行，其结果也是由统计表来表达的。

2.统计表

统计表是在统计整理工作中对统计调查所获得的原始数据进行系统排列、分组、归类、计算时所使用的工具和显示形式，同时又是整理结果的表达形式。例如：将某省各市、县级档案馆在统计调查表中填报的馆藏档案数量及有关情况进行整理后，即可将整理结果用统计表列出。

统计表分为简单统计表和分组统计表两种类型。简单统计表只对统计对象及数据进行排列与计算，而不进行分组；分组统计表则是对统计对象及数据进行了分组统计。分组统计表按所采用分组标准的多少，又有简单分组统计表（只采用一个标准）和复合分组统计表（采用两个或两个以上标准）两种类型。

（四）统计分析

统计分析是指对统计整理的结果进行分析、研究，最终形成统计结论的工作。其目的是发现具有规律性的情况或问题，探究其中的原因，得出明确可靠的结论。统计分析的方法包括：

1.对比分析，即对档案和档案工作中某些可比的对象或因素进行对照比较，以发现区别、差距乃至规律。

2.相关分析与因果分析，即对造成档案和档案工作中某种情况的内部和外部的各种因素之间的因果关系进行分析。

3.静态分析，即对档案和档案工作在某一时间或空间的状况进行分析，以了解其绝对数量或当时的发展水平。

4.动态分析，即对档案和档案工作发展变化的过程进行分析，以掌握其规律。

5.综合分析，即在较大的范围及领域中，对档案和档案工作的全面情况进行的分析研究。这种分析对于国家进行档案事业的宏观决策具有重大意义。

6.系统分析，即运用系统论、控制论、信息论的原则和技术，对档案和档案工作现象和过程进行分析。这种分析方法能够从全局的角度分析问题，并追求系统优化和总体效能的最大化。

统计分析完成后，其结果应写成统计分析报告，作为统计工作的最终成果，并提交给有关的领导机构和部门，成为领导部门进行决策、部署工作、实施领导的依据。

四、档案统计在档案工作中的作用

档案统计，就是以表册、数字的形式，揭示档案和档案工作中诸现象的发展过程、现状及其一般的规律性。档案统计工作的内容，包括档案的收进、移出、整理、鉴定、保管数量和状况的登记，档案利用情况的登记以及档案构成、档案利用、档案机构和人员等情况的基本统计和其他专门统计。概括说来，档案统计工作包括档案的基本登记和综合统计两部分。登记是统计的基础，统计是登记的目的。从统计的对象来划分，档案统计工作大致上可分为两方面：一方面，对档案实体及其管理状况的统计；另一方面，对档案事业的组织与管理状况的统计。档案统计工作的基本任务，是对档案和档案工作的发展情况进行统计调查，统计分析，提供统计资料，实行统计监督。

1.档案统计是档案事业建设的一项重要基础工作，它是了解和掌握档案的形成、管理、利用情况和档案事业发展的重要手段。长期系统地积累档案统计资料，开展管理研究和综合分析，可以进一步认识和掌握档案工作的基本规律，为促进提高档案的科学管理水平下打下基础。

2.档案统计是实现档案工作定性分析与定量分析有机结合的有效手段。定量分析是依据统计数据，建立数学模型，并用数学模型计算出分析对象的各项指标及其数值的一种方法。定性分析则是主要凭分析者的直觉、经验，凭分析对象过去和现在的延续状况及最新的信息资料，对分析对象的性质、特点、发展变化规律作出判断的一种方法。定性分析与定量分析是统一的，相互补充的；定性分析是定量分析的基本前提，没有定性的定量是一种盲目的、毫无价值的定量；定量分析使之定性更加科学、准确，它可以促使定性分析得出广泛而深入的结论。在档案工作中，如果只注重对"性"或"量"某一方面的分析，而忽视对另一方面的分析，往往导致指导思想的片面性和工作上的某些失误。在宏观上，不利于对档案事业实施科学管理；在微观上，不能够真实、准确反映、了解和掌握各项档案业务工作的规律、特点和存在的问题，就不可能对档案具体工作作出中肯的分析和有力的指导。在档案工作中，通过档案统计，将定量分析与定性分析有机结合，互为补充，从而促进档案工作的科学发展。

3.档案统计是制订有关档案工作的方针、政策和计划并检查其执行情况的重要依据。档案统计数字的形成，准确地反映出档案工作部门的真实工作情况和档案管理活动的规律，从而为保证上级决策的正确性和对所属部门的工作进行指导、监督和检查，提供了可参考和借鉴的统计资料。

4.档案统计是对档案事业发展实行监督的有效工具。通过档案统计可以客观、准确地反映档案工作的进展情况、特点和发展趋势，便于进行分析和比较。通过分析比较，一方面从中发现问题，找出薄弱环节或可能出现的某些不利因素，以采取相应的措施办法，组织档案工作的平衡发展；另一方面，选出好的典型，予以表扬和推广，从而推动档案工作的不断前进。

5.档案统计是认识档案工作的重要方法。档案工作包括档案的收集、整理、鉴定、保管、统计、检索、编研及利用等业务环节。对档案工作各业务环节的工作，应该"胸中有数"，也就是对情况和问题一定要注意到它们的数量方面，要有基本的数量分析。任何质量都表现为一定的数量，没有数量也就没有质量。档案统计不是一个严格意义上的流程性工作环节，档案的收集、整理、鉴定、保管和提供利用同样需要进行档案统计。档案管理各业务环节的工作，要取得档案统计的密切配合，才能帮助我们更好地认识档案工作的规律，更有针对性的把档案工作做好。

由此可见，档案统计对促进档案事业的科学发展、提高档案业务工作的科学管理水平起着重要的基础作用。档案部门该如何来做好档案统计工作呢？笔者认为应当从以下几方面做起：

1.提高认识，加强领导。

由于对档案统计重要性的认识不足,档案统计工作一直是档案工作中的薄弱环节。档案统计工作的无力，致使不少档案馆缺乏系统、全面、准确的基本统计资料，无法为档案事业的科学发展提供可靠的参考和借鉴；无法客观、准确地反映档案工作的进展情况、特点和发展趋势。因此。要做好档案统计工作，必须要提高对档案统计工作的认识，克服忽视这项工作的倾向。要把这项工作纳入档案工作的议事日程，从人员、组织、经费、制度上加强领导，确保档案统计工作真正落到实处。

2.扎实做好各项基础工作，确保档案统计工作的准确性。

统计数字的准确无误是档案统计工作的根本要求。错误的、虚假的数字不仅使统计工作起不到应有的作用，而且必然导致档案工作的决策失误，影响和阻碍档案事业的发展。要确保档案统计数字的准确，一是要坚持做好平时原始数据登记工作。比如对档案的收进、移除以及整理、编目、鉴定、管理、检索、编研、利用等情况，及时加以记载，积累原始数据，为准确进行档案统计奠定基础；二是要建立健全档案统计台账。统计台账是根据加强核算和编制统计报表工作的需要，用一定的表格形式，将原始资料经过初步整理加工，按照规定的指标和时间先后顺序登记的一种账册。档案的卷内目录、案卷目录、档案接收登记簿、全宗名册、全宗登记表、案卷目录登记簿、档案查（借）阅登记簿、档案借出情况登记簿等都属于档案的统计台账。各种档案部门要结合各自档案工作和档案特点，在尊重国家基本统计报表要求的基础上，根据本单位情况建立健全统计台账。完善的档案统计台账可以提供全面、系统、准确的基本统计资料。三是要坚持实事求是的态度填报各种统计资料。各级各类档案部门都应如实反映情况，严肃认真地对待每一份表格、每一栏目、每一数字，务必使统计数字准确，符合客观事实。对于虚报、瞒报、拒报以及伪造与篡改现象，有关部门应视情节轻重追究当事人的责任。

3.建立完善档案统计相关制度，确保档案统计的及时性。

档案统计工作的及时性，是指统计资料必须按时报送。各种档案统计指标要及时登记，统计报表要按时汇总和上报，必须要有相应的制度作为有力的保障。最基本、最经常的有档案统计报表和统计台账制度。档案统计报表是下级档案事业管理机关和档案馆（室），按照统一的规定向上级机关以表的形式定期报送的文件，它是保证整个统计工作顺利进行的必要条件。各档案馆（室）应当根据档案统计报表的指标体系建立科学的统计台账，把好原始记录关，将台账与报表的项目互相衔接、有机地统一，从而达到避免重复劳动、提高工作效率的目的。一个单位的资料上报不及时，就会贻误整个统计工作的进行，档案统计工作就起不到它的作用。因此，要求各个被调查单位都要增强全局观念和责任心，切实遵守统计制度和纪律，严格按规定时限上报有关统计资料。

4.统一标准和格式，确保档案统计的科学性。

档案统计工作的科学性，是指统计调查等一系列活动要符合科学规范。档案统计应按《中华人民共和国统计法》的要求，采用科学的标准去收集、整理、分析统计资料，制定统一的统计报表，规定统一的格式和标准，明确统计的范围、内容、项目和要求，以便使各级档案部门有所遵循，使档案统计工作更加科学化。由于各级各地档案工作和馆藏不尽相同，管理水平有别，因而，除常规性统计台账和档案统计报表必须严格按照《统计法》要求建立"共性"台账外，可根据需要建立"个性"统计台账，共性与个性台账相互补充，相得益彰，有利于提高档案统计工作的科学管理水平。

5.加强档案统计分析，提高档案管理水平。

档案统计分析是统计的精髓及目的所在，要针对化、及时化，就是在档案统计结果的基础上，利用抽取法、对比法、筛选法进行综合分析研究，分析矛盾、探索事物内在联系和发展变化。档案工作中的各种业务活动是在不断变化的，而记录和反映这些变化的数字最能说明问题。通过对统计数字的分析，可以进一步掌握不同时期内档案工作业务活动所达到的水平以及发展变化的程度，发现和总结出带有典型性的经验教训，以便进一步提高档案工作的管理水平。

6.抓住契机，逐步实现档案统计工作的现代化。

随着信息处理技术的不断发展以及计算机应用的日益普及和深入，政府机关和事业单位信息化进程也不断加快。早在 20 世纪 80 年代，我国就开始了以办公自动化为主要内容的电子政务建设。目前，我国的电子政务建设已进入以信息资源开发利用为核心内容的阶段。2002 年 11 月国家档案局印发了《全国档案信息化建设实施纲要》。电子政务和档案信息化建设的实施为档案统计规范化、标准化、现代化、定量分析化提供了很好的时机。档案统计不是一个严格意义上的流程性工作环节，它体现在档案工作的各个方面。档案统计现代化，应在档案管理自动化的基础上，创建档案各环节自动化录入及登记系统，形成统计台账数据库；在疏通档案工作各环节的基础上，循序渐进地实现档案自动统计及多层次、全方位的统计分析，那时，档案统计将会成为档案工作的重要环节，在不断提高档案水平方面发挥更大的作用。

7.提高统计人员综合素质，确保统计工作质量。

档案统计人员是档案统计工作的主体，统计人员素质的高低，决定了统计工作的好坏。要做好档案统计工作，确保统计质量，就必须加强统计人员综合素质的培养。一是档案部门领导要重视和关心档案统计人员的培养，为他们提供好的学习条件，创造好的工作环境；二是要加强统计人员专业知识和现代化科学技术知识的学习。

档案统计工作专业性较强，要求统计人员必须具备相应的档案、统计方面的业务知识。同时，随着信息时代的来临，网络和计算机技术广泛应用，档案统计工作的现代化已是必然趋势，这就对统计人员提出了更高要求——必须掌握相应的计算机、网络知识等现代科学技术知识。只有具备了相应的档案、统计、现代科学技术知识，统计人员才能应对新形势下的档案统计工作。三是要加强统计人员责任心的培养。档案统计是一项单调、细致的工作。要做好这项工作，必须要了解和熟悉档案登记，充分认识到档案统计在档案工作中的重要作用，从思想上牢固树立高度的责任感，以确保档案统计工作的质量。

第八章 档案工作的现代化

自 20 世纪 50 年代以来，科学技术的革命浪潮正推动着世界范围内档案工作的技术革命日新月异地向现代化迈进，其目的是采用先进的技术装备和手段，解决档案工作面临的各种复杂问题，提高档案工作的效率，使宝贵的文化财富——档案，在为人类进步和社会的发展中得到充分有效的利用。

新中国的档案工作，在党和国家的重视与关怀下得到迅猛的发展。建立了具有国家规模的社会主义档案事业，妥善地管理着大量历史档案和中华人民共和国档案，为社会主义革命和建设作出了重要贡献。但在管理方法和手段方面与世界先进水平相比还有很大的差距，不能适应档案工作的发展，满足不了四化建设总任务提出的需求。因此，档案工作迫切需要现代化。

第一节 档案工作现代化的意义、内容及影响

一、档案工作现代化的意义

1. 档案工作为什么要实行现代化

（1）只有现代化才能解决档案工作面临的各种复杂问题。档案工作有这样一些矛盾传统的工作方法不好解决：第一，档案数量越来越多，增长的速度很快，需要大量的库房和各种设备，档案数量的增长与保管工作的矛盾越来越突出；第二，查找档案困难。浩瀚的档案材料仅依靠传统的工作方法和落后的技术装备很难迅速、准确查找出利用者所需要的档案材料；第三，服务工作量大。社会上各方面都需要利用档案材料，而档案馆受各种条件限制，只能接待一部分利用者，无法满足广大利用者的要求；第四，设备简陋。无

论是库房建筑、档案装具、库房内温湿度的控制，以及许多保护技术方面的问题，都因为缺乏先进设备而难以解决；第五，档案资源不能充分开发。由于管理方法和手段落后，档案的作用不能充分发挥。

（2）只有现代化才能使档案工作为四化建设作出更大的贡献，采用当代先进的科学技本来装备档案工作，实现科学管理，才能在为四化建设服务中作出应有的贡献。

实现档案工作的现代化是四化建设对档案工作的要求，全党全民的总任务，是实现四个现代化。在实现现代化赶超世界先进水平的过程中，无论是经济建设、科学研究还是机关工作方面，利用档案材料是必不可少的条件。要赶超，必须摸清国际国内的动态，了解过去和现状以及今后发展趋势，才能确定赶超的目标和方向。这就要求档案工作能迅速、准确、全面、系统地提供四化需要的档案材料，而传统的管理方法则无法满足。只有采用现代化手段，在几分钟、几十分钟内可以把馆（室）藏档案材料查找一遍，及时提供出来，才能满足四化建设的需要。所以，实现档案工作现代化是适应我国四个现代化、赶超世界先进水平所要求的。

（3）实现档案工作的现代化是档案事业发展的需要。随着社会主义事业的不断发展，档案的类型和数量急剧增长给保管和使用带来一系列问题。四化建设的发展，无论是科学技术工作者或机关干部都要求对入藏档案处理得仔细，能及时地、无遗漏地把所需档案材料提供出来并迅速传递到每个需要利用的地方。手工管理的落后状态，已无法解决档案工作面临的种种难题，影响档案事业的发展。因此，改革落后的管理手段已成为刻不容缓的任务了。而科学技术的发展，特别是电子计算机和缩微技术广泛应用于档案工作，又为实现档案工作的现代化提供了可靠的物质基础。

综上所述，档案工作的现代化是客观发展的要求和档案事业发展的必然趋势，其结果将给档案工作带来巨大改变。

2. 实现档案工作现代化的可能性

（1）档案工作的发展具备了实现现代化的条件。我国档案工作经过几十年的建设，已初步建成了一个以机关档案工作为基础的、以各级各类档案馆为主体的、以档案教育科学研究和宣传出版为条件的、以档案事业管理工作为组织中心的国家规模的档案事业，为档案工作的全面发展和实现现代化提供了最有利的条件。

（2）科学技术的发展为档案工作现代化提供了物质基础。电子计算机是档案工作现代化最理想的工具，可以建立起计算机检索的网络系统，实现档案检索的自动化。此外，缩微技术、复印技术、声像技术的广泛应用以及科学技术的不断发展为档案工作现代化提供了物质条件。

3. 档案工作现代化的含义

档案工作现代化有三方面的含义：一是档案工作技术现代化，采用先进的技术装备武装档案工作，实现工作手段的现代化；二是档案工作组织与管理的现代化，运用现代化的科学理论和科学管理的方法、手段来研究和处理档案工作的组织管理问题，使档案管理工作更趋于完善；三是干部知识化，建设一支具有现代科学技术知识和业务知识的专业骨干。现代化的技术装备与掌握现代化技术的人以及科学管理，构成了档案工作现代化的三个要素。

二、档案工作现代化的内容

档案工作的现代化，有三方面的含义：

一是档案工作技术现代化，是指档案的记录、存储、整理、加工、查找、报道、交流、传递都用当代先进的科学技术装备起来，实现工作手段的现代化。它涉及广泛运用电讯设备、电子计算机技术、印刷技术、复制技术、缩微技术、声像技术等。比如，广泛使用计算机进行档案的检索、编目、库房管理、阅览管理、各种统计工作，并把电子计算机与现代化的缩微技术和通讯技术有机结合起来，实现管理自动化。

1. 档案工作电子计算机化。利用电子计算机建立档案检索、编目、统计、借阅、库房管理，对档案材料进行收集、登记、报道以及财务、人事、行政管理、办公室自动化等，各方面都可以使用计算机。

2. 电子计算机与现代通讯技术相结合形成档案信息传递网络化。

3. 档案贮存缩微化。档案使用缩微设备将重要档案摄录在缩微胶卷或平片上，具有体积小、成本低、携带方便、查阅快速、保存期限长等优点，给档案的保管和使用带来方便。

4.复印技术在档案工作中的应用。档案馆（室）设置复印机用于档案的收集、存贮和提供利用等方面，可以大大提高工作效率和服务质量。

5.声像技术及其他技术在档案工作中的应用。随着科学技术的发展，声像技术以及各种先进技术和设备在档案工作中的广泛应用，都为提高工作效率、减轻劳动强度等方面创造了良好的工作条件。

二是档案工作组织与管理现代化。只有对现代化技术进行适度的管理，才能将先进的科学技术转化为生产力。档案事业的建设和档案工作的组织与管理以系统论、信息论、控制论等现代化的科学理论为指导，运用管理科学的原理，遵循档案的客观规律，研究和处理档案管理工作的各种问题。做到管理方法科学化，管理机构高效化，管理工作计划化，档案工作标准化，使档案管理与组织工作更趋于完善。

它的主要内容包括：

1.管理思想现代化。是指以科学理论为指导，根据档案工作的客观规律和档案的特点，进行合理地组织、控制的科学管理方法。

2.管理方法科学化。就是由单纯用行政领导和宣传教育的方法，演变为行政领导、法律、经济、宣传教育、咨询、顾问方法的综合，提高管理的功效。

3.管理机构高效化。在档案管理机构内人尽其力，物尽其用，人、财、物的流通过程畅通，信息系统健全，传递及时、准确，档案工作能为社会作出更大的贡献。

4.档案工作标准化。标准化是科学管理的重要内容，没有标准化就没有科学管理。科学管理的水平越高，标准化的程度也越高，标准化水平是衡量技术水平和管理水平的尺度。

三是干部知识化。由于设备的现代化和管理的科学化，需要建设一支具有现代化科学技术知识和业务知识的专业干部队伍。他们不仅具有较高的政治素养和愿意为社会主义档案事业献身的进取精神，还应懂得电子计算机的基本理论和基本技能，能够进行技术操作和管理，在档案专业上有较深的造诣和较丰富的文化和历史知识，才能适应档案工作现代化的需要。

总之，现代化的技术装备、掌握这种技术的人、科学管理构成了档案工作现代化的三个要素，也就是档案工作现代化的主要内容。

三、档案工作现代化带来的影响

1. 现代化将给档案工作带来巨大的变革

建立计算机检索系统，将大大提高检索速度和服务质量。利用计算机和现代化设备对档案进行收集、贮存、加工，档案馆（室）将成为重要信息部门之一；缩微技术与电子计算机技术的广泛应用，将给档案的保管和提供利用带来极大的方便；计算机与现代通讯技术结合，使档案传递网络化；现代化将使档案工作人员的工作条件与工作方法发生巨大的变化。

（1）利用计算机检索档案，将极大提高档案的查找速度，有较高的查全率和查准率，可节约利用者查阅档案的时间，提高服务的质量。

（2）利用计算机和现代通讯设备，将使档案信息的处理、报道、传送的时间大大缩短，档案馆将从保管史料的基地发展为名副其实的科学研究和各方面利用档案史料的中心和档案信息的中心。

（3）缩微技术与计算机的广泛运用，将给档案的保管带来极大的方便。档案的体积大为缩小，以计算机输出缩微胶卷（片）的形式提供档案材料，确保档案原件不受损坏，使之"益寿延年"，传给子孙后代。

（4）建立计算机检索终端，提供快速复印和复制服务。利用者从电视屏幕上查阅所需要的档案材料，立即就能获得所需要的复制本，给利用者使用档案创造了极为方便的条件。

档案工作的现代化，使档案工作以崭新的面貌出现，提高了为"四化"服务的效率和质量；档案资源能得到充分的开发和合理的利用，必将对社会主义事业的发展产生积极的影响。

2. 建设具有中国特色的档案工作现代化

（1）把计算机化、缩微化与标准化有机结合起来。以检索为突破口，建立起各种计算机检索系统，最终使其网络化。开展档案缩微使档案微型化，并把缩微与计算机紧密结合，使档案缩微库成为巨大的外存储器。标准化是现代化的重要内容，贯穿在各项工作中。

（2）大中小型机械化相结合。实现档案工作现代化需要购置大中型机械设备来武装档案工作，但对于价格低廉、适合中小型档案馆（室）使用的设备也要大力推广。同时，原有的设备也应开展革新和挖潜，相互有机结合，更好地发挥效益。

（3）处理好传统技术与现代化技术的关系。传统技术应当不断改进，使之日臻完善，并把传统技术与现代化技术有机结合起来，使档案工作在近期内提高工作效率和服务质量，有利于加速档案工作现代化。

（4）选择实现现代化的最佳途径和方法。档案工作现代化，不同的部门可采取不同的途径，机关档案工作现代化应纳入本机关现代化管理的范畴，成为其中的一个组成部分。档案馆的现代化是档案工作现代化的主体，要统一规划，以典型引路。

（5）统筹解决档案工作现代化的共性问题。比如，现代化建设投资、人才培养以及制定各种标准等。

（6）充分发挥档案事业管理机关的组织领导作用。档案事业管理机关负责统一规划并组织实施，及时解决各种问题以推动档案工作现代化。

第二节　档案工作技术现代化

档案工作技术现代化是以计算机为核心，包括缩微、复印、声像等新技术的装备广泛应用于档案工作。

一、档案工作计算机化

在世界范围内，大家公认电子计算机是实现档案工作现代化的理想工具。根据国内外的经验，档案工作可以应用各种类型的计算机（大型机、中型机、小型机、微型机）和各种外围设备处理档案工作的各种业务，具体应用于：档案的接收、编目、检索、借阅和归还、辨认到期档案的销毁、统计、修复和消毒、档案部门的日常工作等等。各级档案部门应从实际出发，逐步建立起以下自动化系统。

1.计算机检索系统。它是档案工作计算机化的重点。因为检索在档案馆（室）的业务工作中占有重要的地位。国外好多大型档案馆已建立起计算机检索系统，我国也正在进行实验。检索系统是将每份文件或案卷的外形特征包括档号（全宗号、案卷目录号、案卷号）、分类号、缩微号、题名（标题）、责任者（作者）、文件种类、文本、文件编号、保管期限、密级、主题词、内容提要、附注等著录项目填写在统一格式的计算机输入卡片上，即将档案原件转化为档案二次信息输入到计算机内，以一定的格式贮存在磁性载体上，形成数据库，需要时利用计算机进行高速检索。其最显著的特点是高效率和多用途：计算快，可以每秒几十万次、几百万次、千万次、上亿次的运算速度查找档案。对一个利用者的提问，一般只用一、二秒钟就可以作出响应，检索一份文件或一个案卷只需若干秒，查找一个专题的档案材料，少则一二分钟，多则十分钟左右即可检索完毕，查全查准的可能性大，只要标引准确，凡输入到计算机内的任何档案材料都能无遗漏地查找出来；检索途径很广泛，能够一种输入多种输出、一次输入多次利用、一处加工多处使用、一种方式加工多种方式应用。计算机依照工作人员的指令，可以将输入的著录项目自动分别编为按时间、作者、专题、主题、文件种类、文件编号、保管期限、密级排序的目录或索引。用多种载体输出，打印在纸张上的有卡片式和书本式目录；用胶片、磁带和穿孔纸带输出，制成机读目录；缩微胶卷与平片，或在屏幕上显示，能灵活地满足利用者使用档案的多种需求。

随着计算机处理功能的提高以及与电讯设备的结合，检索系统从成批检索发展到联机检索和网络化。所谓成批检索，就是根据用户的提问和要求按批量集中地由专职检索人员进行检索操作，然后把检索结果提供给用户。成批检索的缺点是：用户不能与计算机对话、修改提问困难、不能立即得到检索结果；联机检索就是把以计算机为主的中心处理装置和分散在各地的终端用电话线路直接联系起来，由终端装置输入提问并直接得到答案。联机检索实现了人机对话，可以随时修改检索提问，立即从终端得到检索结果。近年来又产生了由各自具备独立功能的计算机检索系统用电讯线路相互联结，形成巨大的计算机检索网络。每一个档案检索系统是计算机网络中的一个结点，每个结点又可以与许多终端互联，利用者可以使用任何一个终端设备检索到网络中任何一个检索系统的档案材料从而使计算机检索发展到更高级的阶段。

2.计算机借阅管理系统。它一般应具有借阅、预约、查找、统计等功能。借阅功能是识别借阅人是不是本馆（室）的合法借阅者。如果是，则应查明要借什么、是在馆（室）内阅览还是外借、借期多长，凡准许借用的则作好借阅记录并存贮下来，自动计算出归还日期，每日外借的档案能打印出催还的通知。预约功能是指预约登记、预约排队、检查同一利用者是否重复预约或是否有人已经提前预约，能够显示全部预约者名单，告诉预约者何时才能借到所需要的档案材料。查找功能是能够直接查找档案，回答该档案是否在库房中，是否被借去或正在整理、鉴定或修复。假若库房内有，即打印出借阅单，随同档案传送到阅览室。统计功能，可以统计利用者人数、借出档案总数、利用效果、拒借次数等，具有上述功能的借阅系统已在国外的档案、情报、图书部门中出现。

3.计算机统计系统。统计是档案工作的一个重要组成部分,基本任务是对档案工作发展情况进行统计调查。统计分析、提供统计资料、实行统计监督,以计量化的管理,发掘数学方法在档案管理中的应用。建立统计系统,应符合国家档案局制定的统计报表的要求,除了必须将档案机构、人员、馆藏、库房、利用、编制等各方面的基本数字输入计算机存贮外,各档案馆(室)还应有更具体的统计,比如单份文件的统计,案卷数量或存放箱、柜、架的长度统计,以全宗为单位和整个档案馆(室)保存档案情况的统计,各个业务环节现状、利用人次和效果、利用目的、类型、拒借率、馆外未接收档案状况的统计,每年有多少档案要进馆等,档案管理机关应对各档案馆(室)档案的构成,档案利用情况,档案人员及其素质,档案经费,档案馆(室)建设,档案的增加和销毁等,凡是有用的统计数字要输入计算机存贮起来,使用时可根据指令制成各种统计报表,及时打印出来,成为领导和业务部门进行组织管理和决策时的依据和参考。

4.计算机库房管理系统。它包括两方面的功能,一方面计算机可随时把库房的情况反映出来,诸如库房内存放的是什么档案材料,各类档案材料存放在库房何处,每个全宗的案卷和文件数量,每个柜、箱、架上是什么档案,档案保管状况,是否被调阅,库房空间的安排等。另一方面的功能是对库房进行自动化管理,库房内的各种自动装置在计算机发出的指令下,对档案搬运、上架,库房空气和温湿度调节,创造保管档案适宜的人造"小气候",以及自动控制取暖、照明、防火系统、报警装置,确保库房的安全。建立库房管理系统,也需要将入库档案的各种数据、库房设备的各种数据输入计算机存贮起来,建立完善的控制系统,需要时可随时打印出库房档案的清单和各种统计报表,实现库房的自动化管理。

5.计算机行政管理系统。运用计算机进行档案工作的财务管理、人事管理、行政管理、设备管理、情况分析和报告、预测和规划、决策、办公室自动化等。

此外,计算机还可以在档案编制、出版、缩微胶片、声像档案管理等各方面应用。

二、档案缩微化

档案缩微化是档案工作现代化发展的新趋势。由于社会主义建设事业的发展，档案数量与日俱增，给保管和利用带来一系列问题，而缩微技术的应用是解决这些问题的有效办法。

近年来，缩微复制技术在档案部门得到广泛应用，在世界范围内产生了档案缩微化的趋势，成为档案存贮的重要发展方向。它不仅能解决档案材料存贮的空间，而且在计算机处理档案信息工作中不断扩大信息存贮量，提高档案利用服务的自动化水平。它的突出优点是能够保持档案原貌，大大缩小档案的体积，节约存贮空间，规格统一，便于保管和提供利用；有利于保护档案原貌，延长档案使用寿命；保存时间长，不易损坏和变质，成本低廉，节省人力、物力。如果实行档案缩微化，普通缩微度为 1/10 至 1/40，超缩微可以缩小成百上千倍。人们按照缩微的密度推算，一个保存档案达几十万卷的档案馆，将档案全部缩微后能够放在一只手提箱内。近年来，技术发达的国家在光学信息存贮技术方面有新的突破，运用激光打点的记录方法，把缩微密度提高到更高的程度。

档案缩微制品能不断更新换代，使其无限期保存下去。通过实验证明，缩微品可保存长达几百年，比纸张的寿命要长得多，还可以不断复制，达到永久保存的目的。现在由于摄影技术的进步，摄影机与胶卷、平片价格的降低，冲片过程完全可以由自动化的机器接管，档案工作人员经过训练就可以自由操作。每个档案馆（室）都可以根据自己的需要，进行档案缩微工作。

缩微化与电子计算机相结合，是档案工作现代化的重要内容。电子计算机依靠存贮器存贮量有限制，价格也比较昂贵，假若把档案的原文全部存贮起来是很不经济的，一般只把档案的二次信息输入计算机，而缩微复制可以把档案原件全部缩微，既能节约资金又便于管理。从某种意义上说，缩微档案库实际就是计算机的外存贮器。所以，缩微技术与计算机结合，二者相辅相成，互为补充。从长远观点看，为了解决档案数量的急剧增长和载体的不断老化而带来的保管和使用上的矛盾，采用档案缩微化势在必行。技术发达的国家，都在大力进行档案缩微化工作。法国建立了全国性的档案中心，并接收了缩微档案的正片 250 余万米，计划将全国档案馆和省级档案馆的双份缩微档案的正片接收一份保存下来。我国的档案馆（室）从 20 世纪 60 年代初期开始缩微工作，购置了大量设备，培养了一批从事缩微工作的人才，积累了许多经验，已初步具备档案缩微化的条件。

三、复印技术在档案工作中的应用

近年来，复印技术发展很快，复印的种类和方法很多，如重氮复印法、热敏复印法、兰图复印法、电子扫描复印法、静电复印法等等。其中，以静电复印法占主导地位。

静电复印技术在国内外相当普及，成为通用的办公用具，档案馆（室）大多备有复印机为利用者复制档案。它具有速度快、效率高、使用方便、价格低廉、保持档案原貌、复印份数不限、不需要阅读器就可以阅读等优点，是档案收集、存贮、交流和传播的一种重要手段。从 20 世纪 80 年代开始，我国档案馆（室）广泛应用静电复制技术开展复印业务，使利用者不必手抄档案材料，节省了时间和人力；对于珍贵档案、利用频繁的档案，用静电复制品提供利用，既能保护原件又方便工作，很受利用者的欢迎。

目前，复印技术发展的一个特点是复印设备的系列化和自动化，即印刷品复印、缩微、缩微品放大再复印等工序配套成龙，实现自动化生产，工作效率大大提高，因而受到各行各业的普遍重视并得到了较广泛的应用。

四、声像技术在档案工作中的应用

随着科学技术的发展，近几十年来，出现了录音带、录像带、电视片、电影片、幻灯片、唱片等新型档案材料，完全脱离了白纸黑字的印刷和书写形式，这些新型的档案材料已正式列入档案馆（室）的收藏范围，它们在档案馆（室）藏量中所占的比例越来越大，总有一天，这些以磁带、胶片为载体的档案材料甚至会达到与以纸张为载体的档案相抗衡的地步。目前，在档案馆（室）的阅览室内，不仅可以借阅纸质档案，还可以带上耳机听录音档案，在荧光屏前看录像、电视、电影等。声像档案具有能闻其声、观其形的特殊效果，给人以直接的感觉认识，有助于对事物的形态、性质、现象、过程更深刻的理解。但它往往不能用肉眼直接阅读和观看，必须借助于特别器材才能利用，为了适应上述档案材料日益增长的需要，档案馆（室）也要相应地增加设备和专用库房，档案人员也必须掌握保管这些档案的知识，学会操作使用，进行科学管理，才能发挥应有的作用。

　　综上所述，档案工作技术现代化主要体现在档案工作计算机化、档案情报信息传递的自动化、网络化，档案存贮的缩微化以及复印技术、声像技术在档案工作中的应用。

第三节 档案工作管理现代化

一、管理思想现代化和管理方法现代化

1. 管理思想现代化

实现管理现代化首先要树立先进的管理思想，学习科学的管理理论，继而采用与之相适应的组织结构、组织行为、管理方法和管理手段，才能达到预期的目的。

党的十一届三中全会公报指出："实现四个现代化，要大幅度地提高生产力，也就必然要求多方面地改变同生产力发展不适应的生产关系和上层建筑，改变一切不适应的管理方式、活动方式和思想方式，因而是一场广泛、深刻的革命。"档案工作要实现管理现代化，也必须进行管理思想上的革命。从我国档案工作的实际出发，总结建国以来档案管理中的经验教训，克服轻视管理的思想，深刻分析档案工作中曾经存在的"左"的思想，抛弃过时的、因循守旧的、小生产家长式的管理方法，代之以科学理论为指导的现代化的管理方法，讲究管理的科学性和有效性。管理是一门科学，必须运用科学的理论来指导档案管理工作。现代管理科学是建立在自然科学和社会科学的基础之上，包括经济学、数学、物理学、科学学、社会学、心理学等各种技术科学的成果，并且运用系统论、控制论、信息论、运筹学、行为科学、现代经济计量学以及最优化技术、计算机技术等最新科学成就而形成。档案管理工作要在管理科学理论的指导下大胆探索，立志改革，改变一切不适应的管理方式和方法，遵循档案和档案工作的客观规律进行科学管理。

管理的重要目的之一，是提高有效性。所谓管理的有效性，就是档案工作组织达到既定目标的程度，它以档案工作获得的成效来衡量。档案工作的成效要从社会效益、经济效益、历史效益、现行效益等方面去综合衡量，不能仅强调其一方面，要把几方面有机结合起来，全面地看档案工作为党和政府、经济建设、科学研究和"两个文明建设"提供服务的数量和质量，具体

地说就是现代化管理的效用是否符合人民利益、社会进步和建设社会主义事业的需要。

实现管理思想上的革命，要善于学习和借鉴国外先进的管理经验和管理方法，做到"洋为中用"。全体档案工作者，特别是领导干部更应努力学习。只有通晓管理并具备一定的专业知识，才能把档案工作管理好。

2. 管理方法科学化

管理方法是人们为了使被管理系统的功效不断提高，在管理活动中为达到目的所采取的手段、措施、途径等。管理方法科学化，就是由单纯用行政领导和宣传教育方法演变为行政领导、法律、经济、宣传教育、咨询顾问等方法的综合。

建国以来，按照社会主义事业的需要，从中央到地方建立起档案工作组织系统，通过下级服从上级的行政手段，实现自上而下的业务指导和监督，实现对档案和档案工作的集中统一管理，维护档案的完整与安全，使整个档案工作系统在统一目标、统一意志、统一行动下开展工作，卓有成效地发挥管理职能，各级档案事业管理机关负责领导、决策、计划、组织、指挥全国和地方的档案工作，通过行政组织、行政层次、行政手段以及指示、规定、指令性计划、制定规章制度等方式和方法对各地各单位的档案工作进行干预，因事、因时、因人灵活处理各种复杂的问题以加强和改善对档案和档案工作的管理。在运用行政方法的同时，辅之以宣传教育的方法。通过政治思想工作，用马列主义、毛泽东思想教育广大干部，启发和提高革命觉悟，自觉地、积极地贯彻和执行档案工作的法令、方针政策、规章制度，完成各项任务，取得巨大的成就，建立起一个门类齐全、具有中国特色的社会主义档案事业体系。

行政方法是执行管理职能的根本手段，任何管理部门离不开它。但是，在管理工作中行使单一的行政手段和宣传教育方法是不够的，还需要与经济方法、法律方法、咨询顾问方法等结合起来。

经济的方法就是在档案工作中讲究经济效益、经济效果，把劳动集体和个人的物质利益与其工作联系在一起，运用经济杠杆的手段来进行管理。经济效益包括向社会提供有用的产品和有效的服务。档案工作的经济效益，主要是以向社会提供档案材料在经济、政治、科学文化等方面效果的大小来衡量其优劣。在注重经济效益的同时，必须重视经济效果。在当代社会里，能提供经济效益的事情很多，关键在于代价如何，得不偿失的事不能干。经济效果，就是投入的劳动消耗（包括物化劳动消耗和活劳动消耗）与产生的经济效益（包括产品的使用价值和提供的有效服务）之间的比例关系。讲求经济效果，是以最少的劳动消耗获得最大的经济效益。也就是说以最少的人力、物力、财力和时间耗费去最好地完成预定目标和任务。过去，档案工作在局部地区曾一度出现的高指标只是虚名，不讲实效，对档案反复整理、反复鉴定，检索工具不断报废，馆藏档案的利用率很低。这种不惜代价、不讲成本的做法，都是忽视经济效益和经济效果而造成的。档案工作在管理方法上要建立一套计算和考核经济效果的指标体系，无论是档案的收集、整理、鉴定，或者是检索工具的编制、档案装具的设计和创作、档案库房的建造、各种现代化设备的购置等都要讲求以较少的"投入"，产出较多的"效益"。

法律的方法，也就是人们常说的"法治"。广义的法律方法是指档案管理系统所制定的法律法规或类似法律的各种标准和规章制度。我国档案工作，曾制定过一系列的规章制度并发挥了其应有的作用，但在"文革"期间被废除，近年来又得到恢复和加强。总的看来，档案工作"法治"还比较薄弱，档案法律还不尽完善，标准化起步较晚。而档案工作的组织形式以及信息、人、财、物的沟通方式都亟待用法律的方式固定下来。这些问题只有通过明确贯彻以档案法为中心的一系列法规、法令以及各级政府颁布的有法律规范性质的条例、章程、标准和规划来实施管理。只有加强法制，使档案管理中大系统与子系统的关系、职责、权利、义务做到有法可依、有章可循，才能正常地发挥各自的职能并自动有效地运转，保证管理系统的稳定性，促进档案工作的发展。

咨询顾问的方法也是有效的管理方法之一。档案工作的各级领导机构可以建立自己的智囊团、顾问团、参谋班子，任务是向领导献计献策，为制定档案工作方针、政策和规划进行设计，对发展提出预测和评价。在档案管理、干部培训、业务信息等方面，提供必要的事实与情报，起咨询和服务作用。根据档案部门的特点，需要发挥各级档案学会与高等院校在这方面的作用。

学会与高等院校聚集了档案工作各方面的专门人才，他们熟悉档案专业，掌握的信息量大，不受行政束缚，可以敞开思想对各种咨询课题发表意见，供各级领导决策时参考。重视和充分利用智力资源将会助推档案工作的发展和理论研究水平的提高。

二、管理机构高效化

管理机构是发挥管理功能完成管理目标的工具。档案管理机构的功能，是对档案工作进行预测和计算、组织和报道、监督和控制、教育和激励、挖潜和革新。具体任务是组织本系统全体人员适当安排各种关系，有效地运用每个组织成员的才能，充分发挥组织系统的力量，达成档案工作的总目标——科学地管理档案，便于党和国家各项工作的利用。实现这一目标，必须充分发挥组织机构的高效能。因此各级档案组织机构应当目标明确、任务清楚、渠道通畅、稳定适应，实行计划管理、信息管理和工作责任制。

1. 目标管理

整个档案这个大系统，在服从于、服务于党的总路线、总任务的前提下，确定档案事业长远奋斗的总目标和近期目标。各省、市、地、县的子系统（包括档案局、馆、室）应有具体目标。总目标要落实到各个部门短期和中期的目标里去。全国大系统的总目标是衡量任何一个档案局、馆（室）工作成效是正功、无功、虚功、负功的标准，也是档案工作各级组织机构的视线。全体档案工作者的视线都应集中在大系统的总目标，并为之努力奋斗。

在总目标的指导下，各局、馆、室的具体目标通过计划落实到任务。每个组织机构的任务要落实到每个人，确定每个人的任务。各组织机构的任务是个人任务的总和，个人任务是各组织机构任务的构成单元。组织中的每一个成员都必须了解个人的任务应该如何配合整个组织的任务，也必须知道整个组织任务对个人的意义。例如：某档案馆工作的目标是把档案馆逐步建设成为永久保管档案的基地和各方面工作利用档案史料的中心。二至三年内将"文革"前一级和二级单位的档案接收进馆，不断完善检索体系，进一步搞好档案的科学管理，极大地发挥档案的作用。由目标落实到任务，每年要接收多少档案、编制哪几种检索工具、制定哪些标准和规章制度、设备添置计划等等。将这些共同的任务落实到每个管理单位和个人，互相配合，努力完成。

2. 建立责任制

任务明确后，还必须使组织机构中的每个管理单位及每个成员明确如何完成任务，清楚自己的职责。这就需要建立责任制。邓小平同志曾经指出："在管理制度上，当前要特别注意加强责任制。"建立责任制的目的就是明确规定责任范围，让每一个管理单位和每个人都担起应负的责任。它对于提高工作质量、克服管理工作中的官僚主义、开创档案工作新局面有着重要的意义。档案干部责任制的内容，根据一些地方的实践经验，可实行分级、分人、分工负责，定职、定责、定权、定考核标准，定期总结评比、表扬先进。

3. 建立健全信息系统

档案组织机构是由若干事物组成的一个有机整体，是一个不间断的流通过程。功效的发挥在一定程度上取决于流通过程的畅通。这个流通过程可分为两个方面：一是人员和财务的流通，称为物质流；一是信息的产生、传递和处理的流通，称为信息流。管理部门的职责就是通过信息流来控制物质流。管理人员通过调查研究、情况的汇报、意见的交换、命令指示的下达等各种方法了解情况，联系工作，指引人力、物力、财力的沟通。档案部门的信息系统还不够健全，只有纵的信息系统，而横的信息系统不够完备，因受保密的限制，档案系统内和系统外的有关部门和相关学科之间很少往来。

处于封闭和半封闭状态。由于信息传递不灵，渠道不够畅通，使档案人员的思路和眼界不够开阔，影响工作效率和系统功能的发挥。只有健全信息系统，采取多种渠道，增强纵向和横向的联系，进一步健全调查研究和统计、汇报制度，建立馆（室）际之间、档案学与情报、图书等相关学科之间的信息网络，洞察县内外、省内外、国内外的档案和档案工作情况及相关学科的发展动态，及时将收集的信息整理、加工，为档案事业的发展作为借鉴依据。只有充分运用信息这个工具才能提高组织机构的效率。

4. 实行计划管理

计划管理是社会主义档案事业科学管理的重要原则，也是提高组织机构效能的有力措施。档案事业的计划管理是根据社会主义经济有计划、按比例发展的客观规律提出并受它制约的。档案事业既不能超越经济基础所提供的条件，也不能长期落后于经济发展的水平。档案事业的建设和发展必须按照一定的计划进行，既要有全国性的大计划，也要有地区性以至一个档案馆（室）的小计划。缺乏计划就无法开展档案工作或进行档案事业的建设。因为计划管理比目标管理更为具体，也是把目标管理落到实处的前提。计划的种类可分为短期计划和长期计划、专题计划和综合计划、业务计划（管理计划）等。依据计划办事，可以减少盲目性。古人所谓"预则立"，就是这个道理。今天，有人认为工作计划订得好，往往等于将管理工作完成 80%。由此可见，计划管理的重要性。

5. 保持组织结构的相对稳定性

组织机构必须具有相对的稳定性，才能充分发挥效能。过去档案组织机构的变化过于频繁，时裁时并，一直处于不稳定状态。特别是在"文化大革命"中，大肆破坏档案机构，使其元气大伤。所以，档案机构若要发挥高效能，全国大系统与各子系统必须相对稳定，无论是局、馆、室都应是实体单位。只有稳定，才能够以昨天的成就为基础规划未来，从事本身的建设，保持本身的连续性。稳定不是不变，而是在稳定的前提下，根据情况的变化和工作的发展随时做局部调整以适应新形势、新要求。

此外，档案组织机构的设置，还应本着行政管理机构要精、业务机构要充实的原则，用最少的人力搞行政管理，把主要的人力特别是学有专长的人员集中到业务机构，搞好业务建设，实现组织机构的高效化。

第四节 档案工作标准化

　　档案工作标准化，是指在档案工作领域内，由档案事业主管机关或会同标准化的主管机关以及各有关部门共同协商对档案工作的管理、原则、方法、质量、概念、设施等，制定出科学的、统一的规则和技术规范，并予以贯彻执行进而修订的全部活动过程。总括地讲，就是科学地制定、贯彻、修订各项标准，使档案工作逐步走向规范化、统一化。这是提高档案工作水平和服务效率、实现档案工作现代化的重要条件之一。

一、档案工作标准化的意义

　　1979 年国务院颁布的《中华人民共和国标准化管理条例》指出："标准化是组织现代化生产的重要手段，是科学管理的重要组成部分。在社会主义建设中推行标准化是国家的一项重要技术经济政策。没有标准化，就没有专业化，就没有高质量、高速度。"这就十分清楚地阐明了在建设社会主义及实现四个现代化中标准化的地位和作用。

　　档案工作标准化，对于实现档案工作现代化有着重要的意义，主要表现在：

　　1. 标准化是实现档案工作现代化的基础，档案工作现代化是建立在先进技术、严密分工和广泛协作的基础上，要求各档案局、馆、室之间，局、馆、室内部各部门之间，各业务工作环节之间既有严密分工又有密切合作。档案事业这样一个复杂的系统单靠行政手段安排是不够的，必须在技术上使工作活动保持高度统一和协调一致。标准化是通过制定和贯彻各种标准，使分工合作有了统一的科学准则和依据，它同时也是不可缺少的技术纽带，它从技术上把各部门、各业务环节有机地联系起来，形成一个统一的有机整体，保证各项工作有条不紊地进行。假若没有统一的标准作为共同的依据，各局、

218

馆、室各自为政、各行其是，其结果必然会出现互不统一、互不协调、互不衔接、互不配套的混乱状况，要实现现代化是不可能的。现代化必须建立在标准化的基础上，现代化程度越高，就越需要标准化，标准化的相应发展，又能促进现代化。即使到了共产主义社会，仍然需要标准化，从这个意义上说，没有标准化就无法实现现代化。

2.标准化是实现档案工作科学管理的重要组成部分。所谓科学管理，就是根据档案的形成规律和特点，运用先进的技术和方法，依据各种科学管理制度对档案进行管理，开展各项工作。这就要求在档案工作中建立起符合档案工作特点的档案管理、技木管理、设备管理、劳动管理、质量管理、安全管理等科学管理制度，制定一系列标准，实现档案工作的标准化和科学化，使档案工作的各项业务都按标准要求来进行。所以，各种科学管理制度的形成都是以标准化为基础。比如，制定案卷质量标准，能使组卷工作达到或接近最佳水平，避免来回折腾；制定档案鉴定、保管、检索、提高利用、编制等方面的标准，使档案工作规范化。每做一项工作，都有规可循，有法可依，达到高效率、高质量。假若不重视标准化、不按规定的标准去工作，就会出现混乱，工作质量低劣，返工窝工，搞无效劳动。因此，要实现科学管理，必须大力推行标准化。

3.标准化是提高工作质量和工作效率、节约人力物力的技术保证。通过制定、发布和实施标准，使档案工作领域内需要协调统一的重复性事物和概念达到协调统一，以求获得最佳的效益和良好的工作秩序。档案工作中的整理、鉴定、检索、提供利用等工作，在每个档案馆（室）都是周而复始地进行着，虽然在具体的对象和工作内容上有差异，不是简单的重复，但质量要求都是相同的。制定统一的标准，将质量、规格、工作程序统一起来，就可以节省很多重复的不必要的劳动，大大提高工作效率。

二、档案工作标准化的主要内容

档案工作标准化是我国档案工作现代化的一项基础性工作，也是档案学中一个比较新的研究领域。目前对它所研究的内容、范围，还没有统一的认识，尚在探索之中。这里仅提出以下几个方面：

1. 档案工作专业名词术语标准

任何一门专业要阐明其内容，都要使用特定的术语，并且赋予每一个名词术语以特定的含义，作为彼此交流的共同语言，以便研究和讨论问题。档案专业的名词术语都有特定的内涵，不能任意加以解释。但是档案学毕竟比较年轻，许多名词术语还在探索中。基本的"档案"这一名词的概念讨论过多次，至今在具体表述上仍有不同看法；档案的种类也是众说纷纭、莫衷一是。由于名词术语的含义不清，给档案学理论研究和档案工作实践带来混乱，影响档案学和档案工作的发展。如果通过制定档案专业名词术语标准，把最常用的一些名词术语和概念明确起来，有一个比较明确的解释，这对统一档案界的认识、繁荣和发展档案科学都有着重要的意义。

2. 代号代码标准

代号代码又称标记符号，它是利用文字符、数字符、颜色、图像来表示一个具体概念。档案工作中的许多著录项目都采用统一的代号代码或缩写形式来加以准确的表示，代号代码的使用，对于档案工作有重要的意义。比如，分类号、档号、档案馆代码等，在档案的整理与编目、科学管理与提供利用、实现档案工作标准化和现代化方面，都具有重要的作用。使用代号代码代替文字，简单明了、易读、易记、易认、易于输入计算机、易于传播和利用，好处很多。档案工作的代号代码标准，主要包括档案馆代码、档案工作的名词术语缩写代码、档案类型与档案载体代码、档案著录的代号代码等。

3. 档案著录标准

制定档案著录标准，是为了建立健全我国统一的档案检索体系，开展档案的报道与交流，充分发挥档案在社会主义建设事业中的作用，经过艰苦努力，已完成国家标准《档案著录规则》的制定工作，并经国家正式批准，于1986年1月1日起施行。

4. 标引语言标准

标引语言标准是指档案的标引和检测语言标准。标引语言标准主要包括档案分类表、档案主题词表、档案分类标引规范、档案主题标引规范等。目前，已完成档案分类表、档案分类标引规范送审稿，争取成为国家标准。

5.档案收集、整理、鉴定标准

收集、整理、鉴定是基础性的工作。制定这方面的标准，对于提高档案工作的质量、效率和水平都具有重要意义。过去虽然制定了《关于文书档案保管期限的规定》等规范性文件，但数量有限，尚需制定案卷质量标准、案卷封面编目标准、档案整理与分类标准、档案销毁标准等等。

6.档案统计、提供利用标准

档案统计和提供利用工作也应实现标准化。档案统计工作标准，可包括机构、人员、档案馆（室）基本情况的统计、档案工作情况的统计。在统计时间、周期、项目、格式等方面都应标准化。档案提供利用的标准，包括利用范围、手续、保密、阅览、展览、档案外借等标准。

7.档案工作现代化建设方面的标准

这一方面的标准涉及的面比较广泛，包括计算机、缩微设备以及其他有关设施的一系列标准。如计算机程序语言、计算机接口标准、磁带交换格式标准、缩微复制技术规格标准、档案保护技术设备标准等等。

8.档案装具和库房建筑标准

目前，全国档案部门的档案装具、档案库房自行设计和建造的状况亟待改变。应在充分调查研究的基础上制定出技术先进、经济合理的档案装具标准、档案库房建筑标准。制定库房建筑标准，应考虑到我国各地区的气候差异，在符合保护档案的前提下因地制宜地制定库房建筑标准细则。

9.档案的制成材料与书写材料的标准

档案的制成材料与书写材料的优劣，是决定档案能否长期保存的一个重要因素。档案的制成材料与书写材料，无论是纸张、胶片、磁带、磁盘以及各种字迹图片材料全部是物质的东西，不断地发生变化。要想延长档案的寿命，必须解决耐久性问题，制定适合档案使用的纸张、墨水、圆珠笔复写纸、胶片、磁带等各种记录和书写材料的标准。

三、档案工作标准化现状

1.国内档案工作标准化概况

在世界范围内，档案工作标准化与情报、图书工作标准化相比，起步较晚。早在 1947 年成立了国际标准化组织第 46（文献工作）技术委员会，下设七个分委员会，负责制定图书、情报方面的国际标准。档案部门直到 20世纪 60 年代末才开始注意标准化工作,当时提出要研究、制定有关缩微照相、档案馆建筑和设备、档案整理与分类、档案复制方面的规范性文件并取得了良好的研究成果，大都用英文、法文出版。

国际档案理事会专业小组较早参加了标准化活动的专业团体缩微胶卷委员会的工作，编辑出版了《档案盒手稿的缩微胶卷标准目录实践介绍》，国际档案理事会执行委员会对此评价较高。

1978 年，国际档案圆桌会议上明确提出，国际档案理事会应积极参与在档案工作和文件管理方面标准的制定工作，并要求国际档案理事会建立一个专门的机构来考虑档案工作标准化问题。

1979 年 9 月，国际档案理事会和联合国教科文组织联合召开会议，专门研究制定档案工作和文件管理方面的规则、标准。这次会议提出档案工作者应当参加国际标准化组织文献工作标准化技术委员会的工作，尽早编出一个档案和文件的国际标准目录，积极制定出档案工作人员的资格与培养标准以及纸张、墨水、印章、打字机的色带、胶卷、各种类型的记录材料等的质量标准和文件编目标准，保留和淘汰文件的编目标准、文件价值的确定标准、档案整理和原始编目标准、档案和文件名词术语标准、档案统计标准等等。此次会议以后，为推动标准化工作，在国际档案理事会申请设置了一个秘书的职位来负责标准化工作，并和联合国教科文组织共同研究档案工作方面要制定哪些标准。

近年来，由于国际档案理事会的倡议，各国档案部门都开始参加了国际或国内的标准化组织，并做了一些工作。

2. 我国档案工作标准化的现状

建国以来,我国先后颁发了《机关档案室工作通则》、《技术档案室工作暂行通则》、《县档案示范工作暂行通则》、《省档案馆工作暂行通则》、《机关文书档案保管期限表(试行草案)》等文件,为档案工作标准化奠定了基础。但在"文化大革命"中,许多规章和标准被废除。十一届三中全会以后,随着档案工作恢复、整顿的完成,中共中央办公厅、国务院办公厅颁发的《机关档案工作条例》,国家档案局发布的《档案馆工作通则》、《文书档案保管期限表》等重要规章条例为进一步开展档案工作标准化提供了有利条件。

为了加速我国标准化工作,1979 年 9 月,国务院颁发了《中华人民共和国标准化管理条例》。1979 年 12 月,建立了全国文献标准化技术委员会,负责图书、情报、档案方面的标准化工作。在全国文献标准化技术委员会下,建立七个分委员会,档案工作者参加了全图文献标准化技术委员会及七个分委员会的工作,积极制定标准。1980 年 12 月召开的全图文献工作标准技术委员会第一次会议,明确提出要做好标准化工作,必须处理好自动化与基础标准工作的关系,国家标准与国际标准的关系,图书、情报、档案、出版以及其他有关部门之间的协作关系,标准化专职队伍与各业务部门的关系。近年来,在国家标准局的领导与支持下,通过全国协作形式开创了我国文献标准化工作的新局面,取得了制定文献工作国家标准 12 项的良好成绩。

1983 年全国文献工作标准化技术委员会秘书部草拟的《全国文献工作标准体系表》,正式提出档案工作标准化的有关内容。同年 2 月,国家档案局局务会议讨论了档案工作标准化问题。会议认为档案工作要适应社会主义建设事业的发展,必须积极开展档案工作标准化的研究与实践,加速标准的删订工作。决定建立档案工作标准化的专门组织——档案工作标准化小组,负责领导和协商标准化工作。同年 4 月,档案工作标准化领导小组第一次扩大会议初步研究了档案工作标准化的内容、方法和步骤,并考虑到逐步组织全国各级各类档案目录中心和建立健全档案检索系统以及档案管理应用计算机技术的迫切需要，决定首先建立档案著录、分类法与主题法标引、名词术语三个标准化工作小组，着手制定档案工作标准。同年5月，档案工作著录小组开始起草档案部门的意见以及试点工作的验证，并经国家标准局正式批准《档案著录原则》为国家标准，1986年1月开始在全国实施。

第九章 医疗档案的内容构成与基本特点

第一节 医疗档案的内容构成

广义的医疗档案包括病例档案、医疗设备档案、医疗科研档案、医疗成果档案、健康档案、医疗事故技术鉴定档案、医疗保险档案等，而狭义的医疗档案仅指病历档案。病历档案是医务人员对患者进行问诊、查体、辅助检查、诊断、治疗和护理等过程中形成的文字、图标、影像、切片报告等文件的总和，是经医务人员、档案管理人员收集、整理、加工后形成的具有科学性、逻辑性、真实性的档案资料。本课题所研究的对象确定为所谓狭义的医疗档案。

医疗档案在医、教、研上具有重要的价值与意义，不仅是记载患者病情的医疗文书，医疗教学的基本资料还是医疗机构管理与决策的重要依据。同时，医疗档案还是医务人员科学研究的基础性材料。

一方面，医疗档案是记载患者病情的医疗文书。医疗档案记载着患者既往史——过敏史、外伤史、手术史，以往基础疾病——高血压、糖尿病、心脑血管病，遗传病史——传染病史、家族史。医疗档案是确凿的原始材料和历史记录，它可以成为查考、研究和处理问题的依凭，认定法律权利、义务与责任的依据。

另一方面，医疗档案是医疗教学的基本材料。在医疗界流传着这样一句话："协和有三宝"，而其中的核心内容之一就是本课题所研究的对象——医疗档案。目前，各大医疗院校的教授在授课过程中往往需要运用典型的临床案例——医疗档案作为基础，根据大量医疗档案信息与实验结果，总结病情转归规律，应用于临床治疗中。理论与实践相结合的教学方式，改变了以往医学专业学生学习理论知识"空泛无物、缺乏对象"的窘迫状态。

同时，还是医疗机构管理与决策的重要依据。医疗机构根据医疗档案各方面的信息作出相应的决策，例如，用药情况、患者治愈率、术后并发症、住院时间等信息对各科室作出相应的管理与调整。医疗事业的快速发展，与一线医务人员的专业技术密不可分，同时与医疗结构行政人员的管理与决策有很大的关系。

此外，医疗档案信息也是医务人员科学研究的基础性材料。医疗档案信息记载着患者的既往史、基础性疾病、遗传病史，以及医务人员诊治患者的全部过程，医务人员根据医疗档案信息，做大量实验与数据分析总结疾病规律，反过来应用于临床治疗。

第二节 医疗档案信息的基本特点

一、医疗档案的信息真实性

众所周知，患者个人的医疗档案信息不仅是司法鉴定的重要凭证，而且是医保取证的基础性材料，所以其真实性是医疗档案最重要的特点。

医疗档案在形成的过程中，如果存在任何与事实不符的信息，那么就失去了其应有的法律效力。医疗档案信息是医务人员亲自书写并签名的关于患者各方面的检查、化验、影像信息以及临床诊疗方案。

初诊时根据患者自身的情况记录患者近期或长期的身体各方面的状态，医务人员采取我们通常所说的"望、闻、问、切"进行记录，该原始记录如实的反映了医务人员为病人诊治的全过程，保证了日后对医疗档案信息的借鉴与利用。

二、医疗档案信息的准确性

医疗档案在形成的过程中，不仅要具有真实性，还要具有准确性。如果说，医疗档案信息的真实性是第一性的话，那其信息的准确性就是第二性的。医疗档案信息的准确性包括两个方面。一方面，字体。患者在就医的过程中似乎都有这样的经历，医务人员书写的信息无法辨识，即使是其他的医务人员也很难辨识，这就容易引起不必要的问题，甚至会引起医疗纠纷。因此，医务人员在书写医疗档案信息时，一定要注意内容的准确性，字迹工整，文笔通顺，不得涂改。

另一方面，医疗档案书写内容的准确性，诊断结果要依据多方面的检查结果。医务人员在书写患者医疗档案时，要根据患者各方面化验结果、影响报告、物理诊断等多方面综合信息确定执行医嘱，以保证医疗档案信息的准确性。

三、医疗档案的信息集成性

医疗档案的信息时具有集成性的，所谓集成性就是强调患者医疗档案的形成是需要一段时间的，甚至需要一生的时间。患者到医疗机构就医，初始挂号，就在医疗机构信息系统自动生成专属患者自己的账号，初步形成医疗档案，接下来的一切检查报告，化验报告，医务人员的诊治过程都连续的记录到患者医疗档案中，整个过程直到患者出院才会初步中止。患者出院后定期的复查，或者再次住院的信息都要记录在患者的医疗档案中。这就是医疗档案的集成性特点，该特点决定医疗档案在归档过程中，工作人员不遗漏，不归错，保证医疗档案信息的完整性特点。

四、医疗档案的信息完整性

医疗档案的信息的集成性要求医疗档案信息的完整性。恰恰因为一个完整的医疗档案的形成在时间上是无法确定的，医疗机构才要确定医疗档案信息是否完整连续，是否有遗漏，是否记录患者就医期间所有的报告、诊断、治疗方案，甚至家族病史，基础疾病史等。医疗档案某一方面内容的不完整直接影响到整个医疗档案，在医疗资料的利用过程中作用的体现，会使医疗档案的作用受到限制，给该医疗档案的利用、评价带来困难，所以说，医疗档案信息的完整性是极其重要的。

五、医疗档案的对象专属性

医疗档案是一种以一个医疗机构为单位集中保存的档案信息类型，这种专属性在形成和利用过程中都有不同程度的体现。每一份独立的医疗档案只有唯一的一个主体，决不能含有其他任何患者的信息，同一患者不同时期的医疗档案信息应当集中保管。医疗档案的对象专属性利于查找患者专属信息，以及医保取证，伤残鉴定。

此外，医疗档案还具有依附载体形式的多样性与来源的广域性特点。一是，医疗档案信息依附载体形式多样性。患者医疗档案信息包括多方面的信息：化验报告——肝功、血细胞分析、甲状腺功能、肾功等，影像报告——X线、磁共振、CT、心电报告等，还有临床诊断。二是，医疗档案来源广域性特点。目前，各大医疗机构的患者来源渠道主要分两种。一是，患者自主到医疗机构就医。二是，其它医疗机构转诊。此种形式患者主体的医疗档案信息的完整性，更应得到医疗机构的注意。这就涉及了后面笔者构建的医疗档案信息共享模式。

第十章 病历档案概述

第一节 病历档案概念与内容

一、病历档案的概念

病历档案的解释为：是医务人员在诊疗过程中形成的文字、符号、图表、影像、切片等原始记录及临床经验的总和，经收集、整理、加工，形成的具有科学性、逻辑性、真实性的医疗卫生科技档案。是医院各项管理工作中取之不尽的信息资源。

病历档案是医务人员临床实践的原始记录，为医疗、护理、科研、教学和医院管理服务，也是法律和医保取证的重要凭证；记录必须及时、准确、完整、文笔通顺、字体清楚端正，不得涂改、剪贴、滥用简化字；眉栏、页码要填写完整，一律用不褪色的笔书写，记录者写全名。

二、病历档案的内容

病历档案的基本内容主要由个人基本信息和卫生服务记录两部分组成。

1.个人基本信息：包括人口学和社会经济学等基础信息以及基本健康信息。这些基本信息是个人的固有特征，贯穿患者整个生命过程，内容比较稳定、客观性很强。包括有：

（1）人口学信息：如姓名、性别、出生日期、出生地、国籍、民族、身份证件、文化程度、婚姻状况等。

（2）社会经济学信息：如户籍性质、联系地址、联系方式、职业类别、工作单位等。

（3）亲属信息：如子女数、父母亲姓名等。

（4）社会保障信息：如医疗保险类别、医疗保险号码、残疾证号码等。

（5）基本健康信息：如血型、过敏史、预防接种史、既往疾病史、家族遗传病史、健康危险因素、残疾情况、亲属健康情况等。

（6）建档信息：如建档日期、建档机构、档案管理机构等。

2.主要卫生服务记录是从就诊个人入院就诊后所发生的重要卫生事件的详细记录中动态抽取的重要信息。与病历档案相关的主要卫生服务记录有：

（1）医疗记录：住院病史包括入院、病程、出院、转科、死亡、会诊、病例措施记录、手术协议记录、手术记录等。

（2）护理记录：体温单、医嘱记录单、护理病历、护理计划等。

（3）检验记录：各种检验和诊断性检查报告单等。

（4）各种证明文件：住院通知单、住院病案首页、单位有关证明等。

在了解了病历档案的概念和内容以后，我们就不难把握病历档案数字化的概念了。

病历档案数字化从字面意义上可理解为将病历档案中不同载体形态、不同记录方式的档案信息通过扫描仪扫描、计算机录入、转化格式、处理（转存或刻录）等操作，把文字、图像、声音等信息转化成可机读的编码，然后存贮在磁盘、光盘或数据服务器上方便调用查阅。

在更高层次的意义上，病历档案数字化工作是能够使最终用户随时随地依据权限有序地从网络上或以其它方式获得医疗数据服务的一系列行为。

此过程具备完整的图像数字加工、发布、管理、调阅一体化的流程管理能力，并能够有效地体现衔接历史与未来的特性，充分地突出计算机网络信息化管理特点，重点关注数字化过程中的生产效率与质量的关系，此外还相应提高了计算机病案系统的自动识别、警示能力，从而降低对应用者的能力要求。

三、病历档案的保管

病案的保管包括病案的编号、收集、整理和装订、归档、病案供应等过程，病案的保管工作是病案管理的中心工作，它贯穿于整个病案管理的过程中。

（一）病案的编号

病案编号系统化，规律完整，号码具有连续性，病案标识唯一，便于排序上架是病案编号的五要素。

病案的编号多采用一号制，病员入院时由住院处提供住院号，病员出院后，住院号即自动成为病案号，病案室不另行编号，即所谓"一号制"。

有的医院实行病案编号"二号制"，即除住院号外，病历归入病案室后，在病案室进行登记时，另给一病案号，并填写在病案首页和保护封套上。由于二号制不便于查寻病案，原则上不提倡使用。

一号制编号还有连续编号与阶段编号之区别。连续编号为医院自成立起，病案号码不断累加，数十年不变；今后病人如再入院，虽时隔数年，但仍用原住院号（病案号）。这虽要增加工作量，备多种索引，但体现的是"以人为本"原则。阶段编号则为适应病案产生量大、人口流动量大的城市医院，即每年元旦住院号重新从 0 开始，并在编号前缀加年份，如从 2005 年元旦开始为"0500001"号。

（二）病案的收集

门诊病案原则上由患者本人保管，但对有特殊要求的门诊病案（例如精神专科门诊病案），由医院统一保管，收集的门诊病案管理上要等同于住院病案收集要求。所有医院应对住院病案进行收集、保管。

1.门诊病案的收集

门诊的医疗特点是患者随时都可能前来就诊。因此，对由医院保管的门诊病案，需要病案管理人员在每天保证门诊病案供应的同时，不断地回收就诊用毕的病案并加以整理归档，以保证患者再就诊时能及时使用门诊病案。

2.住院病案的收集

（1）住院病案要求在患者出院后的 1 个工作日内收回。

（2）病案回收时应对病案内容进行核对，一些患者出院时尚未发出检查报告的，其报告单要做登记，待报告出来后及时归档。

（3）病案回收要事先根据病案入出院日报对各病区出院患者进行回收核对，在回收过程中实际回收人员与责任护士双签字，明确责任，签收内容包括病案号、病人姓名、病案页数、病案内容等。

（4）回收后的病案要注意核号，对多号制的医院，在对同一患者有多个病案号的，最好在病案之间建立联系。方法是：①把所有病案合并为一份（为主病案号），其他病案只留空号，仍留在病案架中的位置上，在病案袋中记下该份病案已归入病案的病案号，这样便于查找。②所有病案不合并，但在每份病案中记下与之相关的其他病案号。建立相关病案之间的联系目的是为了方便了解患者医疗信息的全貌，方便用户查阅病案。

（5）住院病案收集方式　对病案收集过程，目前不同医院有不同的收集方式，主要有：①病区派专人送往病案室；②患者出院结账带病案（仍由病区专人送到住院结账处），结账后的病案留在住院结账处，由病案室核收；②病案室派专人下病区收回病案。无论采用哪种方式，都要保证病案在收集过程中做到有序、整洁、及时，不丢失或缺页。在病案收集过程中先要根据病室入出院日报，按出院日期的先后登记出院者的病案号、出院日期、病区、床位等，核查收到病案后进行注销，超期未回病案要查明原因并做记录，继续对该病案进行追踪，直到病案归档为止。

（三）病案的整理

1.门诊病案的整理

门诊用过后回收的病案，必须逐份认真检查，把新增加的病案记录页、检验回报等按规定进行整理、粘贴、装订。检查的重点是诊疗记录、检验回报中的患者姓名、病案号是否正确、收回的病案与发出的病案是否一致等，以杜绝差错。

2.出院病案的整理

病案管理者应具备一定的基础医学和临床医学知识，熟悉《病历书写规范》（第四版），对正确的病案记录有详细的了解，能够根据病案记录分折病案内容的完整性，并按要求整理出合格的病案。具体要求如下：

（1）按时收回或签收出院病案。

（2）整理出院病案必须逐页检查姓名、病案号。

（3）检查各项记录是否完整，发现记录不全、有书写差错者，应及时通知医师补写。

（4）及时准确地做好病案的出院和分科登记，登记出院日期必须注明年、月、日。

（5）装订时应以左边和底边为难，将所有记录页裁齐。

（6）病案整理工作由护理人员与病案管理人员共同完成，江苏省《病历书写规范》明确规定："患者出院时，由病区办公室护士负责按出院病历排列次序整理，统一编码，填写病历内容目录表。病案室于患者出院后次日回收。"这一规定包括两个内容：一是病案的整理由病区护士负责，二要填写病历内容目录表。整理好的病案回收后，病案管理人员要进行核实并装订。装订过程中要求按设定的装订线或孔进行，要平整、对齐，大小不一的回报单要按要求粘贴好或裁切整齐。

病案整理中很重要的一环是排序，江苏省《病历书写规范》明确规定了排列的次序。针对临床诊疗的需要或档案管理的需要，排序分为在院排序和出院排序。排序次序如下：

（1）住院期间病历排列次序

①体温单（按页数次序倒排）。

②长期医嘱单（按页数次序倒排）。

③长期医嘱执行单（按页数次序倒排）。

④临时医嘱单（按页数次序倒排）。

⑤住院病历或入院记录或 24 小时入出院／死亡记录。

⑥病程记录，如手术病例尚须有：手术前小结、手术审批书、手术同意书、麻醉前小结、麻醉记录（或待产记录）、手术记录（或产时记录）、手术护理记录单、手术后病程记录（产后记录）。

⑦ICU记录单（按页数次序倒排）。

⑧会诊单（按日期先后顺排）。

⑨输血知情同意书。

⑩特殊检查知情同意书。

⑪ 特殊治疗同意书。

⑫ 特殊治疗记录单（按页数次序顺排）。

⑬ 一般护理记录单（按页数次序倒排）。

⑭ 危重症护理记录单（按页数次序倒排）。

⑮ 病理报告单（按日期先后顺排）。

⑯ 器械检查报告单（按分类及日期先后顺排）。

⑰ 血、尿、粪常规检验报管单（按日期先后顺排，自上而下贴于专用纸左边线上）。

⑱ 临床化学、免疫、微生物及其他检查报告单（按日期先后顺排，自上而下贴于专用纸左边线上）。

⑲ 病案首页及住院证。

⑳ 病历内容目录表。

转科后，转入记录、转入病程记录排于入院记录或住院病历之前，出院后排于转出记录之后，其他各项按住院期间病历排列次序规定排列。

（2）出院（死亡）后病历排列次序

①病历内容目录表。

②病历首页及住院证。

③出院记录或死亡记录或 24 小时内入出院记录、24 小时内入院死亡记录。

④住院病历或入院记录。

⑤病程记录（按页数次序顺徘），如手术病例尚须有：手术前小结、手

术审批书、手术同意书、麻醉前小结、麻醉记录（或待产记录）、手术记录（或产时记录）、手术护理记录单、手术后病程记录（或产后记录）。

⑥ICU 记录单（按页数次序顺排）。

⑦会诊单（按页数次序顺排）。

⑧输血同意书（按页数次序顺排）。

⑨特殊检查同意书（按页数次序顺排）。

⑩特殊治疗同意书（按页数次序顺排）。

⑪特殊治疗记录单（按页数次序倒徘）。

⑫一般护理记录单（按页数次序倒排）。

⑬危重症护理记录单（按页数次序倒诽）。

⑭病理报告单（按日期先后顺排）。

⑮器械检查报告单（按分类及日期先后顺排）。

⑯血、尿、粪常规检验报告单（按日期先后顺排自上而下贴于专用纸左边线上）。

⑰临床化学、免疫、微生物及其他检查报告单（按日期先后顺排，自上而下贴于专用纸左边线上）。

⑱长期医嘱单（按页数次序顺排）。

⑲长期医嘱执行单（按页数次序顺排）。

⑳临时医嘱单（按页数次序顺非）。

（四）病案的登记

病案登记起到充实检索、提供病案查找线索的作用。登记工作可用卡片式登记、书本式登记、计算机登记来完成。登记种类有：

1.住院病案登记

登记内容有：病案号、患者姓名、性别、年龄、职业、入出院日期、科别、病区、出入院诊断、手术名称、治疗结果及切口愈合情况。

2.出院患者登记

登记内容有：病案号、思者姓名、性别、年龄、入出院日期、科别、出院诊断、手术名称、切口愈合情况及治疗结果等。

3.死亡与尸检病理检查登记

登记内容有：病案号、患者姓名、性别、年龄、入院日期、科别、死亡日期、死亡诊断、尸检号、病理诊断等。

4.住院病案首页的登记

现在的病案管理软件能根据录入的病案首页内容提取所需的资料，如疾病分类、死亡病案登记、手术病案登记等。

以上诸种登记，可以"卡片"来替代。

（五）姓名索引

患者姓名索引是永久性的资料，它包括所有住院患者或在门诊建立了病案的患者的身份识别资料，用它可识别患者的身份，辨别每一患者的资料，又是查找病案的关键，所以它被认为是医院、诊所或初级卫生保健中心在病案管理中所使用的最重要的工具之一。

1.患者姓名索引的主要内容

患者的姓名（包括曾用名）、身份证号、患者的联系地址（包括工作及家庭住址）、病案号、患者的出生日期（年、月、日）及年龄、民族、籍贯、职业、未成年人父母的姓名等。

2.编排方式

可以使用专用的索引卡，按汉语拼音字母顺序排列患者的姓名，或利用计算机建立患者姓名索引系统数据库。

（六）病案的保存期

根据《医疗机构管理条例》实施细则第 53 条规定，住院病案应保存 30 年，门诊病案应保存 15 年。

实际工作中，会遇到一些需永久保存的病案，这种病案或有学术价值，或有文物价值，或为教学资料，或有纪念意义。因此在将对保存满 30 年以上的病案进行毁弃时，必须逐位甄别，将需永久保存的病案提出，另行登记建册保存，但此类病案比例不宜过高，一股应控制在 1：1000 左右。对教学病案，则应采用恒数滚动式保存，即有更完美合适的病例加入，则淘汰相应较次的病例病案。

关于应永久保存的病案，提出参考意见如下：

①伟人病案（国家级）；②名人病案（省级以上）；③全国或本省首发疾病病例、罕见病例；④重大科研病例；⑤本院重大新技术成果病例；⑥有重大教训的医疗事故病例；⑦有尸检资料仍不能确诊的特疑难病例；⑧教学病例；⑨其他有纪念意义的病例病案。

第二节 病历档案的特点

一、病历档案的真实性

病历档案既然是司法鉴定和医保取证的重要依据，所以真实性是所提供的病历资料是否具有价值的首要标志。失去了真实性，就失去了它的效力。病历档案材料大多是医务人员在治疗过程中手工记录形成的，是由医务人员直接填写并签名的。这些原始记录真实地反映了医务人员为病人诊治的过程，保证了以后对病历档案的借鉴与利用。

二、病历档案的准确性

病历资料的准确与否，同样也是所提供病历信息是否有价值的重要标志。失去了准确性，同样也会失去它应有的效力，同时导致医疗活动中的诸多问题，引起不必要的医疗纠纷。工作中，有的医生在病历的书写过程中，往往因字迹潦草、误记资料使证明力下降。

三、病历档案的完整性

病历资料是否完整连续直接影响到整个病历档案作用。在病历资料的利用过程中，因某一方面的缺失会使病历档案的作用受到限制，给该病历的利用、评价带来困难。因此，病历档案的完整性是其利用价值存在的首要条件，也是病历作用前提。

四、病历档案的间歇性

一个完整病历的形成是断断续续有间隔的。初诊病人建立病历后，住院时病历连续形成，不住院时零星形成，只在病人到医院就诊才能形成该病人新的病历资料，所以病历档案形成具有间歇性的特点。这就要求收集归档要及时、细致、不遗漏、不归错，保证档案材料的齐全、完整。

五、病历档案的递增性

对于一个病人的病历档案来说，病案形成后其材料数量的多少、是否增加是不可预见的，但就一般而言，应该随着就诊次数增多和病程迁延程度而增加的。从医院整个病历档案来看，不仅病历档案的分数递增，对某些病人的病历材料来说也是随着就诊次数增多而增加。

第三节 病历档案类型

病案的形式包括文字、图表、图像、录音等，载体包括纸张、缩微胶片、磁盘、光盘等介质或设备。随着病案管理和科技发展的加快，病案的形式和载体也必然会越来越丰富。

一、纸质文本类病历档案

病历档案中很大一部分是纸质的报告以及检验结果。如医疗记录：住院病史包括入院、病程、出院、转科、死亡、会诊、病例措施记录、手术协议记录、手术记录等。护理记录：体温单、医嘱记录单、护理病历、护理计划等。检验记录：各种检验和诊断性检查报告单等。也有各种证明文件：院通知单、住院病案首页、单位有关证明等。

二、胶片影像类病历档案

这类档案包括有 X 线影像，CT 影像，核磁共振影像，数字减影影像等，这些由专门医疗成像设备形成的影像都是珍贵的医学影像资料及不可缺少的辅助诊断资料。另外还有一些用作学术会议与学习交流的幻灯片（反转片）也属于胶片类影像。

三、音视频类病历档案

音视频类病历档案也是普遍存在的，比如显微影像、电子内窥镜、B 超医学影像、手术录像、会议教学资料等。

显微影像是通过利用高倍显微镜看到的微观世界的影响，也是一种在医学诊断、外科手术、教学与研究中普遍应用的影响，如在心脏外科、神经外科中普遍使用。

电子内窥镜、B 超医学影像资料这类影像我们平时很少见到，因为操作医生在观看到显示器屏幕上的影像之后，最终向病人和医生出示的往往只是文字的描述以及诊断信息，很少留下视频的影响。但是随着科技的进步，现在有技术能力将这部分宝贵的资料数字化用作诊断、科教。

这些资料有些已经年代久远，在存储的格式和介质方面都没有得到很好地统一，所以在数字化过程中都要做规范和整理。

第十一章 病历档案数字化方法与流程

第一节 病历档案归档

一、归档制度

医院中对病历档案制定的归档制度是：对病案资料坚持每天一次收集，每月一次分类整理，每月一次装订成册归档。对科技资料做到周有清点，月有检查，季有整理，年底有归档，形成了制度。病案的归档时间要求在患者出院后 24 小时内归档。归档的方式有两种：一种是病案管理人员去各病区收取；第二种是到住院处回收。收回的病案交负责质量检查的人员核查，如发现问题，有权责成有关人员限时修改。合格的病案归档后，分别进行总登记、分科登记和死亡登记。登记之后要按 ICD-9 中的疾病分类对病案进行分类。同时，根据本单位工作内容特点来选择检索工具，比如姓名索引、分类索引、手术索引等。建立索引后，病案保管单位根据病案的专指性、时间性、连续性的特点进行病案排序。例如患者住院期间病历材料中的体温记录、医嘱、病程记录、会诊记录均按时间顺序倒排，即日期最近最新的记录材料排在最上面，以方便医务人员及时了解患者的病情并制定相应的治疗措施。每一个保管单位均以首次住院号作为总登号进行登记，然后进行分类、编码并写在相应的位置。

二、归档现状

虽然制度比较完善，但是在执行过程中，由于病案比较分散，记录部门比较零乱，也会造成病案的不完整，或是填写有时延。主要表现在以下四个方面：一是病案三日归档制度落实不到位，尤其突出的是死亡病案的不能按时归档。二是出科病案质量参差不齐，有些会出现纸质病案与计算机录入内容不一致的现象，ICD-9 编码错误时有发生。三是科室有些带教人员对学员填写及输入的信息不认真核查，导致错误发生率增高。四是对科室未能严格执行奖惩制度，造成医护人员对操作规程不重视，数据录入不认真，时有违规行为发生，这些行为都对病案信息的质量造成严重的后果。

在这种情况下，为提高病案管理质量，首先要增强病案管理人员素质，提高其专业水平及计算机应用能力；二要转换病案管理的运行模式，将病案的终末管理改为全程管理；三要加强各科医务人员的业务培训，增强职业道德教育和专业知识训练；四要严肃病案管理制度，做到责任到人，引起全院人员的高度重视；最后要严把病案核查的质检关，保证病案收集的数据质量。

三、纸质病历档案与电子病历档案双轨制归档与管理

病历档案数字化过程是个循序渐进的过程，不可能一蹴而就，所以将会有很长一段时间存在电子病案和纸质病案同时存放的情况。针对这种情况，医院要实行电子病历档案与纸质病历档案同步归档的"双轨制"。一方面要利用现有的计算机网络先进技术建立方便个人用户和相关政府机构远程查询使用的电子病历档案；另一方面要在规定时间内继续保存原有实体病历档案以备验证拷贝；同时在必要的情况下尤其是对一些珍贵的病案资料要建立数据备份资料，做好永久保存的准备。这样做既可保障病历档案的法律效力、凭证依据的严谨，又可解决病历档案的网络化利用和资源共享问题，以达两全其美之目的。

电子病历档案归档方式分为逻辑归档和物理归档两种。逻辑归档是只将电子病历档案的物理地址或链接存放在医院 HIS 系统控制的服务器中，以使相关个人用户和政府部门通过计算机网络可对电子病历档案信息进行有效查阅和调用。

现在计算机信息技术的成熟应用，基本上大型医疗机构和政府部门都拥

有了稳定可靠的网络环境和严密安全管理措施，所以这种归档方式已普遍适用。但需注意的是：必须在服务器中实时做好数据备份，以防止服务器数据丢失、病毒感染而导致系统瘫痪时，没有数据副本可供使用。物理归档则是要求电子病历档案经计算机设备刻录、拷贝到只读光盘载体上，以便于电子病历档案的长期保存。

总而言之，无论是纸质实体病案还是电子病历档案在现在这个时期都有其存在的必要性，为了保证顺利地向无纸病案时代过渡，我们必须在这期间同时抓好纸质病案和电子病案两方面病案归档的质量。

第二节 病历档案数字化方法

一、病历档案数字化设备

要将多种载体类型的病历档案数字化成为统一载体的资料，需要使用多种数字加工设备。我们必须对这些设备及其技术参数有所了解，才能够正确选择、设置扫描方式，以达到理想的扫描效果。下面介绍几种常用的数字化设备。

（一）扫描仪

是将各种形式的图像、文字信息输入计算机的输入设备。主要用于采集静态图像、文字，从图片、胶片、照片到各种纸质文献都可以用扫描仪输入到计算机中。按扫描原理可将扫描仪分为平板扫描仪、手持式扫描仪和滚筒扫描仪；按扫描图稿介质可分为反射式扫描仪、透射式扫描仪和多用途扫描仪。

在数字化过程中，如果对所有的病案资料都采用单一的扫描设备与方式，一方面若设置的扫描参数、方式级别性能低会造成数据不全、图像不清晰；另一方面要追求过高性能而造成不必要的硬件资源浪费与数据空间浪费等。因此，有必要根据不同的数字化对象、不同的收藏和浏览级别对扫描仪及其性能、参数、设置逐一进行选择，并按《数字资源加工操作指南》标准操作。

扫描仪的主要技术参数：

扫描分辨率：一般用每英寸长度上的点数 DPI（dot per inch）来表示，是衡量扫描仪性能好坏最直接的指标，分辨率越高，清晰度越高。

扫描仪色彩深度：以 bit 为单位，用来衡量扫描仪能否达到高逼真色彩还原效果的重要指标，常用扫描仪的色彩位数为 24 位、30 位、36 位、48 位，扫描仪色彩倍数越高，扫描仪所能捕获到的图像细节越多，图像色彩也越丰富。

扫描仪的感光器件：感光器件是衡量扫描仪技术成熟程度的重要标志，

直接关系到扫描质量。现在市场上普遍使用的有 CCD（charge coupled device 光电耦合器件）、CIS（contact image sensor 接触感光器件）两种。CCD 扫描速度快，有一定景深，能扫描凹凸不平的实物，适用于病历档案中手稿、脆化纸张的扫描；但容易产生色彩偏差和光学像差，需要一定的软件进行校正。目前，CCD 占据市场主流。CIS 扫描头价格便宜，更换方便，极限分辨率为 600DPI，但扫描层次不足，适用于病历档案中对清晰度要求较高的照片、图片等的扫描。

接口类型：有 EPP 接口、SCSI 接口、USB 接口。EPP 接口类型已逐渐被淘汰；SCSI 接口扫描仪扫描速度较高，但其适用范围受到专用插槽的限制；USB 接口扫描仪不仅速度较快，而且使用方便；Fire wire 接口具有热插拔、高性能、大容量的特点，但价位高，所以在市场上还不很流行。

（二）数码相机

数码相机使用方便，价格低廉，清晰度高，还可避免扫描过程中的物理、化学作用，所以在一些实物档案和珍贵档案的数字化加工中发挥越来越重要的作用。

数码相机的主要技术参数：

数码相机中成像器件 CCD（charge coupled device 光电耦合器件图像传感器），CCD 基本单位以百万像素来计算。CCD 的尺寸大小直接关系到相机的体积大小，家用便携式的要比专业级的数码相机的 CCD 小很多，所以在成像上会有很大差别。

镜头：镜头内部由许多组镜片组成，材质有玻璃和树脂两种，从成像效果上看，玻璃的要比树脂的好些，但是造价成本较高，重量较重。不过随着工艺的不断改进，树脂镜头的成像效果也已经和玻璃的相差无几了。

ISO 感光度：是 CCD 对光线反应的敏感程度的测量值。在相同的光圈下，ISO 值越大，感光度越敏感，所需的曝光时间越短，由于手抖动造成的照片模糊就几率就越少。但是感光度过高会在图像上造成非常多的噪点，损失很多的图像细节，较低感光度下可以拍摄高质量的画面。数码相机的 ISO 值最低为 ISO50，最高为 ISO1600。

（三）数码摄像机

数码摄像机清晰度高，体积小，便于携带，既可拍动态图像，也可拍静态图像，是拍摄手术、操作过程的重要工具，也是过去影像资料数字化加工的必备工具。数码摄像机拍摄的影像通过配套的截取软件和数据线，可将图像下载、制作、发送、打印。

数码摄像机的主要技术参数：

摄像机灵敏度：在标准摄像状态下，摄像机光圈的数值。通常灵敏度可达到 F8.0，新型优良的摄像机灵敏度可达到 F11，相当于高灵敏度 ISO-400 胶卷的灵敏度水平。

水平分解力：在水平宽度为图像屏幕高度的范围内，可以分辨多少根垂直黑白线条的数目，又称为清度。例如，水平分解力为 500 线，其含义就是，水平方向上在图像的中心区域，可以分辨的最高能力是，相邻距离为屏幕高度的 500 分之 1 的垂直黑白线条。

信噪比：表示图像信号中包含噪声成分的指标。一般来说，信噪比越大，说明混在信号里的噪声越小，回放的质量越高，否则相反。在显示的图像中，噪声表现为不规则的闪烁细点，噪声颗粒越小越好。信噪比的数值用分贝表示。目前，摄像机的加权信噪比可以做到 65DB，用肉眼已经观察不到早点颗粒存在的影响。

CCD 的类型和规格：CCD 的成像尺寸常用的有 1/2″、1/3″ 等，成像尺寸越小的摄像机的体积可以做得更小些。但在相同的光学镜头下，成像尺寸越大，视场角越大，清晰度就越高，性能越好。根据摄像机内使用的 CCD 数目，分为单片 CCD、三片 CCD、四片 CCD。

（四）视频卡

视频卡也称为视频采集卡，是将模拟摄像机、录像机、LD 视盘机、电视机输出的视频信号等输出的视频数据或者视频音频的混合数据输入电脑，并转换成电脑可辨别的数字数据，存储在电脑中，成为可编辑处理的视频数据文件。按照其用途可以分为广播级视频采集卡，专业级视频采集卡，民用级视频采集卡。视频卡性能跨度较大，选购时注意以下主要技术参数与性能：

接口方式：是指视频卡与计算机的连接方式，主要有并行口、USB、PCI、IEEE1394 四种。

视频特性：①输入/输出方式有复合（CVBS）、S-Video（Y/C）、分量、IEEE1394 等四种方式；②两面格式主要看是否符合 ITU-601 标准；③兼容的视频设备：常用的视频设备格式有 DV、Digital18、S-VHS、Hi8、VHS、Video8；④实时编辑和三维 DVE。由于视频信号文件存储量较大，所以仅靠计算机进行处理，很难达到实时要求。一般只有中高档视频卡具有实时功能。

音频特性：①与视频同步，看是否符合 SMPTE-272M 和 AES II -1991 标准；②模拟音频，看是否支持 I/O 非平衡立体声和音频多声道；③采样方法，考虑采样频率、采样数据位数和各取样数值。

驱动、应用程序：不同的视频采集卡根据不同的系统操作环境配合不同的硬件驱动程序以实现 PC 机对视频卡的控制和数据交流。同时视频卡配有应用程序以实现操作采集过程。

二、纸质病历档案的数字化方法

为保留纸质病案真实面貌，通常采用扫描录入方式，也可以通过数码相机拍摄来进行数字化，将病案全文存储为图像文件。常用的图像文件格式有 TIFF，BMP，JPEG，GIF，PNG 等，由于对某一特定对象形成的图像文件 TIFF 和 BMP 格式文件要比 JPEG 格式文件大得多，因此，一般情况下数字化纸质病案采用 JPEG 格式来存储，医疗机构也可根据病案记录的不同要求来选择参数扫描存储。

纸质病案的扫描方式有以下几种，可根据文件的需要进行适时的选择。

1.黑白扫描。这种单色扫描方式多用于纯文字记录方式的档案文件。这类扫描图像文件所占的存储空间较小，例如一张 A4 大小的文档，设置分辨率为 150DPI，产生的扫描图像文件有 17.5K 左右。这一点很有利于存储海量数据的档案数据库，可以尽量减少占用的存储空间，从而提高计算机检索档案的速度。医院中一般采用 200DPI 进行扫描。但是，这种扫描方式扫描有照片的文档效果较差，特别像有些带有彩超或 B 超图片的档案，用黑白扫描出来的图像辨认困难，达不到使用要求。

2.灰度扫描。灰度扫描是利用灰色作为中间过渡色与黑白二色一起来表现图像明暗、色彩层次。用灰度扫描方式，一张 A4 大小的档案文件，扫描分辨率设置为 100DPI 时，所生成的文件大小为 800K 左右。可见这种扫描方式所占用的存储空间比黑白扫描生成的图像大得多。但是由于这种扫描方式能满足源文件较为精确的表现要求，所以常将带有图片的档案用这种方式扫描；此外，还有一些时代久远的病历档案，纸张颜色发黄甚至有霉变致使文字内容与纸张颜色反差减弱的情况下，最好也采用灰度方式进行扫描，以保证档案扫描图像达到使用要求。

3.彩色扫描。彩色扫描能栩栩如生地再现原文件的全貌及细节部分。其对色彩的选择一般有 16 位、24 位和 256 位。色彩越是丰富，所产生的图像文件占用的空间就越大，例如选用较低的参数 24 位、100DPI 来扫描一张 A4 大小的档案，生成彩色图像文件在 2000K 左右。由数据可见，彩色扫描方式要比黑白和灰度扫描生成文件所占存储空间大得多。存储空间大是影响数字化档案存储及检索的不利因素。病历档案中大部分文字和图片都不是彩色的，因此在病历档案数字化扫描时尽量不使用彩色扫描。对于病历档案中有彩色图片的部分，试着利用"抠图"的方式，将截取下来的彩色图片部分用彩色方式扫描，其它部分仍可采用黑白或灰度扫描，利用图像加工软件再将黑白和彩色图像复原为一体。这样能够在节省大量空间的同时，也达到较为满意的效果。

另外，扫描是采用滚筒扫描方式还是平板扫描方式要依据情况而定。这两种扫描方式效果相当，速度却有明显差别。滚筒扫描速度与平板扫描的速度相比大约要快两倍。但是速度并不是选择扫描方式唯一的指标，如果要扫描的纸张有霉变或脆化、有粘贴的现象就不能采用滚筒扫描，以免出现卡纸等损坏原文档的情况发生。所以在实际操作中，要根据病案纸张的具体情况来确定扫描方式，避免原件的损坏。

扫描后生成的图像数据由质量监控人员按 10%的抽检率来抽检已完成数字化转换的所有数据，包括编目数据库、图像处理及数据挂接的总体质量，以达到质量控制的目的。

三、胶片类档案的数字化方法

这类影像的数字化可以通过扫描仪、数码相机、摄像机等转化为数字影像，也可以从成像设备中直接获取数字影像。

（一）使用扫描仪实现影像数字化

目前，最常用扫描通常是各种类型的反射稿（如书本、杂志、文件、照片等），而 X 线胶片是透射稿。因此，X 线胶片数字化需要透射式扫描仪，而不能使用普通的反射式扫描仪。透射稿的一个特点是对扫描设备的分辨率要求颇高，至少在 600×1200DPI 以上才能保证保存原稿中的轮廓细节。其次，需要高亮度的光源才能体现出较好的灰度层次。在扫描过程中，如遇到胶片尺寸较大，超过扫描仪边界时，可用同样的扫描分辨率对胶片分区扫描，然后用图像处理软件对各部分扫描影像进行拼接处理，就可以得到胶片的原貌了。

国内常见的胶片扫描仪有 Epson Film scan200、Canon Scan Fs271O、Nikon Super Cool scan2000、Kodark 357OPlus 等。

（二）使用数码相机进行数字化

用数码相机拍摄需借助外部光源，可将胶片置于医生常用的阅片器或背景光线均匀的反光板上。拍摄时，应尽量使胶片最大地充满画面，还应注意用深色的纸或布挡住周围其它的透射光线，以提高图像质量。如遇到胶片尺寸较大，又想获得较高分辨率的影像时，可用相同像素的设置对胶片分区拍摄，然后用图像处理软件对各部分影像进行拼接处理，就可以得到胶片的原貌了。目前，各大医院的 X 线机、CT、核磁共振等医疗设备都具有视频输出功能，可直接从设备屏幕上拍摄下所需影像，而且可利用成像设备自身系统软件构建三维影像进行拍摄，取得胶片上无法显示的信息内容，因此可更原始地重现图像本来面貌。与扫描仪扫描获得胶片影像相比，数码相机所拍得的影像分辨率不如扫描仪。

（三）从医疗成像设备上的 DICOM3.0 接口直接获取数字影像

计算机技术在医疗成像设备上的应用使之实现了数字化成像功能，这已经成为现代医疗设备主流的发展方向。为了解决不同成像设备或不同厂家生产的成像设备存在的标准不同、互不兼容的问题，美国数字成像和通讯标准委员会（ACRNEMA）建立了一个统一的标准即：DICOM（Digital Imaging And Communications In Medicine），目前最近的版本是 DICOM3.0 标准。大多数设备生产厂商都以其作为医学影像信息交换的标准。DICOM3.0 接口可像计算机外设一样连入计算机，利用专门的 DICOM3.0 软件可以在计算机上采集、存储影像数据。原始影像的数据格式是 DICOM 格式（文件扩展名为.DCM），利用该软件可以将影像另存为其它我们常见的图像格式如 TIFF、JPEG 等等，以使我们可在任何一台计算机上打开观看。

这种方式获得的数字化影像质量最好，包含的诊断信息最丰富，但这种数字化医疗影像设备价格昂贵，在国内还未推广使用。

（四）从医疗成像设备上的视频输出接口进行数字化成像

大部分 X 线机、CT、MRI 等以传统胶片重现影像的医疗影像设备都具备视频输出接口，我们可以利用视频采集卡来采集影像。将摄像机接入视频输出口，先把视频录制下来，然后再通过采集卡输入到计算机里。另外也可以将视频采集卡直接连在影像设备的视频输出口上，通过视频采集卡输入到计算机里，但直接连入的方式受限制多，准备时间长，不易采用。用视频采集的方法进行数字化技术成熟、价格低廉，适用于所有影像设备。但是形成数字化影像质量差一些，操作起来也较为复杂，除了一些较老的设备只能采取此法之外，对于现代的 CT、核磁共振等高档设备几乎不再使用。

四、音视频类档案的数字化方法

显微影像类档案数字化较为普遍的方法是采用数码相机进行拍摄，其操作相对简便，成本较低。尤其是有的显微镜配有安放相机专门进行拍摄的装置，这种情况拍摄起来更加方便。显微摄影技术已成为医学领域的一种专门技术，但是想要拍摄出优秀的医学影像，还需要较高的操作技能，比如对光圈大小及曝光时间的控制，感光度的设置，还有对显微镜亮度的控制等。如果是视频显微镜以及带有视频输出的显微镜，我们可以通过视频采集卡将图像直接输入到计算机里，其影像质量不如前者。

目前许多大型医院中的高档的电子显微镜都有与计算机相连的接口，我们可以利用计算机直接读取和存储显微镜下的影像。普通计算机则是要装配有与显微镜相配套的软件来实现这样的功能。这种方式是最简单、最直接也是效果最好地将显微影像数字化。

对于视频影像类动态影像，最好的方法是直接利用设备的视频输出口，通过视频采集卡完成数字化采集。视频卡是多媒体计算机获得影像处理功能的适配卡，是用来接受录像机、摄像机、CD/DVD 机、电视机等多种外设的音视频信号，并对信号进行捕捉、数字化、存储、输出等操作。比如电子内窥镜、B 超医学影像，这些设备都具有视频输出口。另外我们也可以利用数码相机拍摄屏幕影像的方法实现数字化，不过这种方法获得的图像质量不如直接的视频输出。

对于过去产生的音视频资料，由于年代久远，没有形成统一的格式进行存放，在数字化过程中应当进行统一的数据迁移，将其存储的格式和载体统一起来。这方面可以用数码摄像机进行翻拍保存。

第三节 病历档案数字化工作流程

医院病案室对病历档案加工、管理的常规工作程序如下图所示：

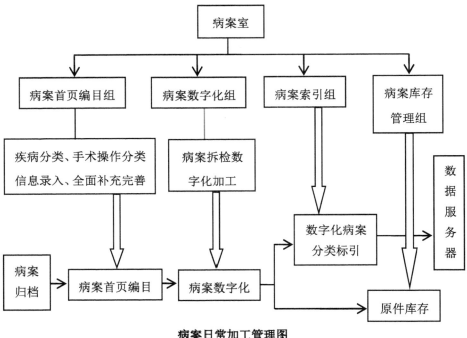

病案日常加工管理图

在医院病案数字化加工过程中，病案室被分为病案首页编目组、病案数字化组、病案库存管理组和病案索引组，各组间移交过程中都应严格确认和登记，防止纸张和影像病案的丢失。病案在每天下午回收后首先要进行档案的整理。

档案整理工作内容主要包括：第一，检查病历档案卷宗的完整性；第二，检查卷内页号是否完整，有无排序错误，发现有错误及时纠正，尽可能有效地防止档案文件的丢失和错序；第三，注意病案填写过程疾病分类、手术操作分类、其他信息录入等工作是否完整无误，并负责全面补充、完善病案首页的内容；下一步移交病案数字化组拆封案卷，使档案文件以散张形式存放，进行病案的拆捡、影像扫描、数字化格式转换、压缩、数据加密。

扫描时扫描参数的选择应视当时实际情况而定，注意特殊篇幅和质地的档案扫描时扫描方式的选择。比如遇到年代久远的霉脆纸张时，应用平板式扫描仪进行扫描而不能采用滚筒扫描方式。扫描参数一般包括位深度、光学扫描分辨率、灰度值、页面尺寸、扫描类型、扫描文件格式等。

如果不知道设置是否合适，应预先扫描几页档案并加以调整。在用数码设备采集转换音视频资料时也要注意外界环境和设备本身参数的选择。

在补充质检中对影像图片进行检查、处理，再对漏扫病历进行补扫、补充质检后，将病案原件经整理、装订后按程序进行库房归档处理，病案影像图片交影像病案索引组，影像病案索引组经综合质检后，对所有图片进行索引分类，并上传至数据服务器。

在病历档案数字化过程中根据病案类型不同，它们的加工流程根据数字化方法的不同也会稍有差别。

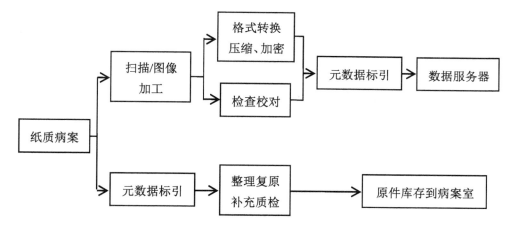

纸质病案的数字化加工流程

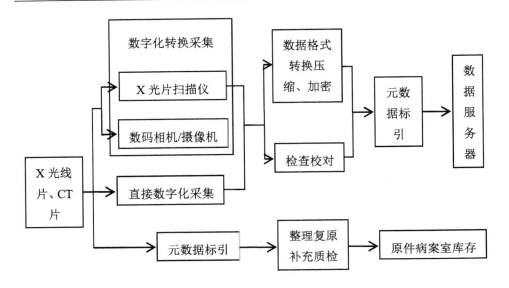

胶片类病案资料数字化加工流程

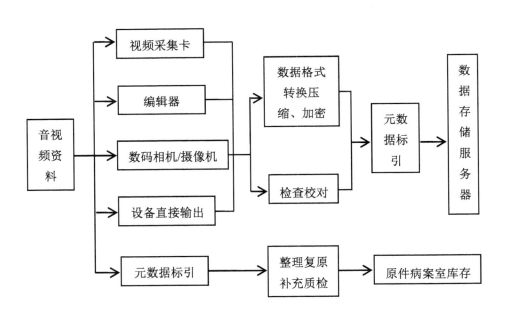

音视频资料的数字化加工流程

各类型病历档案在数字化后都存储在医院信息中心数据服务器，方便随时调阅。而原始资料仍保留在病案室做规定时间的保存。

第十二章 数字化病历档案的存储

第一节 存储格式

在对病历档案进行数字化加工过程中，无论是扫描产生的图像文件还是手术或者操作录像产生的影响文件都面临着存储的问题，这时既要考虑到将来数字化病案的网上调阅的需求，又要兼顾某些科室对图像品质的要求。这就要求我们根据不同情况结合各种文件格式的特点，尽量以最少的存储空间达到临床应用的满意。

目前常用的文件格式有 JPEG、TIFF、BMP、GIF、PNG、MPEG、AVI等，下面来简要介绍一下。

一、常用存储格式

（一）JPEG 格式

JPEG 是 Joint Photographic Experts Group（联合图像专家组）的缩写，文件扩展名为".Jpg"或".Jpeg"，JPEG 格式既是 Photoshop 支持的一种图像格式，也是一种压缩方案，它是 Macintosh 系统常用的一种存储类型，是最常用的图像文件格式，目前 JPEG 已制定了两套系列标准 JPEG 和 JPEG2000。

JPEG 标准适用于灰度图与真彩图的静态图像的压缩，被 ISO 命名为 ISO/IEC10918 标准，目前网站上80%的图像都是采用 JPEG 的压缩标准。JPEG 专家组开发了两种基本的压缩算法，一种是采用以离散余弦变换（DCT，Discrete Cosine Transform）为基础的有损压缩算法，另一种是采用以预测技术为基础的无损压缩算法。JPEG 格式主要使用 DCT 有损压缩算法，使用时压缩比可调，允许用不同的压缩比例对文进行压缩，支持多种压缩级别，压缩比率通常在 10：1 到 40：1 之间。这样可以有效地控制因压缩图像而损失的图像信息，文件通常都比 GIF 文件小。因为灵活好用，所以得到广泛应用，例如，在 VCD 和 DVD-video 电视图像压缩技术中，就使用 JPEG 有损压缩算法来消除空间冗余数据。JPEG 格式压缩的主要是高频信息，对色彩的信息保留较好，JPEG 格式超越了 GIF 格式的 256 种颜色限制，最大支持 16777216 种颜色，普遍应用于需要连续色调的图像。JPEG 格式文件尺寸较小，传输下载速度快，适用于互联网，减少图像的传输时间。

JPEG 联合二值图像专家组（JBIG，joint Bi-level Image experts Group）于 2000 年 12 月又推出了比 JPEG 标准的压缩率更高、性能更优越的 JPEG2000 标准，被被 ISO 命名为 ISO/IEC 15444 标准。它适用于二值图、灰度图、伪彩图和真彩图的静态图像压缩。

JPEG2000 标准下的 JEPG 文件的优点表现为：

1.JPEG2000 压缩率比 JPEG 还要高约 30%，所得压缩图像更小。

2.JPEG2000 支持有损和无损两种压缩方式，所以更适合保存重要图片。而原有的 JPEG 只能支持有损压缩。

3.JPEG2000 十分先进有利的是能够做到渐进传输。它在传输图像过程中先传输图像的轮廓，然后逐步传输数据，不断提高图像质量，让图像由朦胧渐渐清晰显示，而不是像 JPEG 一样，由上到下慢慢显示。

4.JPEG2000 有"感兴趣区域"功能，你可以任意指定图像上你感兴趣区域的压缩质量，还可以选择指定的部分先解压缩。这点使我们能够突出图像重点部分，又可在总体上节约存储空间，合理调控文件的大小。

从上述分析可以看出现行的 JPEG2000 标准下的 JPEG 格式更适合于打印机、扫描仪、数码相机、数码摄像机等应用，在医疗图像的互联网传输与无线通讯上都大有可为。

（二）TIFF 格式

TIFF（Tagged Image File Format），是标签图像文件格式缩写，文件扩展名为".tif"。TIFF 最初由 Aldus 公司与微软公司一起为 PostScript 打印开发。TIFF 的设计目的是为了 1980 年代中期桌面扫描仪厂商达成一个公用的扫描图像文件格式，而不是每个厂商使用自己专有的格式，所以它是出于跨平台存储扫描图像的需要而设计的，很方便在图像处理软件以及硬件之间交换图像，目前 TIFF 与 JPEG 和 PNG 一起成为流行的高位彩色图像格式，扫描、传真、文字处理、光学字符识别和其它一些应用等都支持这种格式。

TIFF 格式采用 LZW 无损压缩方案，是一种非失真的压缩格式（最高也只能做到 2~3 倍的压缩比），能保持原有图像的颜色及层次，但占用空间却很大。例如一个 200 万像素的图像，差不多要占用 6MB 的存储容量，故 TIFF 格式往往用于存储色彩丰富、收藏级别要求高的图像文件，如珍贵文献数字化加工、书籍出版、海报等，极少应用于互联网上。

TIFF 格式的特点有：

1.跨平台操作性能好，适用范围广。

2.可在同一文件中保存多个图像。

3.可保存任意尺寸的图像，如可以保存清晰度高且幅面又大的图像。

4.支持有损压缩和无损压缩两种格式。

5.对计算机自身结构、操作系统和图形硬件无依赖，平台适应性好。

（三）BMP 格式

BMP 是英文 Bitmap（位图）的简写，它是 Windows 操作系统中的标准图像文件格式，能够被多种 Windows 应用程序所支持。它采用位映射存储格式，除了图像深度可选以外，不采用其他任何压缩，这种无损压缩方式可以节省一定的存储空间，但是，BMP 文件所占用的空间还会很大，在实际应用中一般也都以非压缩格式来存储位图。

BMP 格式使用索引色彩，支持 1600 万种色彩的渲染图像，因此这种格式的图像具有极丰富的色彩，BMP 格式能够存储黑白图像、灰度图像和 1600

万种色彩的 RGB 图像，经常在多媒体演示、视频输出情况下使用此格式的图像，但是它不能用于 Macintosh 程序。BMP 是一种与硬件设备无关的图像文件格式，使用非常广泛。

这种格式的特点是包含的图像信息较丰富，几乎不进行压缩，由此导致了它与生俱生来的缺点——占用磁盘空间过大。虽然也可以使用行程编码 RLE 压缩方案对文件进行无损压缩，但在打开这种压缩格式文件时还是需要花费很多时间，且在一些兼容性不好的应用程序中不一定能打开。所以，目前 BMP 在单机上比较流行。

（四）PNG 格式

PNG 是 Portable Network Graphics（可移植网络图形）的缩写，是 20 世纪 90 年代中期 Netscape 公司为因特网开发的网络图像格式，其目的是企图替代 GIF 和 TIFF 文件格式，同时增加一些 GIF 文件格式所不具备的特性。PNG 格式在处理 WEB 图形方面的确有其独到的长处：

1.无失真：PNG 使用从 LZW 派生的无损数据压缩算法，图像不丢失任何的颜色信息。

2.高压缩率：PNG 格式的文件甚至可以比 GIF 有更大的压缩率。

3.支持位透明：PNG格式在RGB和灰度颜色模式下支持Alpha通道透明，alpha 通道透明不同于 Index 索引颜色透明之处在于：Index 索引颜色透明要么是完全透明，要么是完全不透明；而 alpher 通道透明颜色可以使同种颜色之中部分透明而其它部分不透明。并且支持透明背景和消除锯齿边缘的功能。

4.伽马（gamma）校正：PNG 格式是第一种支持监视器的伽马设置修正，这使得 PNG 格式的图像在任何平台上都可以得到同样的显示效果。

5.支持真彩色：类似于 JPEG 图像格式，PNG 可以处理上百万种的颜色。

6.强大的图形再编辑性：在将图片保存成 PNG 文件格式之后，重新调出编辑时，图片仍然很好地保持了图层的分隔和对象的分隔，并允许对该图片的任何一独立的部分做任意的修改，大大方便了对该图形的修改和编辑处理。

但由于不是所有的浏览器都支持 PNG 格式，该格式的使用范围没有 GIF

和 JPEG 格式广泛。

（五）GIF 格式

GIF 是 Graphic Interchange Format 的缩写，文件扩展名为".GIF"，是 CompuServe 公司版权的一种网络图像标准格式，采用 LWZ 压缩算法，压缩过程中，图像的像素资料不丢失，然而丢失图像的色彩。GIF 格式最多只能储存 256 色，所以用于压缩具有单调颜色和清晰细节的图像（如线状图、徽标或带文字的插图）。

GIF 格式的图像比较小，它的文件最大不能超过 64M。它形成一种压缩的 8 位图像文件，通常使用此格式来缩短图像的加载时间，在网络上传送图像文件时，使用 GIF 格式的图像文件要比其他格式的图像文件快得多。

GIF 格式的优点有：

1.使用广泛：它是作为一种公用标准而设计的，不和某些软件联系在一起，许多影像文件格式都可以转换为 GIF 格式。

2.使用 LZW 压缩，GIF 格式压缩比高，磁盘空间占用较少，网络传输速度快。

3.使用顺序文件组织方式，既能作为影像存储格式，又能作为影像传输格式。

4.支持在图形的透明区域中构造颜色的能力，当把 GIF 图像放到一个背景上时，能透过图像看到这个背景。

但是 GIF 格式最多只能支持 256 色，不能将颜色丰富的彩色影像存储为 GIF 格式，否则将会失去大量的影像信息，这使得人们感觉影像粗糙、有斑点。这也是 GIF 格式的缺点。

（六）MPEG 格式

MPEG 是 Moving Picture Expert Group 动态图片专家组提出的针对数字存储媒体运动图像的压缩编码。MPEG-X 指的就是"视频、音频、数据的压缩标准版本"。原先共有三个版本 MPEG1、MPEG2、MPEG3，后又增加了 MPEG4、MPEG7，不同版本表示了不同用途和质量，对多媒体通信的发展起到了革命性的推动作用。MPEG 压缩标准可实现帧之间的压缩，其平均压缩比可达 50：1，最高压缩比可达 200：1，压缩率较高，且又有统一的格式，兼容性良好。

MPEG-1 技术的成功应用实例是 VCD，这种视频格式的文件扩展名包括.mpg、.mlv、.mpe、.mpeg 及 VCD 光盘中的.dat 文件等。MPEG-1 也被用于数字电话网络上的视频传输，如非对称数字用户线路（ADSL），视频点播（VOD）以及教育网络等。

MPEG-2 是针对标准数字电视和高清晰度电视在各种应用下的压缩方案和系统层的详细规定，能够提供广播级的视像和 CD 级的音质。MPEG-2 可提供一个较广范围的可变压缩比，以适应不同的画面质量、存储容量以及带宽的要求。这种格式主要应用在 DVD/SVCD 的制作（压缩）方面，同时在一些 HDTV（高清晰电视广播）和一些高要求视频编辑、处理上面也有相当的应用。这种视频格式的文件扩展名包括.mpg、.mpe、.mpeg 及 DVD 光盘上的.vob 文件等。

MPEG-4 是为了播放流式媒体的高质量视频而专门设计的，它可利用很窄的带度，通过帧重建技术，压缩和传输数据，以求使用最少的数据获得最佳的图像质量。MPEG-4 最有吸引力的地方在于它能够保存接近于 DVD 画质的小体积视频文件，压缩比可达 200：1。但因采用有损压缩，解压后影象细节有丢失，若供影像处理专业人员后继使用，可能不如 AVI 格式的无压缩影像。这种视频格式的文件扩展名包括：.asf、.mov 和.divx 等。

同时就注意的是在制作 VCD 和 DVD 时，针对不同的播放制式，MPEG-1 和 MPEG-2 各自有其特别的分辨率要求。VCD 使用 NTSC 格式时，它的 MPEG-1 压缩影像分辨率为 352×240；使用 PAL 格式时，则是 352×288。DVD 使用 NTSC 格式时，MPEG-2 压缩影像分辨率为 720×480；使用 PAL 格式时，则是 720×576。如果我们要将影像资料制作在 VCD/DVD 机上播放光盘，那么一定要在制作影像文件时注意机器使用的制式，根据制式来调整分辨率要求。

（七）AVI 格式

AVI 格式是 Audio Video Interleaved 音频视频交叉存取格式的缩写，是微软公司开发的一种电影文件格式，现在已被大多数操作系统直接支持。

AVI 格式允许视频和音频交错在一起同步播放，但 AVI 文件没有限定压缩标准，因此 AVI 文件格式不具有兼容性。不同压缩标准生成的 AVI 文件，就必须使用相应的解压缩算法才能将之播放出来。

AVI 格式占用磁盘空间较多，如果以未压缩的 AVI 格式保存影像，一个小时的文件大小约为 13GB。AVI 格式用在数码相机存储有声动画影像，其缺点是：因未经压缩而占用存储介质的容量是相当大的。因此采用 AVI 格式录制视听短片限时相当短，即使采用较大容量的存储卡；其优点是影像未被压缩无损失，便于影像处理专业人员后继使用。

另外，AVI 格式的影像也可在电脑上使用相应软件转换成 MPEG 格式的影像，以便保存或者制作家用 DVD 碟片。

二、存储格式的选择

在医院实际工作中，影像质量与存储空间总是矛盾的。

一部分人认为不应该为了降低存储硬件成本而采取有损压缩来节省空间，以免丢失最重要的原始数据，因为随着硬件的飞速发展，硬件成本降低很快。只是在用户利用 WEB 浏览器操作所存储的图像时采用压缩格式来提高图像的读取速度，但是，在保存压缩格式图像后，往往也应该保存一份原始图像以备后查。

另一部分人认为虽然无压缩存储可以最大限度地还原真实影像，但大量的数据还是会产生图像存储的问题，可能每 M 的成本比较低，但是每天医院可能产生的数据是几个 G~十几个 G，而且这么大的数据量，有的医院还要求五年、十年的在线。况且对于医院来说只有很少一部分图像会在复查时调用。那么，其余的大量影像虽然无损地保存下来，但是所占用的存储空间是极大而无意义的。因此，在离线存储部分，可以选用无损压缩方式保存。

折中的看法是首先对于用于放射科医生诊断用的图像应该使用无损压缩的图像。其次对于离线备份的图像至少有一个备份是无损压缩的。对于通过WEB 给临床医生的图像可以采用可保证较高图像质量的适当压缩比的有损压缩。不过，我们也可以通过网络共享来解决存储的问题。一个医院的备份系统当然有限，但利用各个医院乃至整个国家的信息资源就不同了。一个患者在几家医院所产生的全部病案资料没有必要在每个医院都要有备份，如果大家通过一个终端可以共享，然后最后储存在一个第三方或是公共的备份系统里，这样既减少了代价同时又增强了医患双方的公平性，使医疗事故的处理更加公正透明。这必将会成为今后病案数据存储的一个发展方向。

由以上讨论可以看出，选择恰当的文件格式来存储病案影像文件要考虑多方面因素，不同的应用环境，不同的资源类型要求用不同的格式保存。不同的文件格式总是在处理影像速度和完成影像的特殊功能时影响着影像的原有质量，这些需要大家具体问题去具体分析。

当然，存储不是进行病案数字化的最终目的，我们要在最大化保证影像质量存储的前提下，满足各方面的需要。

第二节 存储介质

一、主流存储介质

现在市面上流行的主流存储介质主要有三种：磁带、硬盘和光盘，对应的大容量存储产品是磁带库、硬盘阵列和光盘库或光盘塔。

（一）磁带与磁带库

磁带是最早出现的磁记录介质，经过多年的发展，其标准化程度很高，技术稳定性也很高，相较于磁盘技术，在存储容量上保持着大幅领先的优势。磁带库由自动磁带加载机、磁带插槽及多个磁带组成在软件控制下由机械手更换磁带的自动化系统。自动加载磁带机能够自动从磁带匣中拾取磁带放入驱动器中进行数据备份过程并完成每日磁带更新工作，它可以备份100GB~200GB 或者更多的数据。

磁带库是基于磁带的备份系统，除了具有基本的自动备份和数据恢复功能外，同时支持自动索带、连续备份的功能，并可在磁带库驱动管理软件控制下进行数据恢复、统计和实时监控等操作。整个操作过程实现了计算机自动化。磁带库的存储容量很大，能达到数百 PB（1PB=100 万 GB），而且其备份效率和人工占用方面拥有无可比拟的优势。

磁带库还可通过网络存储系统技术使用户完成数据存储备份、远程数据访问的操作，并且通过磁带镜像技术实行多磁带库备份。虽然存储容量相当诱人，但是磁带只能顺序访问数据，这对保存环境要求比较严格。

随着制造技术和生产工艺的不断改进，磁带的体积会越来越袖珍，而其存储能力却是越来越强大；磁带机的自动化程度也在不断提高，这些预示着磁带在未来的存储市场中还将长期扮演主流的角色。

（二）硬盘与硬盘阵列

目前使用较多的硬盘有 IDE，EIDE 硬盘、SCSI 硬盘及 USB 硬盘等。硬盘的特点是读写速度快，存储方便，操作简单，使用寿命长。但是硬盘也容易受到自身缺陷或震动、撞击、摔落及温度湿度变化造成数据的损失。

硬盘阵列又叫 RAID（Redundant Array of Inexpensive Disks——廉价磁盘冗余阵列），是将多个专用硬盘或普通硬盘连成一个阵列进行协同工作，这些硬盘的类型、接口、品牌、容量可以是一致也可以是相近的。这样连接起来的阵列大大提高了读写速度，同时把硬盘系统的可靠性提高到接近无错的境界，从而达到提高数据读取速度和安全性的目的。磁盘阵列的最大特点是安全性高，速度快，数据容量超大。磁盘阵列能够提供在线扩容、动态修改阵列级别、自动数据恢复、驱动器漫游、超高速缓冲等功能，是一种高效、快速、易用的网络存储备份设备。

（三）光盘、光盘塔和光盘库

光盘是最实用的多媒体存储载体，是重要文献资料备份主要媒体。由于光盘具有存储容量巨大、成本低廉、制作简单、携带轻便及使用寿命长等特点，所以被普遍用于重要文献资料、多媒体材料、教学资料、节目录制资料和游戏动画等媒体信息存储。

光盘塔是由多个 SCSI 接口的 CD-ROM 驱动器串联而成的，光盘预先放置在 CD-ROM 驱动器中。用户访问光盘塔时，可以直接访问 CD-ROM 驱动器中的光盘，因此光盘塔的访问速度较快。光盘塔能够令几十个到几百个用户同时访问信息。

光盘库是一种带有自动换盘机构（机械手）的光盘网络共享设备。光盘库一般配置有 1~6 台 CD-ROM 驱动器，可容纳 100~600 片 CD-ROM 光盘。巨量的存储信息使其非常适合诸如图书馆、信息检索中心一类的大型实时资料查询中心的应用。用户从光盘库查询信息时，换盘机构能自动将驱动器中光盘取出，并放置到光盘架的指定位置，取出所需的光盘然后送入 CD-ROM 驱动器中。由于自动换盘机构的换盘速度并不是太高，通常是在秒量级，因此光盘库的访问速度较低。光盘库的特点是：安装简单、使用方便，并支持几乎所有的常见网络操作系统及各种常用通讯协议。而且光盘库能够同时满足高安全性、高可靠性、大数据源的要求，所以在要求比较高的环境里，光盘库是不可替代的信息存储介质。CD-ROM 光盘库主要应用于长期保存数据的备份。

二、存储介质的选择

选择存储介质时，从外在客观条件来看，要综合考虑数据的安全、稳定；存取的容量、速度；介质的成本、费用；发展的需求、趋势；以及在数据丢失或误操作后的数据恢复等方面。

从数据法律效力角度考虑，为保证记录的原始性，使记录拥有法律效应，现在存储技术上普遍应用 WORM 技术，即 Write Once Read Many 一次写多次读技术。由此应运而生的 WORM 磁带和 WORM 光盘受到了很多政府机构和金融机构的青睐。WORM 光盘适合数据量不大的记录，WORM 磁带适合数据量很大的记录。在医院数据记录中，很多原始性的资料是不容许有改动的，比如药品记录、护理记录、手术记录、医嘱等等，所以使用 WORM 技术能够很好地保留记录的原始真实性，满足医疗保险、法律取证等方面的要求。

从数据存储状态角度考虑，数据还要被分为在线数据（On-line）、近线数据（Near-line）、离线数据（Off-line）。数据在不同状态下也要求有不同的介质来存储。在线存储就要求存储介质或设备与计算机系统保持紧密实时连接，这部分数据量小，使用频率高，数据传输速度要求迅速，可选硬盘、光盘等。

离线存储是保存期长且又不常用的备份资料。平时不要求将数据装入计算机系统中，而是脱机存放数据在磁带库或是光盘库中，有应用时将介质临时装载连接到计算机系统读取。近线存储介于在线与离线之间，数据量大，访问相对较低的数据采用这种方式，近线数据存储在移动介质设备上，通过存储管理设备软件控制对数据的访问。

下面综合对比一下三大主流存储介质的优缺点和应用场合：

存储介质	优点	缺点	应用
磁带	存储量大，性能稳定，标准化程度高，成本费用低，读写速度高，独立于系统进行存储	只能顺序访问数据，对保存环境要求严格	数据备份和恢复领域，是大型档案馆数字中心的首选介质
光盘	成本低，制作简单，携带方便，存储容量大	访问时间较长，比硬盘慢2~6倍，易受外界环境影响丢失数据	低成本、大容量且访问频率相对较低的近线或在线数据，多媒体记录
硬盘	大容量，高传输率，存储方便，操作简单	费用成本高，数据易失、难恢复，对运行环境要求高，数据可频繁改动	在线数据存储，数据量小、需随机读取的数据

三大主流存储介质的比较

综合到医院日常工作的考虑，在线浏览的医学图像和实时数据资料，一般以大容量的硬盘阵列作为存储介质；对于一年内要用的数据资料采用光盘库存储；超过一年以上的需要长期保存的推荐使用 WORM（wrtie once read many）磁带作为主存储介质。

第三节 存储技术

　　每一种存储介质都有其存在的合理性，又都会有其自身的局限性，在选择存储介质的时候只能根据数据要求尽量扬长避短。现在存储技术的发展为解决存储费用与空间、效率之间的矛盾打开了新的思路，为弥补各存储介质的缺点作出了新的贡献。

一、LTO 技术

　　为了提高磁带的性能和能力，1997 年 11 月由 HP、IBM、Seagate 三家厂商联合制定了线性磁带开放协议 LTO（Linear Tape Open）。该协议基于服务系统、硬件数据压缩、优化磁道面和高效纠错技术，结合了线性多通道、双向磁带格式的优点。

　　LTO 技术有高速开放磁带格式 Ultrium 和快速访问开放磁带格式 Accelis 两种存储格式，分别满足不同用户的要求。Ultrium 磁带格式适用于数据备份、存储和归档，它采用单轴 1/2 英寸磁带，非压缩时存储容量为 100GB、传输速率最大为 20MB/s；压缩后存储容量可达 200GB，而且具有增长的空间。Accelis 磁带格式广泛地用于在线数据和数据恢复，它侧重于快速数据存储，能够很好地适用于自动操作环境。

　　LTO 项目合作是业界竞争性厂商间的合作共赢典范，取得了广泛的市场认可。惠普、IBM 和 Quantum 联合定义了每代 LTO 的技术标准（也被称为 Ultrium 标准），每家公司都可以获得许可证或根据标准开发符合特定 Ultrium 要求的磁带媒介/驱动器。这样所有兼容 Ultrium 的磁带媒介都可以在相应代的 Ultrium 磁带驱动器上运行。这种强大的互操作性，以及联合众多制造商大规模生产磁带驱动器和磁带媒介使他们占据了稳定的、具有绝对竞争实力的市场，同时也树立了标准采纳历史上的典范。

LTO-1 非压缩时存储容量为 100GB、传输速率最大为 20MB/s。 LTO-2 的容量上升为 200~400GB、数据传输速率上升到了 80MB/S。LTO-3 较 LTO-2 容量上增大一倍到 800GB，传输速率提高到 160MB/S，这使得 LTO-3 技术可以在一个小时内备份 576GB 数据。与 LTO-3 相比，LTO-4 的突出特点在于性能容量以及安全性上，其具有 1.6TB 压缩存储容量，数据传输速率可达 240MB/s，除了 WORM（单写多读）特点之外，还可以提供 256 位的磁带数据加密功能。LTO-4 能满足多种业务环境对无人值守备份、存档和灾难恢复的需求，并借助 MSL 磁带库基于 Web 的远程管理功能，用户可以从本地或远程轻松管理磁带库，以减少对本地 IT 人员的依赖。

崭新的 LTO-5 技术相较于 LTO-4 又提供了双倍的容量，对于需要长期存储与归档大量数据的用户而言，LTO-5 技术提供了优秀的性价比，同时 LTO-5 技术也在节能降耗上大下功夫，在待机模式下仅需 5 瓦电力，做到有效节能。LTO-5 技术还显示了一些非常实用的特点，比如：减少了使用磁带机的数量；通过更大容量和更快的吞吐率改善了备份解决方案；媒介分区和长期文件系统使磁带可以像磁盘一样使用等。因此，LTO-5 技术可以支持有长期保留需要但又要求相对快速随需恢复的不经常访问数据，而且也为那些在磁带上存储更经济的数据提供了大宗归档方式。随着 LTO 技术的不断成熟，LTO-6、LTO-7 技术被相继研发，成本低、消耗少、数据量大、存储安全，这些特性使得磁带的生命力越来越强，这也是现在磁带不能被磁盘或是固定硬盘完全取代的原因所在。

二、存储虚拟化

存储虚拟化是指用虚拟形式来抽象表示硬件资源，将物理存储系统从数据驱动的具体工作中分离出来，按需分配存储资源。虚拟化可将多个物理存储资源池虚拟化作一个存储资源实施集中管理，也可以逻辑方式将整个存储资源分成若干虚拟机，实现分区使用。

存储虚拟化的最大优势就是能够将多个物理存储系统整合成为少量大型

存储系统，这样便于管理，利用率也更高。另外，将存储资源分区使用户能够向某些应用分配足够的存储容量和性能，以满足服务级别协议的要求。存储虚拟化可在用户集中管理和快速分配资源的同时，使存储环境的整体性能和可用性都得到提高。

存储虚拟化可使磁盘对应用程序呈现磁带性能，这样虚拟磁带简化了备份、恢复以及归档等操作，既节约时间又节省经费。

目前市场上已有针对 SAN（磁盘和磁带）、NAS、文件系统和备份层的存储虚拟化技术。用户至少有四种选择来构建虚拟化架构：

1.通过软件实现虚拟化，即通过安装在主机或应用程序主机上的软件来实现虚拟化。

2.虚拟引擎可以是将虚拟卷描述传递给应用程序主机的带外（out-of-band）解决方案。

3.虚拟引擎可以是位于数据路径中的带内（in-band）解决方案。

4.通过光纤交换机和存储器微码实现虚拟化。

三、云计算技术

云计算（cloud computing）是分布式计算技术的一种，其最基本的概念是透过网络将庞大的计算处理程序自动拆分成无数个较小的子程序，再交由多部服务器所组成的庞大系统经搜寻、计算分析之后将处理结果回传给用户。透过这项技术，网络服务提供者可以在数秒之内，达成处理数以千万计甚至亿计的信息，达到和"超级计算机"同样强大效能的网络服务。

"云"是通过软件实现自动维护和管理的虚拟计算资源，无需人为参与，通常为一些大型服务器集群，包括计算服务器、存储服务器、宽带资源等等。云技术使用户无需为繁琐的细节而烦恼，能够更加专注于自己的业务，有利于创新和降低成本。

云计算技术听起来似乎离普通生活很遥远，但在日常生活中却无处不在，最初级的云计算技术，例如搜寻引擎、网络信箱等，已是网络中随处可见服务。

不久的将来像手机、GPS 等移动装置都可以通过云计算技术开发出更多的网络应用服务。进一步的云计算不仅只做资料搜寻、分析，在将来例如分析 DNA 结构、基因图谱定序、解析癌症细胞等，也都可以利用这项技术轻易达成。

云计算技术具有超强计算能力、存储虚拟化、数据高可靠性、应用通用性、高可扩展性、按需服务、管理成本低廉等优点，使云计算技术彻底改变未来的生活方式，低碳、经济，这些不仅是简单的技术提升，也是为人类社会的进步做出贡献。

但是当前云计算服务还垄断在私人机构或企业手中，他们仅仅能够提供的是商业信用。对于像政府机构、商业机构（特别像银行这样持有敏感数据的商业机构）对于选择云计算服务应保持足够的警惕。医疗机构的病案数据同样也是具有法律效力和签证能力的，不得不在选择云计算服务时保持高度的警惕。在将来如果国家能够出资兴建大型的数据中心推广云计算技术，这倒是医疗机构数据存储利用的一个很好的模式。

四、数据分级存储技术

这项技术已经发展了几十年时间，并非新技术，它的基本构想是在保持适当性能水平的前提下控制存储容量成本。在系统中，依据文件存取频率来决定相关文件的分级，系统可以将不经常存取的文件移动到 SATA 驱动器，而把经常存取的文件储存或移动到速度最快的存储设备上。

例如用光纤通道磁盘来储存 1 级最优先文件，那么固态硬盘就将被用来储存 0 级文件，其他数据则用大容量 SATA 磁盘来储存。当储存在较低层级的某个文件被存取时，它就可以在高性能高速缓存层级建立一个后台副本，确保以后可快速读取对应的文件数据。随着固态硬盘层存储空间被填满，存取频率最低的文件就被移动出去。文件写入操作被移动到后台磁盘以确保不影响复制和其他文件服务。

数据分级存储技术现在已经在固态硬盘中广泛使用，它能使固态硬盘实现更加合理、更加廉价的应用，避免资源浪费。

以上几种存储技术是 2009 年以来引发终端用户最大兴趣和厂商大肆宣传的四大存储技术，这些技术将在 2010 年也得到极大关注，并且开始从初期阶段进入到终端用户广泛应用阶段。这些技术的开发应用使存储介质发挥了更好的性能，为用户提供了更快更好更廉价的服务。

医院的信息化建设正处在初步建设之中，应该多借鉴这些先进的技术来实现又快又省的数字化服务，但是这些技术也都存在一定的实现困难，比如：存储虚拟化需要有相当的规模和经费来实现；而云技术在目前还需要大型商业型的服务提供商，而他们只能提供商业信誉级别的服务，对诸如银行、政府、医疗机构中需要保密的数据要用这类服务商还需慎重考虑。所以，这些技术在实现的过程中还需要进行反复的探讨和改进，才能在应用中推广。

第十三章 病历档案元数据描述

第一节 病历档案数字化标准困境

在实现不同系统之间的数据交换时，常常会遇到同一内容但字段名不同等标准不统一的问题。因而，要实现医院已建立的医院信息系统与数字化病案影像管理系统得无缝连接，实现系统间的充分信息共享，进行大量的医学信息交换，这必须需要一个统一的信息交换标准。然而，从一个标准的制定到执行都会存在种种困境，使得统一标准的生成一再拖延。

一、标准的制定困境

1.制定标准的利益相关者的利益给标准制定带来"可接受性"和"持续性"的问题。

2.保健行业也面临着"多重标准"的困境。ASTM 与 HL7 组织间协定的 CCD（continuity of Care Document）与 CAD 标准就是经典的多重标准困境。

3.由于每个医疗机构或部门的要求和复杂性不同，所以很难维持一个技术标准。

4.如果将发达国家的标准照搬到发展中国家也会存在由于文化背景、组织机构以及环境不同而造成的标准不适用。所以发展中国家在借鉴发达国家标准的技术框架的同时要注重结合本国的情况来制定相应的标准。

二、标准的认证困境

首先是缺乏评价认证机构的资质的标准，由谁来认证还是个问题；第二是有同等认证资质的平行机构怎样分工，对同一标准避免进行两次认证；第三，由于认证机构缺乏衡量认证的知识，认证标准的准确性有待商榷；第四，研究认证需要进行额外投资，所以受到经费的限制；第五，认证可能是永久的，也可能需要阶段性认证，也有可能在特殊时间内无效，这些都是要考虑的问题。

三、标准的实施困境

尽管现在 ICT（Information and Communication Technology）和 EMR（Electronic Medical Record 电子病案）系统在发展中国家得到了一定的重视，对于发展中国家的政策和医疗护理起到越来越重要的作用，但是要实行 EMR 仍有许多问题和挑战需要克服。其中包括：软硬件的兼容性、技术人员培训工作、陈旧的基础设施和缺乏质量控制等等。一些研究者还认为发展中国家里的数据搜集不完整、不准确、不可靠、不及时，因此 EMR 不大可能实现。他们担心这样条件下运行的 EMR 系统会加速错误的、低劣的数据分发，以至于不能表达真正的情况，其实更加延缓了发展。

在发达国家中也存在问题。由于每个医疗机构或部门只执行与本部门技术需求相关的标准，以至于使整个医院的综合系统间无法交流，更为甚者，由于缺乏标准化将导致决策时无法自动生成警报。同样，在美国一项调查显示美国的基础护理医生同时使用 264 种不同的 EMR，因此，EMR 系统的发展面临版权私有和不兼容的问题。

第二节 国外相关标准

要实现医院内部各系统之间实现无缝连接，使信息共享渠道更加畅通也需要一个统一的信息传输标准。现在国外已经在这方面制定了许多可适用的标准，如美国的 HL7（HealthLevel7）医疗信息交换标准等。现将一些相关标准做一下介绍。

一、卫生信息交换标准 HL7

HL7——Health Level Seven 是一个致力于研发国际保健标准的志愿的非盈利性组织，始建于 1987 年，于 1994 年由美国国家标准委员会认证成为有资格的标准组织。同时 HL7 也指该组织创建的一些专业标准。现在，HL7 倍许多美国以外的国际标准研发组织采用，所以也就不仅仅被美国国家标准委员会所公认。HL7 已被 ISO（国际标准化组织）作为国际标准化的核心采用，并被 ISO 认证为合作组织共同研发标准。第一部分共同开发的标准是 ISO/HL7 21731：2006 医疗信息学－HL7 version3－参考信息模式－发布令 1。

HL7 通讯协议汇集了不同厂商用来设计应用软件间接口的标准格式和数据传递的基本元素和结构，使得各个医疗机构不同的开放应用系统间，可以进行一些重要资料的沟通。HL7 通讯协议为电子保健信息的交换、合并、共享和检索提供了工作框架（及相关的标准），由此支持医疗机构的日常工作、信息管理、传送数据和保健服务的评价等，是现在世界上最通用的标准。其信息框架包含患者管理、申请单、查询、财务管理、观察报告、病案管理等 11 项内容，主要规定了数据传递的基本元素、结构和格式。HL7 通讯协议能够使信息按照统一的、持续的方式进行共享和加工。理论上，这样交流信息可以降低信息地孤岛和数据易变的趋势。HL7 研发了概念标准（Conceptual Standards 即 HL7 RIM）、记录标准（Document Standards 即 HL7 CDA）、应用标准（Application Standards 即 HL7 CCOW）、信息标准（Messaging Standards 即 HL7 V2.x and V3.0）。其中信息标准尤为重要，因为它定义了信息怎样包装和从一方至另一方交流。这些标准使得一个系统与另一个系统间的语言、结构和数据类型能够准确无误地整合。

由于社会制度不同，文化背景及医疗保健体制存在巨大差异，数据交换的内容要求也会不同。所以，我国不同信息系统之间的数据交换不可能完全照搬美国的 HL7。另外，在信息表达标准方面，HL7 的大多数信息代码表和代码元素没有规定明确的分类和代码，多为用户自定义。而且在 HL7 提供的代码表中，也不一定完全适用。其中少数信息代码表经过研究论证后，可以考虑是否有必要直接在我国应用，如治疗结果代码；其余大部分由于东西方文化和医疗保健制度的差异，我国在现阶段难以推行，如婚姻状况、患者的来源代码。也就是说，就信息表达而言，HL7 并没有提供一个国际通用的卫生信息标准。所以，即使我国卫生系统信息交换中采用 HL7 标准，其中的数据表达标准仍需要根据我国的实际和需求自行研制。

二、ISO/TC 215

ISO/TC 215 是国际标准化组织（ISO）中关于健康信息学方面的技术委员会。TC215 致力于健康信息的标准化及通信技术（Health Information Communications Technology）的发展，使不同系统间能够兼容并进行互操作；保证数据在统计上的兼容性（比如分类），尽力减少不必要的冗余。

ISO/TC215 包括以下几个工作组，每个工作组负责一个方面的工作。

工作组 1：数据结构

工作组 2：信息与通信

工作组 3：健康信息概念释意

工作组 4：信息安全

工作组 5：健康卡片

工作组 6：药剂学与药物经济

工作组 7：设备

工作组 8：电子病案的业务需求

这其中与病案数字化相关的部分有很多，病案数字化过程中须在这些标准的指导下进行才能为将来的应用做好准备。以下介绍一些 ISO 组织已经研发的卫生信息标准：

ISO21549-1：2004 卫生信息－病人健康卡数据－第 1 部分－一般结构。本部分标准是用来定义使用在病人体检保健卡上的受 ISO/IEC 7810 标准界定的符合体检要求的数据的结构。此标准定义了一个通用的框架，可适用于 ISO/TC 215 标准中其它部分用 UML 标记的不同类型数据。

ISO21549-2：2004 卫生信息－病人健康卡数据－第 2 部分－一般目标。本部分标准建立一个通用的内容框架和项目结构，用于创建医疗数据卡数据或便于别的数据项引用。ISO21549-3：2004 卫生信息－病人健康卡数据－第 3 部分－有限制的临床数据。本部分标准指定包含限定医疗数据项的基本数据框架。这些数据项可用 UML、纯文本或 ASN1 句法型式标记。

三、 Digital Imaging and Communications in Medicine（DICOM）

DICOM 医学数字图像通讯标准是关于处理、存储、打印、传输医学图像信息的标准，它包括文件格式定义和网络通信协议两部分。传输图像信息的两个系统是通过 TCP/IP 协议进行通信。DICOM 文件可在有能力传输 DICOM 格式的病案图像数据的两个医疗机构间交流。此标准是由 DICOM 标准委员会研发。美国国家电气制造商协会（National Electrical Manufacturers Association，NEMA）拥有此标准的版权。DICOM 标准使扫描仪、服务器、工作站、打印机和网络硬件等从多重制造商标准整合为医学影像存档与通信系统（picture archiving and communication system，PACS），各种不同的设备服从 DICOM 标准的一致表述，目前 DICOM 标准已被医院广泛采用。

四、 EN13606

Electronic Health Record Communication（EN13606）欧洲标准是用来规定一个单独的电子病历档案连续记录部分的严格稳定的信息框架。它支持各系统之间和设备间通过电子信息或下列款目对需要交流（使用、交换、增加或修改）的 EHR 数据进行互操作：

①创作者（医疗机构）保存的原始医疗信息；

②创作者或病人反馈的数据机密性。

这个欧洲标准中的信息模型是一个关于 EHR 摘要的 ISO RM-ODP 信息观点。此标准认为 EHR 是可能多公司或多国共同提供的关于一个病案主题的连续记录，此记录可创建并存储于一个或多个物理系统中以利于病人将来的护理或提供一个合法的医疗记录。当一个 EHR 的系统服务器要与其它的服务器互操作来提供术语、医疗知识、指南、工作流程、安全、个人登录、结帐时，这些标准只触及那些 EHR 自身所要求的互操作，并且对参考模型中允许交流的数据提出明确的要求。此标准将为 EHR 系统的设计提供一个实用的、有用的、外部界面普适的解决办法，使信息能够建立在异构的医疗系统上。

五、CEN/TC 251

CEN/TC251（CEN 技术委员会 251）是欧盟内部对健康信息交流技术（Health Information and Communications Technology，ICT）进行标准化的工作组。技术委员会包括以下工作组：医疗记录模型；术语学，代码，语义学和知识库；通信和信息；多媒体和成像；医学设备；和安全性，隐私，质量和安全。它的工作目标是使独立的系统之间能够达到兼容和互操作，并使电子病案系统模块化。工作组确立了支持医院管理进程的保健信息架构，制定了使系统能够共同使用的技术方法。目前，CEN/TC 251 已通过 ANSI HISPP 与美国医疗标准发展建立了合作关系。其中，CEN/TC251 有关安全性、隐私、质量的工作由第六工作组负责（WG6），它负责欧洲委员会的安全和机密性标准的发展。CEN TC 251 WG6

代表了欧洲委员会为发展健康信息的安全和机密性综合标准所做的努力。CEN TC 251 WG6 已完成了医疗信息系统的安全性分类和保护（COMPUSEC）的前期标准和数字签名标准。数字签名标准要求使用 RSA 的数字签名和鉴定运算法则。在信任系统方面的其它的标准工作正在由 TC251 WG6 与 TRUSTHEALTH 共同协作制定，TRUSTHEALTH 是被欧洲委员会支持的远程信息处理应用程序中的一个项目。此项目为支持数据机密性、文件原始鉴定、时间标志、存取鉴定和专业存取控制提供构建和测试技术安全服务。其它的 CEN TC 251 和/或欧洲委员会与医疗安全有关的项目包括：ISHTAR－欧洲安全医疗远程信息处理应用程序的实施（Implementation of Secure Healthcare Telematics Applications）；HAWSA；DAICARD3；MEDSEC；EUROMED-ETS（分布式信任第三方服务）和 SEMRIC（安全医疗记录信息通信）。

六、DC（都柏林核心元数据）

都柏林核心研究是一项跨国家、跨学科的研究活动，在国际上形成了一定的规模，该研究组织由 OCLC（美国联机图书馆中心）发起并组织，吸引了全世界图书馆界、计算机网络和数字图书馆研究、目录学等多学科领域的专家。都柏林核心元数据的目的是要建立一个广泛的元数据元素集，可以描述任何网络信息资源，并足够的简单以至任何作者无需专门的培训就可以创建自己文件的元数据。DC 具有创建和维护简单、广为理解的句法、系统互用性、可扩展性等特点。目前，DC 已经拥有 15 个基本元素，并可以使用 TYPE 和 SCHEME 限定词以及 LINK 参照对元素进行扩展。

经过多年的研究发展，DC 已能较好地解决网络资源的发现、控制和管理问题，并对现在数字图书馆的研究也很有意义。因此，世界各国、各地区在做电子资源描述时都广泛采纳借鉴 DC 元素。鉴于它的流行性、通用性，各管理系统软件开发商在做数字化管理系统时都在一定程度上复用它的元素对资源进行描述，所以在对数字化病历档案描述时也应借鉴其可通用的部分，这样有利于数字化病案系统与医院整个 HIS 系统（医院信息系统）的平滑链接。

第三节 国内相关标准

相对于国外的标准，国内的标准显然较为贫乏。不过"九五"以来，我国卫生信息化建设取得了明显进展，为全面实现卫生信息化奠定了基础。这些标准已于 2009 年 5~8 月陆续发布在国家卫生部的官方网站上广泛征求各方意见和建议。2009 年 12 月 31 日国家卫生部又将卫生部和国家中医药管理局组织制定的《电子病历基本架构与数据标准（试行）》下发到各大医院推广执行并深入学习。这无疑是对信息标准化的极大鼓励和支持。下面介绍一下我国现有的和试行的一些卫生信息标准。

一、国家卫生信息标准基础框架

2003 年 4 月，由卫生部信息化工作领导小组制定的《全国卫生信息化发展规划纲要 2003~2010 年》，将"统一标准"放在首位，作为卫生信息化建设的基础工作，强调"统一规范、统一代码、统一接口"。为了解决"标准不统一"的问题，2003 年底卫生部信息化工作领导小组启动了三个课题，解决不同层次、不同领域的卫生信息标准化问题。这三个课题包括：

1.医院基本数据集标准。

2.公共卫生信息系统基本数据集标准体系。

3.国家卫生信息标准基础框架。

2004 年 7 月，课题组提出了我国卫生信息框架的基本研究思路及相关的技术报告，通过对加拿大卫生信息框架、澳大利亚国家卫生信息模型和美国公共卫生概念数据模型的研究，决定参照《加拿大卫生信息框架》的基本结构，提出我国卫生信息框架的原则、结构与域。通过卫生信息框架中不同的域和构件，把复杂的卫生信息尽可能地条理化，使其类似图书馆分类架上的书目，便于将关键的信息片段进行有序的整合。

完整的国家卫生信息标准框架要经过一系列卫生信息标准研究来完成，至少应该形成以下标准文本：

其中基础框架（overall model）包括：

第一部分：中国卫生信息框架：原则、结构、域。

第二部分：中国卫生信息框架：承接关系模型与概念模型。

第三部分：中国卫生信息框架：主题域、类、属性、关系、数据类型与规范词汇。

第四部分：中国卫生信息框架：数据元规范。

第五部分：中国卫生信息框架：元数据规范。

在基础框架指导下开发以下领域框架、应用框架和数据集框架：

领域框架（context-specific model）

第六部分：国人健康指征信息概念框架。

第七部分：国家信息管理、统计与辅助决策信息概念框架。

第八部分：公共卫生信息概念框架。

第九部分：临床信息概念框架。

应用框架（application model）

第十部分：电子健康记录的定义、范围、内容框架与结构框架。

第十一部分：电子健康卡框架。

数据集框架（dataset model）（可根据需要增加其他数据集框架）

第十二部分：急诊、急救信息的数据集框架。

第十三部分：临床试验的数据集框架。

第十四部分：国家卫生服务数据集框架。

第十五部分：国家卫生统计调查数据集框架。

现阶段我国只完成试发布了第一部分和第二部分，第三和第四部分待发布，其它部分尚待开发。

二、健康档案基本架构与数据标准（试行）

2009 年 5 月，中华人民共和国卫生部在国家卫生部官方网站上发布了《健康档案基本架构与数据标准（试行）》。《健康档案基本架构与数据标准》主要包括两部分内容。

第一部分是"健康档案基本架构"，包括：

①健康档案的基本概念和系统架构；

②健康档案的作用和特点；

③健康档案的基本内容和信息来源。

第二部分是"健康档案数据标准"，包括：

①健康档案相关卫生服务基本数据集标准；

②健康档案公用数据元标准；

③健康档案数据元分类代码标准。

健康档案的各项标准现在卫生部官方网站上试行，征求各方意见。

健康档案数据标准目前主要包括三类：

1.健康档案相关卫生服务基本数据集标准。

基本数据集是指构成某个卫生事件（或活动）记录所必需的基本数据元集合。针对健康档案的主要信息来源，目前已制定出健康档案相关卫生服务基本数据集标准共 32 个。按照业务领域（主题）分为 3 个一级类目：基本信息、公共卫生、医疗服务。

2.健康档案公用数据元标准。

健康档案 32 个相关卫生服务基本数据集中共包含 2252 个数据元。其中两个或两个以上数据集中都包含的数据元，称为公用数据元。公用数据元是不同业务领域之间进行无歧义信息交换和数据共享的基础。健康档案公用数据元标准规定了健康档案所必须收集记录的公用数据元最小范围及数据元标准，目的是规范和统一健康档案的信息内涵和外延，指导健康档案数据库的规划设计。

3.健康档案数据元分类代码标准。

健康档案中的数据元之间存在着一定的层次结构关系。从信息学角度对数据元进行科学分类与编码，目的是为健康档案中来源于各种卫生服务记录的所有信息（数据元），建立一个统一的、标准化的信息分类框架，使得不同的信息（数据元）根据其不同的特性，能够分别定位和存储在相应的层级结构中，方便健康档案信息利用者的快速理解和共享。

三、《病历书写规范》

江苏省卫生厅 1981 年编印了《江苏省病历书写规范》，1987、1996 年又先后作了两次修订，2002 年又作了第三次修订，充分体现了《医疗事故处理条例》的要求，增加了一些新的内容，比如表格式病历，以适应实际工作的需要。鉴于国内尚缺乏病历书写与病历的专著，此书作为补阙正式出版发行。在国内没有其它详细的关于电子病历的规范的情况下，《病历书写规范》对电子病案概念、管理、设计思路、主要技术、执行依据等都做了初步的规定与规划，给国内病案数字化研究人员以有电子病历软件开发商的研发工作提供了很好的指导与启示。

四、健康档案公用数据元标准（试行）

健康档案公用数据元标准旨在统一和规范健康档案的信息内涵，指导健康档案数据库及相关健康管理信息系统的开发设计，支持健康档案与相关卫生服务活动以及其它信息资源库相互间的数据交换与共享；同时为相关卫生服务活动的信息管理规范化与标准化提供依据，为构建整体的卫生信息模型和国家卫生数据字典提供基础信息资源。此标准由中华人民共和国卫生部卫生信息标准专业委员会提出，由中华人民共和国卫生部归口。

健康档案公用数据元标准以数据元为标识单元，按照摘要式目录格式编制。本数据集中包括健康档案中基本信息、儿童保健、妇女保健、疾病控制、疾病管理、医疗服务等 6 个业务部分，共计 1163 个数据元、191 个数据元值域代码表。

五、住院病案首页基本数据集（试行）

住院病案首页基本数据集是我国居民健康档案卫生服务基本数据集标准的组成部分之一。本标准旨在为住院病案首页信息提供一套术语规范、定义明确、语义语境无歧义的基本数据集标准，以规范住院病案首页信息的内容，实现住院病案首页信息在收集、存储、发布、交换等应用中的一致性和可比性，保证住院病案首页信息的有效交换、统计和共享。

本标准以住院病案首页信息各记录项为对象，以数据元为标识单元，按照摘要式目录格式编制。包含 48 个数据元，15 个数据元值域代码表。

本标准由中华人民共和国卫生部卫生信息标准专业委员会提出；本标准由中华人民共和国卫生部归口。

六、门诊诊疗基本数据集（试行）

本标准旨在为健康档案所需门诊诊疗基本信息提供一套术语规范、定义明确、语义语境无歧义的基本数据集标准，以规范健康档案所需门诊基本信息的内容，实现门诊诊疗信息在收集、存储、发布、交换等应用中的一致性和可比性，保证患者门诊诊疗信息的有效交换、统计和共享。

本标准以患者一次门诊就医事件发生的时间、地点及临床诊断、检查、治疗的主要过程和结果信息为描述内容，以数据元为标识单元，按照摘要式目录格式编制。包含 38 个数据元，9 个数据元值域代码表。

本标准由中华人民共和国卫生部卫生信息标准专业委员会提出；本标准由中华人民共和国卫生部归口。

七、住院诊疗基本数据集（试行）

本标准旨在为住院诊疗信息和索引提供一套术语规范、定义明确、语义语境无歧义的基本数据集标准,以规范健康档案住院诊疗信息登记基本内容,实现健康档案住院诊疗信息在收集、存储、发布、交换等应用中的一致性和可比性,保证住院诊疗信息的有效交换、统计和共享。

本标准以患者一次住院事件发生的时间、地点及临床诊断、检查、治疗的主要过程和结果信息为描述内容,以基本信息各记录项为对象,以数据元为标识单元,按照摘要式目录格式编制。包含 51 个数据元,12 个数据元值域代码表。

本标准由中华人民共和国卫生部卫生信息标准专业委员会提出;本标准由中华人民共和国卫生部归口。

第四节 病历档案元数据方案

病历档案的项目繁多琐碎，专业性又很强，所以对其描述必然牵涉到大量的专业术语，不仅要借鉴 DC 或 VRAcore 等国际上流行的元数据，而更应该比照着 ISO/IEC 11179-3：2003（E）Information technology－Metadata registries、HL7、DICOM 等医学信息学专业的元数据以及我国现有试行的健康档案公用数据元标准、门诊诊疗、住院病案基本数据集等来确定病历档案的核心元数据部分。

一、方案的设计原则

（一）简单性与准确性

简单性主要指设计的描述元数据方案在著录实践时应较为简单，易于掌握。要充分考虑到将来应用的人员更多会是医疗机构中的医学领域的专家或研究人员等。在注重简单的同时也不能降低表达的准确性，以至于达不到检索的准确度和精度。因此，要同时考虑这两方面因素，作一权衡，正确取舍。

（二）专指度与通用性

由于病历档案的医学特殊性，需要根据具体情况来确定相应的元数据标准，尽量使用与医学领域相关的术语来表达，来提高对病历档案的专指度。同时，也必须考虑这些元数据标准在不同的医疗机构和不同地域的通用性。

（三）互操作性与易转换性

在建立本方案元数据时，不仅要考虑本地或参照的医疗机构的应用系统，也尽可能地使其他更大范围内的医疗机构所建立的应用系统方便操作。在具体应用上，互操作性表现为易转换性，即在所携信息损失最小的前提下，可方便地转换为其他医疗系统常用的元数据。这就要求综合考查各医疗机构间各种医学档案的共同点。虽然各地尽量确定较为通行的被广泛支持的元数据标准。

（四）可扩展性

由于病历档案所涉及的项目纷繁复杂，且各项目应用背景更为复杂，元数据标准只能提供最广泛意义上的描述，一些特殊应用背景的性质内容不能全部纳入，所以需要一些具体的更为细致精确的描述。应允许使用者在不破坏已规定的规范内容的条件下，扩充一些元素或修饰词并对其进行定义。

（五）用户需求

制定本方案的最终权衡标准还是用户需求。在元数据的结构与格式的设计、元素的增加与取舍、语义规则的制定等方面，都要尽可能地从用户的角度出发，增加系统与用户间的交互，为用户提供更多层次更为方便的检索体验。

二、病历档案元数据方案

本方案研究、开发的目标是建立既符合我国医疗机构情况又适应国际卫生信息标准的病历档案核心元数据方案，所以本方案在积极学习和借鉴国际国内先进经验的同时将它们做本地化处理。

本方案广泛借鉴 DC、HL7、ISO/IEC 11179-3：2003 （E） Information technology－Metadata registries、ISO/DIS 21549-3 Health informatics－Patient healthcard data－Part 3：Limited clinical data 等医学信息学专业的元数据标准以及我国现有试行的健康档案公用数据元标准、门诊诊疗基本数据集、住院病案首页基本数据集、住院诊疗基本数据集、个人信息基本数据集标准来确定病历档案的核心元数据。本方案以一个患者完整的一份病历档案为著录单位，这里面可能包括不同载体形态，不同文件类型，尽可能充分考虑了著录者、使用者的需求以及病历档案的特点和需求。本研究在借鉴上述标准的基础上，对相关医生进行采访调查，广泛征得意见的情况下，确定以下数据为病历档案的核心元数据方案。

元素名称	元素修饰词	编码体系修饰词	复用其他元数据标准
就诊机构名称			门诊诊疗基本数据集
患者信息	患者姓名		门诊诊疗基本数据集
	患者父母姓名		
	患者出生日期		
	患者婚姻状况	GB/T 2261.1-2003 个人基本信息分类与代码	
	患者性别		
日期			DC：date
	诊断日期	W3CDTF（基于ISO8601 规范的时间和日期的编码规则）	
	确诊日期		
	入院日期		
	出院日期		
	手术/操作日期		
权限			DC：rights
	访问权限		Dcterms：accessRights
	使用权限		
创建者			Dc：creator
	责任方式		
	责任者说明		
相关医师			DC：contributor
	责任方式		
	责任者说明		
格式			DC：format
	资源载体		
	资源篇幅		
	存储格式		

	扫描分辨率		
	技术细节		
诊疗科室名称			
	就诊科室		门诊诊疗 基本数据集
	入院科室		住院诊疗 基本数据集
	转科科室		住院病案首页 基本数据集
	出院科室		住院诊疗 基本数据集
患者编号			
	门诊号		门诊诊疗 基本数据集
	住院号		住院诊疗 基本数据集
	病案号		住院病案首页 基本数据集
疾病诊断名称			
	门诊疾病诊断名		门诊诊疗 基本数据集
	入院诊断	ICD-10 国际疾病分类 标准编码	住院诊疗 基本数据集
	出院诊断		住院诊疗 基本数据集
检查/检验			
	检查/检验类别	CV5199.01 检查/检验 类别	门诊诊疗 基本数据集
	检查/检验项目		
	检查/检验结果		
手术/操作			
	手术/操作名称		住院诊疗

			基本数据集
手术/操作	手术/操作目标部	CV5210.23 手术/操作体表	
药物纪录			住院诊疗基本数据集
	药物名称		
	用药起止日期		
药物纪录	药物类型	CV5301.06 药物类型代码	住院诊疗基本数据集
	药物剂型	CV5301.01 药物剂型代码	
	药物使用途径	CV5201.22 用药途径代码	
患者治疗结果		CV5501.11 治疗结果代码	
费用			
	住院费用类别	CV5600.03 住院费用类别代码	住院诊疗基本数据集
	门诊费用类别	CV5600.01 门诊费用分类代码	门诊诊疗基本数据集
	费用金额		住院诊疗基本数据集
	住院费用医疗付	CV5600.04 医疗付款方式代码	住院诊疗基本数据集
	门诊费用支付方	CV5600.02 支付方式代码	门诊诊疗基本数据集

病历档案元数据方案

三、病历档案元数据注释

（一）就诊机构名称

标识符：HRC00.02

名称：就诊机构名称

出处：中华人民共和国卫生部卫生信息标准专业委员会《住院诊疗基本数据集（试行）》

标签：就诊机构名称

定义：患者就诊卫生机构的名称

术语类型：元素

元素修饰词：无

编码体系修饰词：GB/T 17538-1998 全国干部、人事管理信息系统数据结构

（二）患者信息

标识符：HRA00.01

名称：患者信息

出处：中华人民共和国卫生部卫生信息标准专业委员会《个人信息基本数据集（试行）》

标签：患者信息

定义：患者的人口学特征基本信息

术语类型：元素

元素修饰词：患者姓名、患者父母姓名、患者出生日期、患者性别、患者婚姻状况

编码体系修饰词：GB/T 2261.1-2003 个人基本信息分类与代码

（三）日期

标识符：http://cdls.ntsl.gov.cn/basic/term/date

名称：日期

出处：Dublin Core Term:http://purl.org/dc/elements/1.1/

标签：日期

定义：指与患者到医疗机构进行诊治过程中某一医疗事件相关的日期

术语类型：元素

元素修饰词：诊断日期、确诊日期、入院日期、出院日期、手术/操作日期

编码体系修饰词：DCMIPeriod、W3CDTF

（四）权限

标识符：http://cdls.ntsl.gov.cn/basic/term/rights

名称：权限

出处：Dublin Core Term:http://purl.org/dc/elements/1.1/

标签：权限

定义：医疗机构在创建、使用、访问该病历档案资料时拥有的权利

注释：包括知识产权及其他相关权利。记录病历档案资料的数字化机构、版权所有者、授权所有者、授权使用期限、地点、次数等

术语类型：元素

元素修饰词：访问权限、使用权限

编码体系修饰词：无

（五）创建者

标识符：http://cdls.ntsl.gov.cn/basic/term/creator

名称：创建者

出处：Dublin Core Term:http://purl.org/dc/elements/1.1/

标签：创建者

定义：对创建患者病历档案内容负主要责任的实体

注释：创建患者病历档案的主要责任者的科别、姓名、职称

术语类型：元素

元素修饰词：责任方式、责任者说明

编码体系修饰词：无

关于修饰词的注释：

1.责任方式标明创建者与患者之间的关系，例如有：主管、门诊、麻醉、手术检查/检验等。

2.责任者说明解释了责任者的姓名、科别、职称

（六）相关医师

标识符：http://cdls.ntsl.gov.cn/basic/term/contributor

名称：其他责任者

出处：Dublin Core Term:http://purl.org/dc/elements/1.1/

标签：相关医师

定义：对患者病历档案内容创建作出贡献的其他责任者

注释：对患者病历档案内容创建作出贡献的其他责任者的姓名、科别、职称

术语类型：元素

元素修饰词：责任方式、责任者说明

编码体系修饰词：无

关于修饰词的注释：

1.责任方式标明创建者与患者之间的关系，例如有：主管、门诊、麻醉、手术检查/检验等。

2.责任者说明解释了责任者的姓名、科别、职称

（七）格式

标识符：http://cdls.ntsl.gov.cn/basic/term/format

名称：格式

出处：Dublin Core Term:http://purl.org/dc/elements/1.1/

标签：格式

定义：病历档案的物理或电子形态

注释：包括载体类型、资源篇幅（尺寸、时间）等，用于确定显示、操作资源所需的软件、硬件或是其他设备。有关资源篇幅、载体、技术细节的具体内容可用专门的修饰词表达

术语类型：元素

元素修饰词：资源载体、资源篇幅、存储格式、扫描分辨率、技术细节

编码体系修饰词：无

（八）诊疗科室名称

标识符：HR21.01.027

名称：就诊患者就医科室名称

出处：中华人民共和国卫生部卫生信息标准专业委员会《门诊诊疗基本数据集（试行）》

标签：诊疗科室名称

定义：指患者到医疗机构进行诊疗过程中与之发生医疗事件的科室

注释：指患者到医疗机构进行诊疗过程中与之发生医疗事件的科室的名称

术语类型：元素

元素修饰词：就诊科室、入院科室、转科科室、出院科室

编码体系修饰词：GB/T 17538-1998 全国干部、人事管理信息系统数据结构

（九）患者编号

标识符：HRO1.00.015

名称：门诊号

出处：中华人民共和国卫生部卫生信息标准专业委员会《门诊诊疗基本数据集（试行）》

标签：患者编号

定义：按照某一特定编码规则赋予就诊、住院对象的顺序号

术语类型：元素

元素修饰词：门诊号、住院号、病案号

编码体系修饰词：无

（十）疾病诊断名称

标识符：HR55.02.040

名称：疾病诊断名称

出处：中华人民共和国卫生部卫生信息标准专业委员会《门诊诊疗基本数据集（试行）》

标签：疾病诊断名称

定义：疾病诊断在特定分类代码体系中的名称，默认值为《国际疾病与健康相关问题分类代码 ICD-10》的疾病名称

术语类型：元素

元素修饰词：门诊疾病诊断名称、入院诊断名称、出院诊断名称

编码体系修饰词：国际疾病与健康相关问题分类代码 ICD-10

（十一）检查/检验

标识符：HRC00.01.301

名称：检查/检验

出处：中华人民共和国卫生部卫生信息标准专业委员会《门诊诊疗基本数据集（试行）》

标签：检查/检验

定义：患者在就诊医疗机构所做的检查/检验的类别、项目名称

术语类型：元素

元素修饰词：检查/检验类别、检查/检验项目、检查/检验结果

编码体系修饰词：CV5199.01 检查/检验类别代码

（十二）手术/操作

标识符：HR52.01.009.01

名称：手术/操作名称

出处：中华人民共和国卫生部卫生信息标准专业委员会《住院诊疗基本数据集（试行）》

标签：手术/操作

定义：患者在就诊医疗机构所做的手术/操作名称及目标部位名称

术语类型：元素

元素修饰词：手术/操作名称、手术/操作目标部位名称

编码体系修饰词：国际疾病分类临床修订版 ICD-9-CM、CV5201.23 手术/操作体表部位代码

（十三）用药记录

标识符：drug record

名称：用药记录

出处：中华人民共和国卫生部卫生信息标准专业委员会《住院诊疗基本数据集（试行）》

标签：用药记录

定义：患者在医疗机构就诊、住院期间所使用的药物记录

术语类型：元素

元素修饰词：药物名称、用药起止日期、药物类型、药物剂型、药物使用途径

编码体系修饰词：CV5301.06 药物类型代码、CV5301.01 药物剂型代码、CV5201.22 用药途径代码

（十四）患者治疗结果

标识符：HR55.01.043

名称：患者治疗结果代码

出处：中华人民共和国卫生部卫生信息标准专业委员会《住院诊疗基本数据集（试行）》

标签：患者治疗结果

定义：患者在医疗机构诊治后结果

术语类型：元素

元素修饰词：无

编码体系修饰词：CV5501.11 治疗结果代码

（十五）费用

标识符：HR56.00.002.01

名称：费用

出处：中华人民共和国卫生部卫生信息标准专业委员会《住院诊疗基本数据集（试行）》

标签：费用

定义：患者在医疗机构就诊期间所产生的各项费用记录

注释：患者在医疗机构就诊期间所产生的各项费用名称、类别以及支付方式

术语类型：元素

元素修饰词：门诊费用类别、住院费用类别、费用金额、门诊费用支付方式、住院费用医疗付款方式

编码体系修饰词：CV5600.01 门诊费用分类代码、CV5600.02 支付方式代码、CV5600.03 住院费用类别代码、CV5600.04 医疗付款方式代码

此元数据方案是在对病历档案各方面进行的调查分析的基础上提出的，包括对病历档案本身的分析调查，以及对病案室人员、医师的需求调查等。本元数据方案只是初步设计而形成的草案，要经过手工著录检验、征求意见、完成初稿、联机著录开放实验等过程才能进行开放试验，再到公开应用期。所以本文只做了初步的设计与讨论，关于应用试验作为后续研究内容。

第十四章 大数据与电子档案管理概述

第一节 大数据的定义

大数据，又被叫做巨量资料，指的是一种信息化的资产，这种信息化的资产需要被处理分析成一种可以提供决策依据的海量的信息。

由维克托·迈尔-舍恩伯格及肯尼斯·库克耶所撰写的《大数据时代》中，大数据被定义为用所有数据进行分析处理。大数据具有 4V 特点：Volume（大量）、Velocity（高速）、Variety（多样）、Value（价值）。

商业推动了 IT 不断向前发展，云计算就是一个有趣的例子。甲骨文 CEO 拉里·埃里森曾经对近两年大行其道的云计算表示不屑，因为云计算并不是一项新技术。但迫于市场竞争的压力，甲骨文还是在 2011 年推出了云计算战略。

大数据技术具有很高的战略意义，这种战略意义指的是拥有海量数据的同时，要有可以把这些数据进行有效的分析的方法，也就是说，必须要具备对海量数据进行加工整理并且分析其规律结果的能力。

从技术层面上来说，大数据的计算是无法由单独的计算机独立完成的，分布式架构是必须被应用的。大数据的特点在于对海量数据进行分布式的挖掘。

云时代已经到来，大数据也越来越得到人们的关注。大数据具有广泛的实际用途，通过海量的数据分析得出的规律，可以帮助我们对很多即将发生的问题进行预判，同时，对于政策的制定有着举足轻重的帮助。这些规律的发现在很多关系到民生的领域得到利用，就会改善人们的生活。同时避免了很多以前因为摸不清规律而走的弯路，节约大量的时间和金钱的成本。

在给人们的生活带来极大便利的同时，大数据也有其弊端。

很多隐私倡导者就很担心，由于越来越多的人开始关注到大数据进而开始进行相关数据的收集，无论他们会不会故意将收集的数据进行公开或者直接通过媒体进行公布，他们都在对个人的隐私构成一定的威胁。

同时对这些庞大数据的分析会造成我们对自己预测能力产生不真实的信心，这些不真实的信心会致使我们做出很多不正确甚至是危害到人们的决定。另外，某些数据如果被人为的操控，也会是一件非常危险的事情。

第二节 电子档案的定义

　　档案是机关、组织和个人在社会活动中形成的，作为历史记录保存起来以备查考的，文字、图像、声音及其它各种方式和载体的文件。

　　伴随着信息化时代的来临，档案的制作与管理也步入了电子化的时代，电子档案顺应历史潮流应运而生。我们所说的电子档案，是指在电脑硬盘中进行存储，以数字化进行存放的文字、图片、影像等资料。宋春燕在《电子档案的特点及管理要求》中指出"电子档案是档案工作中的新事物，具有传统纸质档案不具备的优点，能极大限度地提高工作效率。因此，档案管理者应顺应时代发展的潮流，正确积极地认识电子档案的特点，加强对电子档案管理的研究，使人类社会原始历史记录在信息时代得以真实、完整、可靠的保管。

　　电子档案作为一种数字化的文件与纸质档案相比具有明显的个性特征。第一，电子档案具备可复制的属性，传统的纸质类的档案，档案本身就是原件，而电子档案由于其数字化的属性，使其具备了可以不断复制的特点，这也是电子档案与传统的纸质类档案的本质区别之一。第二，电子档案具备操作方便的特点，在电子档案的制作过程中，对文字等进行增减、修改、删除等都非常方便，并且不会留下修改的痕迹，这就使得档案制作之后的页面非常的整洁，并且很容易制定统一的制作标准，方便在使用时对其进行检索。第三，电子档案有着对电脑的需求性的特点，电子档案的制作和存储以及调用都需要依赖计算机平台来完成。第四，电子档案方便实现档案资源的共享，用户可以依照权限迅速调取电子档案，所以在归档、整理、分类中的工作量就会大量减少，一份档案可以在不同的地点，不同的计算机，由不同的用户在同一时间调取使用，大大提高了工作效率。第五，电子档案具有传输的便捷性，通过网络等途径，电子档案非常迅速且安全的传递给需要调取的人，在这些方面，要比传统的纸质档案便捷很多。第六，电子档案对存储空间可以说进行了革命性的变革，节约了大量的空间，这点和纸质档案相比起来也是有着显著的区别的。

电子档案作为一种新型的档案类型，对档案的管理者业提出了新的要求，第一，档案制作管理者需要转变自己的工作习惯以及思维模式，并且要认识到电子档案作为新型的档案类型的重要性以及便捷性。尽快摆脱用纸质档案管理为根本的旧的工作习惯，树立以电子档案为基础的新时代档案管理的观念。第二，电子档案的制作和管理者要保证电子档案的质量，在信息的安全性、标准化、真实性等方面做好自己的工作。纸质文件具有原始性的特性，保存起来也很可靠，而电子文件不一样，即使完好的磁盘，由于外部条件的变化，也可能造成信息的无法读取。电子档案都是以某种计算机编码的形式保存下来的，随着计算机技术的不断发展，新型的编码不断产生，这对旧的编码形式的读取问题也可能造成一定的威胁。第三，档案的工作人员在保证电子档案的原始性方面的工作尤为的重要，电子档案相对于纸质档案来说更容易在保管的过程中被修改，并且不容易被人发现，这就对档案的保管者提出了新的技术方面的要求。第四，档案的管理者需要建立对电子档案进行集中统一的管理体系。由于文字、图片、影像等不同的文件都具有不同的存储类型，所以如果没有一个行之有效的集中统一管理，会造成大量数据的混乱存放，给文件的调取工作造成很大的困难。

第三节 医院电子档案管理概述

美国最受尊敬的心脏病学家、基因组学家之一埃里克·托普在《颠覆医疗：大数据时代的个人健康革命》一书中认为，个人基因组重测序技术以及一系列实时健康监测技术是未来能让每个个体明确知晓自身健康状况的有力工具，能赋予每个人更多的自由，自行选择相应的治疗方案。

医院的日常工作会产生大量的电子档案，也有大量的电子档案需要被调用，电子档案在实际的医疗工作中有着重要的作用，电子档案使用成本低，信息量大，检索方便快捷，传输速度快，这些优点极大的方便了用户，同时也给医院的档案工作者提出了新的课题。电子档案具有灵活方便、经济环保、便于共享等优点，但是由于它的特殊性，电子档案的整理和保护就显得特别重要。

近年来，各家医院在信息化建设中都不断加大投入的力度，像 HIS 系统（医院信息系统）、电子病历病案系统、OA 办公自动化系统等电子信息技术在医院的日常工作中迅速得到应用，网络办公、计算机办公已经普及，大量的电子文件在医院的日常工作中产生，医院的电子档案也随着信息化建设的进程而产生，这给医院的档案管理工作带来了新的动力。档案工作者应该站在用户的角度，坚持以用户为工作的中心点，建立为客户提供更加方便快捷、高品质的档案服务的工作指导思想。高品质的服务不仅要真实、有效的做好电子档案的制作和存储工作，还要不断优化信息的存储流程与调取流程，提高在档案使用中的用户体验。不断完善电子档案的管理体制，优化电子档案的服务平台，改进电子档案的服务流程。

目前，全国各大医院都在探索和建立电子医务系统，这也要求电子档案制作的工作必须不断改进完善。

电子医务要求医院各部门之间对于核心医务实现电子化办公以及网络化的传输，并且在各主要医务部门之间利用网络实现资源共享和搭建实时的通信系统，在医院各部门、各科室和公众之间也要建立好可以进行信息发布的双向沟通平台。

医院电子档案的建设必须依靠网络技术和信息技术，并且和医院的信息化基础建设密不可分，电子档案的科学化构成是电子医务发展的必备的基础条件。

医院的主体是由医务部门和行政职能科室构成，对不同工种的科室进行标准化的电子档案制作与管理也是有效的开展电子档案工作的必备条件。医院的电子档案建设不能只是把之前的纸质文档搬到电脑中，而是要根据各部门的特点进行分类整理，从而达到提高工作效率的目的。医院电子档案的结构图由信息源、共享平台、档案调用者和档案管理者和档案管理者四个部分组成，如下图所示。

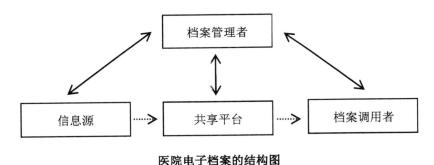

医院电子档案的结构图

一、医院管理系统

（一）医院管理基本构成

医院管理系统一般是对医院员工（包括医院、护士、收费人员），病人，住院部，收费进行管理，主要的功能模块有：医院员工管理模块、病人管理模块、住院部管理模块、收费管理模块，药品管理模块。

医院员工管理模块：主要管理医院员工在职职位、所属部门、个人基本信息以及相关业务信息，做到医院员工唯一确定可查找。

病人管理模块：主要管理病人从入院到健康出院期间的病历信息、个人基本信息以及在院相关信息，做到病人唯一确定可查找。

住院部管理模块：主要管理医院住院部信息和住院部内部病床的管理，做到病人在医院的位置唯一确定可查找。

收费管理模块：主要管理收费人员及收费相关信息，做到收费相关信息唯一确定可查找。

收费管理模块：主要管理收费人员及收费相关信息，做到收费相关信息唯一确定可查找。

药品管理模块：主要管理医院药品发放、存储、库存量和药品价格，做到病人手中的药品相关信息唯一确定可查找。

（二）主要流程分析

1.医患：病人来医院看病，确定其有无本院病历；为病人选择科室，医院为病人选派医生；对该病人挂号登录就医信息。

2.处方：医生为病人开取药方。

3.取药：病人拿着药方划价；收费缴费；拿取治疗药品。

4.住院：对住院的病人在住院部登记信息；住院部确定病人病房病床；安排护士辅助治疗和看护。

（三）医院管理系统 E-R 图

1.医院管理系统各实体属性

医生：医生员工号，医生姓名，医生性别，医生年龄，医生电话，科室

病人：病人编号，病人姓名，病人性别，病人年龄，病人电话，病历

住院部：住院部代号，病房号，病床号

护士：护士编号，护士姓名，护士性别，护士年龄，科室

药品：药品编号，药品名称，价格，数量，存储位置

收费：收费员编号，收费员姓名，病人编号，药品编号，数量，金额

2.实体之间的联系

医患：医生编号，病人编号

划价取药：收费员编号，药品编号，数量，价格

住院：病人编号，住院部编号，病房号，病床号

处方：医生员工号，药品编号，数量

从属：护士编号，住院部代号

支付：病人编号，收费员编号，价格

3.总 E-R 图

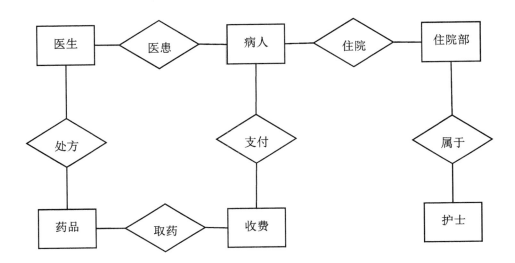

医院管理系统 E-R 图

二、医院管理系统数据表清单

（一）医院管理系统数据关系

医生（医生员工号，医生姓名，医生性别，医生年龄，医生电话，科室）

病人（病人编号，病人姓名，病人性别，病人年龄，病人电话，病历）

住院部（住院部代号，病房号，病床号）

护士（护士编号，护士姓名，护士性别，护士年龄，科室）

药品（药品编号，药品名称，价格，数量，存储位置）

收费（收费员编号，收费员姓名，病人编号，药品编号，数量，金额）

医患（医生编号，病人编号）

划价取药（收费员编号，药品编号，数量，价格）

住院（病人编号，住院部编号，病房号，病床号）

处方（医生员工号，药品编号，数量）

从属（护士编号，住院部代号）

支付（病人编号，收费员编号，价格）

（二）数据表清单

字段	含义	从属实体
Doctor_ID	医生员工号	医生
Dame	医生姓名	医生
Desks	医生性别	医生
Dage	医生年龄	医生
Dtel	医生电话	医生
Ddept	科室	医生
Patient_ID	病人编号	病人
Pname	病人姓名	病人
Psex	病人性别	病人
Page	病人年龄	病人
Ptel	病人电话	病人
Pinf	病历	病人
Ipd_ID	住院部代号	住院部
Room_No	病房号	住院部
Sickbed_No	病床号	住院部
Nurse_ID	护士编号	护士
Nname	护士姓名	护士
Nsex	护士性别	护士
Nage	护士年龄	护士
Depth	科室	护士
M_ID	药品编号	药品
Mnama	药品名称	药品
price	价格	药品

Quantity	数量	药品
Storage	存储位置	药品
Toll_ID	收费员编号	收费
Toll_Name	收费员姓名	收费
Patient_ID	病人编号	收费
M_ID	药品编号	收费
Drugs Quantity	药品数量	收费
Amount	金额	收费

医院管理系统数据表清单

三、检验科 LIS 系统（检验信息系统）

（一）检验科 LIS 系统基本流程

检验科 LIS 系统是检验信息系统的核心，它包括标本签收和分发、实验室检验和发布报告三个环节。

标本签收和分发是实验室检验的入口，接收标本的工作人员对接收到的标本进行初步筛选，把满足要求的标本送入实验室进行检验，把不符合要求的标本退回。同时还要对满足要求的标本进行简单的采集处理。

实验室检验阶段就是将标本进行处理并上机测试，如果检验过程中发现标本有问题需要退回重新采集，如果还需进一步检验可直接由检验科增加一些检验项目。

检验结果需要进行审核后才能够发布，审核权限由系统进行设置，对于明显异常的结果，系统应给予明显警告，以防发出错误报告。审核无误后进行报告打印。

（二）检验科 LIS 系统的优点

检验科 LIS 系统总体上优化了检验流程，节约了病人就医时间，通过计算机直接将检验结果传输给临床医生，从而降低了传输时间，而且查取报告单变得非常方便，只需要报告结果经审核后，门诊病区随时都可以打印检验报告单。

检验科 LIS 系统为临床诊断提供及时准确的检验结果,让医护人员可以及时准确的获得病人当前或以往积累的检查结果报告。同时利用计算机及网络技术对仪器作业的自动化管理,提高了工作效率,使检验信息能够全院共享。

检验科 LIS 系统实现了检验报告和检验申请单的电子化,将所有的检验报告信息安全完整的保存在数据服务器上,并提供实时自动查找检验结果,使检验科能与门诊部、住院部、临床科室等全院各部门之间有效协同工作。

(三)检验科 LIS 系统的应用

1.实现检验报告和检验申请单的无纸化,检验结果以电子形式存储在计算内,当需要时通过电子病历调出检验信息。提供实时自动查找检验结果:通过自动传真或远程打印可以将计算机处理的数据传送到护理区,也可传送到患者的电子病历上,整个报告过程都不需要使用纸张。

2.通过检验网络与医院主网络互联,实现了医院各个科室的数据共享,同时方便了医师诊断和检验科室的管理。

3.检验科 LIS 系统对检验过程的质量控制进行了全程的监控,确保每一个环节得到有力的保证,在相关的质控管理模块中,完成质控数据的统计分析工作。监测项目在核对显示同类项目标本的检验结果时,对任何标本的多项、少项或错项都能及时发现,快速进行修改。

(四)检验科 LIS 系统数据库分析

目前检验信息系统处在建设初期可能缺乏数据库方面的规划和经验,所以随着检验信息系统的运行,数据量的增长,可能引起检验信息系统数据库运行缓慢,不能满足医院检验业务日益增长的需要的问题,为了满足医院检验业务的需求,对检验信息系统数据库进行很多方面的优化,如优化查询语句、优化索引、优化数据库性能等。

四、影像科 PACS 系统（影像信息系统）

（一）PACS 系统概述

图像归档和通讯系统（Picture Archiving and Communication System，PACS）是医学影像计算机存档与传输，通过高速计算机设备及通讯网络，完成对图像信息的采集、存储、管理、处理及传输等功能，使得图像资料得以有效管理和充分利用。

PACS 系统在 20 世纪 80 年代中后期已有初步发展，当时所研究的医学影像系统主要采用专有设备；到 90 年代中期，随着计算机和网络通讯技术的发展，PACS 系统整体有了一定的发展；进入 21 世纪第一个 10 年后期，微机的普遍使用使医院数字化建设中 PACS 系统得以迅速发展。

PACS 可按规模和应用功能分为三类：

初级的 Mini（小型）PACS 局限于单一的影像部门。在医学影像科内，部分的实现影像的数字化传输、存储及显示等功能。

中级的 Local（科级）PACS 包括放射科的大部分数字影像设备 CT、MRI、DR、CR 等，常规 X 线设备的胶片可经胶片数字化后联入 PACS 系统，做到科内影像全数字化和无胶片化。

高级的 Full-service（全院性）PACS 包括所有医学成像设备，有独立的影像存储、拷贝及输出等功能并提供远程放射学服务，采用模块化结构设计。全院级的 PACS 系统也称为泛 PACS，它是包括放射影像、内镜、超声、病理、核医学、心电、脑电等所有与影像有关的功能科室的大型系统。

（二）影像科 PACS 工作流程

病人检查流程：①病人到影像科划价交费后到影像科室的分诊登记台登记，分配检查室。②登记完后到相应检查室做检查。③检查完后到休息区等候检查报告。

医生工作流程：①登记员将病人信息登入系统，系统自动将信息送入各检查设备上。②同时也发到影像工作站上。③影像设备技师得到病人信息后，对相应病人进行检查，并发送该病人影像到 PACS 中。④诊断医生从影像工作站中调阅病人信息，用相应图片及相应申请单来做报告，并保存在系统中。⑤审核医生从系统中调阅病人信息和影像图文报告，审阅后保存报告，并打印签字。⑥将审阅的报告发送给病人和临床医生（通过 PACS）。对于疑难病例在会诊工作站上会诊并签发报告。

（三）影像科 PACS 系统的应用

随着医院管理力度的逐步加强，尤其是 PACS 使用的深入，PACS 系统实现影像科室内部的工作流程管理信息化的问题正逐步得到解决。而放射影像管理子系统和病理管理子系统作为 PACS 中比较复杂的两个部分，其内部工作流程管理已基本得到标准化。

PACS 的迅速发展为医院的信息化建设提供了坚实的平台。PACS 通过网络将医院的 CT、CR、DR、DSA、MRI、数字胃肠等影像检查设备连接起来，将其数字化的图像信息传送到服务器中进行分类归档储存，按需要快速传输到相关的影像使用部门，从而实现医院影像的数字化传输和存储，促进影像的信息共享和长期保存。

实现 PACS 系统与其他 HIS 系统的连接与融合也是一个重要目标，PICS 系统主要是以图像信息为对象，而其他 HIS 系统主要是以文字为对象，两者的连接与融合对于医院信息化具有重要意义。PACS 系统与 HIS 系统进行了无缝整合，实现了影像科内部的无纸化，优化了科室的工作流程，提高了科室的管理水平，规范了科室的质量管理。影像资源实现了共享，有利于医院各部门之间的交流，提高了工作效率。

（四）PACS 系统数据库分析

在 PACS 系统里，数据库中主要包含文字、图像两种数据。

图像数据库基本特征：

1.传统数据库的基本性能；

2.数据类型支持；

3.处理和管理大量数据的能力；

4.信息检索性能；

5.多层次存储管理；

6.具有开放式连接；

7.数据的集成和文件服务。

图像数据库系统一般按客户/服务结构来运行。其结构主要由四部分组成：命令解释模块、图像处理模块、图像数据库管理系统和数据库。

图像数据库按层次划分的概念结构：第一层图像用户接口层：它直接面向用户，将图像数据准确、形象地表示给用户；第二层概念数据模型层：用户通过接口层的操作会被转化为对本层数据模型的操作；第三层存取与存贮数据模型层：将第二层的内容转化成一定的逻辑存储模型进行存取与存储；第四层是数据支撑层：负责实现最基本的数据关联和操作，如查询、添加、删除和修改等。

PACS 系统不仅仅是解决单个患者的图像信息归档与分析，而应以收集不同患者的信息、病与临床诊断报告相结合、获取相关疾病知识。随着信息电子化的发展，一个好的图像数据库对于 PACS 系统在医院的应用有着重要作用。

五、病案科 TS（示踪系统）

（一）病案示踪系统研究意义

病案作为医院信息最宝贵的资源，不仅是医疗、教学、科研的信息源，而且在诊疗、医疗保险、疾病预防、卫生保健、医院管理、法律等都发挥着重要作用，影响着人们生活的方方面面。病案在判定医患双方责任是非，维护医院利益和声誉，保护医务人员权益中具有极其重要的价值。然而随着病案数量的不断增加以及病案利用率的不断提高，其管理也成为一大难题，以往的人工管理经常会造成病案的丢失，这就需要有一个信息化的系统进行综合管理。病案示踪系统是针对病案的流通进行管理的系统，一旦形成病案，人们在利用的过程中必须对其利用理由、时间等进行登记，并且跟踪病案的流通去向，通过计算机进行管理。

（二）病案示踪系统概述及特色

病案示踪系统是利用信息技术的发展、条形码技术的成熟应用，将条形码自动识别技术应用到病案管理过程中的回收、整理、入库、归档、上架、下架、借（调）阅、归还的业务环节中，提高了数据采集和信息处理的速度，保证了运行环节中的准确率，为医院管理者提供详实、准确、及时的基础数据。该系统建立在条形码技术的基础上，能够准确地对住院病案进行借出、追踪、归档管理，提供病案去向信息，掌握病案的流向和使用情况，掌握科研病案及再次入院病案的使用情况。另外，还具有各种统计功能，统计数据快捷准确，如住院未归病案统计、借阅未归统计、工作量统计等。

病案示踪系统作为病案管理的子系统，其特点是可以全面快捷地掌握病案的流通状态及路径，对深入加强医院医疗工作监督管理和维护病案的法律文书权威性有着重要作用。病案示踪软件及条形码应用，可以大幅度地提高医院病案的利用效率，减轻病案管理人员的工作压力，是一种实用且有效的病案管理方式。

（三）病案示踪系统的功能设计

条形码编制：当病人第一次入院时，将其基本信息编制成条形码，利用条形码读写器进行录入，为病案信息化提供保障。

病案入库登记：对整理完成的病案，通过条形码阅读器在电脑上摄入注销。

病案出库登记：从病案库中调出所有病案，病案出库时要进行登记，包括病人姓名、病案号码、借出日期、借出医生等。

病案查询：将病人的姓名或住院号输入计算机，就马上显示病人的病案资料及去处。

病案示踪系统实行病案签收制度，加强了病案的管理和控制，能够记录每一个病人的病案的流动情况，防止病案的丢失。同时利用计算机示踪系统管理病案能够节省时间，提高工作效率。

六、病案首页管理系统 FSS 系统

（一）病案首页管理系统结构

病案首页管理系统是病案管理系统的一部分，它包含的基本内容有病人基本信息、住院信息、诊断信息、手术信息、过敏信息、患者费用、治疗结果、院内感染和病案质量等。不同的医院采用的病案首页管理也不同，但大多数病案首页管理都实现了电脑化,病历首页管理系统采用数据库语言编写，主要的功能模块包括：录入、修改、检索、打印、质量控制、辅助编码、病案流动管理和数据维护模块。

（二）病案首页管理系统的工作原理

该系统把病案首页信息分为五大部分，分别包括住院病人一般资料即姓名、年龄、性别等；出入院信息即出入院时间、科别、入院诊断等；出院诊断信息即出院主要诊断、次要诊断、并发症、损伤中毒原因等；手术信息即手术名称、日期、麻醉、愈合等；以及其他信息即血型、费用、经治医生等。各部分信息分别建立数据库，并分别按不同的关键字加以索引，五大数据库之间通过病案号及入院次数相互联系，从而能十分方便灵活地处理病案首页信息。

（三）病案首页管理系统的功能特点

病案首页管理系统对于病案的管理以及医疗人员的工作具有重要作用。

1.能快速输入病案资料：通过病案首页能够快速的记录病案资料，并能够方便的进行增加、修改。

2.具有防止误输入功能：日常工作中难免会出现错误输入操作，为保证数据的准确性，该系统具有选择性的接收输入信息的功能，即当输入的信息与该数据项数据类型不符时能够拒绝接受该项信息。

3.能够快速方便的检索相关信息：当需要某一病案记录时，能够快速的在大量数据记录中找到想要的信息。

4.具有辅助统计功能：系统能够根据输入的病案首页资料，统计出病例出现的频率以及该病例的诊断、治疗情况，供医生参考。

（四）病案首页管理系统的应用

病案管理的手段及现代化程度反映了一个医院的管理、医疗、教学、科研的质量和水平。病案信息量大涉及面广，利用传统的手工管理方法已不能适应现代医院管理要求，必须应用现代化的管理手段。随着微电子计算机的普及，我国大批医院已将微电脑应用于住院病案管理工作中，在硬件配备、软件开发、人员素质等方面都已取得了令人瞩目的成绩、病案管理实行微机管理对于提高工作效率和管理水平，实现病案管理的科学化，规范化，加速病案管理的现代化，起了巨大的推动作用，因此病案首页管理系统被广泛应用于医院的病案管理中去。

七、医师、护士记录的 CIS 系统

（一）医师、护士记录概述

医师、护士记录作为病案的一部分，是医院重要的档案资料。医疗记录，是医生采集病史和检查、诊治的记录，有医嘱单、入院记录、病程记录、病历、出院记录、转科记录、会诊记录等。护理记录，是护士记录病人的病情变化、治疗情况和所采取的护理措施，有体温单、医嘱单、医嘱记录单、特别护理记录单、护理交班记录、责任制护理记录等。

（二）医师、护士记录的意义

1.诊断治疗护理的依据，医师、护士记录是医务人员临床初中的原始记录文件，完整的病案记录是诊断、治疗、护理的重要依据。当病人出现危急情况，或再次入院治疗时，都需要根据既往的记录加以综合判断分析，才能做出正确的处理。

2.医院管理考核的重要信息和参考医师、护士记录的书写与记录可反映医院的服务质量和技术水平，它既是医院管理的重要信息，又是考核医护人员的参考资料。

3.病程记录在医疗纠纷中起着重要作用,医师、护士记录文件记录了病人在住院期间全部的病情变化及治疗过程,当发生医疗纠纷时可以作为重要的法律依据。

八、医院综合档案管理信息系统

(一)系统的技术结构

本研究采用目前国际流行的先进的 B/S 技术结构(即浏览器/服务器)设计模式,见下图所示。

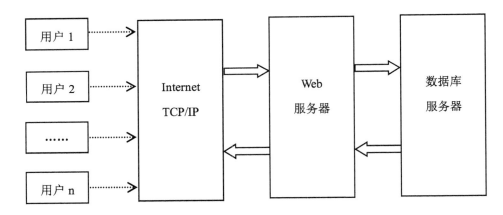

基于 B/S 模式的医院综合档案管理信息系统的技术结构图

B/S 结构能够在任何时间、任何地点为用户提供查询和打印档案题录的服务,比较适合非计算机专业人员使用。同时,由于档案管理软件系统由服务器管理员统一管理,保证了系统的安全性。

(二)系统的总体架构和技术路线

医院综合档案管理系统的总体架构是由门户层、应用层、数据层组成,见下图所示。

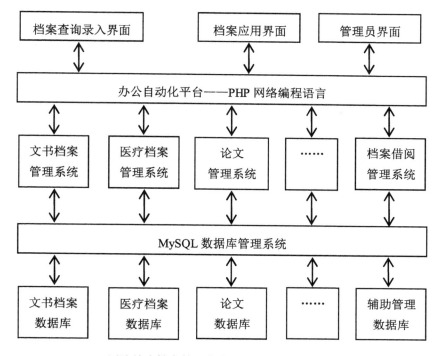

医院综合档案管理信息系统的总体架构图

1.门户层。包括门户网站以及客户端的查询、录入、借阅登记等界面；

2.应用层。包括文书、医疗、教学、论文、论著、课题、获奖、基建、设备、出版、财会等档案管理系统，以及档案查询、打印、录入、借阅等管理系统以及管理员管理系统；

3.数据层。包括文书、医疗、教学、论文、论著、课题、获奖、基建、设备、出版、财会等档案数据以及辅助管理数据库。

（三）系统的功能设计

1.系统的功能设计步骤

第一步：根据用户需求分析，建立相应的 MySQL 数据库，并建立相应的关联。按照节约资源、方便管理、相对安全的原则，分别建立文书、医疗、教学、论文、论著、课题、获奖、基建、设备、出版、财会等档案数据库以及辅助管理数据库。这样可以保证所管理的数据类型相对统一、相互关联。

第二步：在用户端，通过 Internet 网络和浏览器，用户可以远程访问 Web 服务器上的用户端界面，如档案查询界面、档案录入界面、管理员界面等。这些界面是通过网页设计软件，利用<HTML>+PHP 语言混合设计而成，由多选项表单构成。这些选项包括用户注册以及文书、医疗、教学、论文、论著、课题、获奖、基建、设备、出版、财会等档案的查询或录入等。以 Post 方式向 Web 服务器提交用户录入信息，以确保信息安全。同时，界面将服务器反馈的信息（如查询结果、档案题录等）显示给用户，通过 PHP 编程，使用户可以根据自己的需要，将反馈的信息以 Excel、TXT 或其他文件格式保存起来，以方便用户将来使用。

第三步：在服务器端，服务器程序根据用户端传来的数据，经解析得出查询关键字，再调用 MySQL 数据库管理系统所提供的插入、更新、删除等查询功能，对文书、医疗、教学、论文、论著、课题、获奖、基建、设备、出版、财会等档案管理数据表以及辅助管理数据进行操作，完成相应功能，并将结果反馈给用户端。

2.管理系统及其功能

（1）文书档案管理系统。可以按照部门、文号、发文时间、题名关键词等条件自由组合进行模糊查询，具有查询、打印、录入、借阅登记等功能。

（2）医疗档案管理系统。包括医疗成果奖等档案信息，可以按照科室、姓名、起止时间、关键词等条件自由组合进行模糊查询，具有查询、打印、录入、借阅登记等功能。

（3）教学档案管理系统。包括博士研究生、硕士研究生的档案信息，可以按照姓名、学号、学位、毕业时间等条件自由组合进行模糊查询，具有查询、打印、录入、借阅登记等功能。

（4）论文、论著、课题、获奖管理系统。可以按照科室、姓名、职称、起止时间、关键词等条件自由组合进行模糊查询，具有查询、打印、录入、借阅登记等功能。由于在利用个人成果档案信息时，需要从论文、论著、课题、获奖等 4 个档案管理模块中分别查询或打印题录，操作流程比较繁琐，从人性化设计的角度考虑，通过设计功能管理模块，实现一键完成从以上 4

个档案管理模块的查询或打印任务，合成个人成果档案题录。

（5）基建档案管理系统。是针对基建办公室设计的档案管理系统，可以按照建筑物、形成时间等条件自由组合进行模糊查询，具有查询、打印、录入、借阅登记等功能。

（6）设备档案管理系统。是针对物资供应部、网络信息办公室设计的档案管理系统，可以按照科室、仪器设备名称、购买时间等条件自由组合进行模糊查询，具有查询、打印、录入、借阅登记等功能。

（7）出版档案管理系统。是针对杂志社设计的档案管理系统，可以按照出版时间条件完成查询、录入、借阅登记等任务。

（8）财会档案管理系统。是针对财务部、资产管理部设计的档案管理系统，可以按照时间、题名等条件自由组合进行模糊查询，具有查询、打印、录入、借阅登记等功能。

（9）用户管理系统。对用户进行管理，按不同级别进行授权，以便用户对数据库进行操作。

（10）查询管理系统。方便用户对存档情况进行查询。

（11）录入管理系统。完成用户对文件材料题录的自主录入。

（12）借阅管理系统。办理档案借阅登记、归还和催还操作。

（四）系统的模块设计与功能实现

1.系统的界面

医院综合档案管理信息系统分为 2 个界面，即用户界面和管理员界面。用户与数据库管理最大限度地分开，对管理员界面进行 IP 地址复核。用户界面和管理员界面之所以分开，主要是从数据安全方面考虑。系统虽然为用户、管理员都提供了查询、打印、录入的功能，但是只有管理员拥有修改的权限。这些措施保证了数据库的安全性。

2.用户界面和管理员界面的管理模块及其功能

用户界面和管理员界面，都是由 13 个管理模块组成的，包括文书、医疗、教学、论文、论著、课题、获奖、基建、设备、出版、财会等 11 个档案管理模块以及 1 个系统管理模块，详见下图。

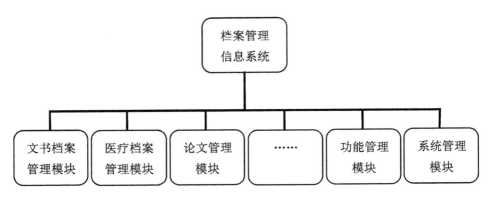

系统模块构成图

（1）用户界面和管理员界面的档案管理模块的基本功能。

用户界面的每个档案管理模块都包含查询、数据录入、录入数据管理等3个菜单（见下图所示）。

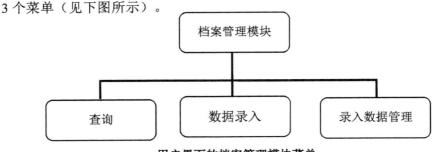

用户界面的档案管理模块菜单

管理员界面的每个档案模块都包含查询、数据录入、录入数据管理、录入数据批量管理等4个菜单（详见下图）。

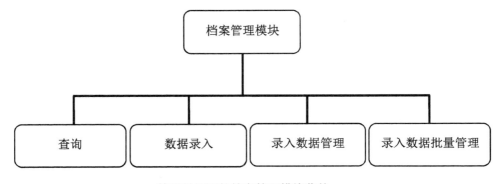

管理员界面的档案管理模块菜单

以上菜单的具体功能是：

①查询菜单：支持各种模糊查询，即不用输入全部查询内容，只要输入所要查询的相关字段的关键字，就可以查找到满足条件的相关条目的列表。点击相关条目前面的记录号，就可以以标准表格的形式显示，并支持 IE 浏览器所提供的打印等相关功能。

②数据录入菜单：在用户界面，向用户提供自主录入界面，用户可以按照提示，自主录入数据表所需要的内容。数据录入过程中，设有重复录入的检查和提示功能。点击提交按钮，用户录入的信息会被存储到一个与主数据表结构完全相同的临时数据表中，等待用户持文件材料原件到综合档案室存档。在管理员界面，管理员也可以进行数据录入。

③录入数据管理菜单：在用户界面，可以显示用户提交的所有数据项，用户可以对其录入的信息进行修改并再次提交。在管理员界面，待用户将文件材料原件存档后，管理员可以根据用户录入的记录号和用户姓名，查询用户录入的信息，经审核或修改无误后，点击提交按钮，向主数据表提交用户录入的信息，并从临时数据表中删除该数据项。

④录入数据批量管理菜单：该菜单只提供给管理员使用，用于定期删除临时数据表中的垃圾数据。由于可能存在用户恶意录入以及用户在录入后长期未到综合档案室存档的情况，会产生许多垃圾数据占用系统空间。通过录入数据批量管理功能，可以批量删除用户在规定时间内未存档的文件材料信息，以保证系统的正常运行。

（2）用户界面和管理员界面的功能管理模块的基本功能。

用户界面和管理员界面的功能管理模块都包含个人成果档案题录集中打印的功能（即一键完成从论文、论著、课题、获奖等4个档案管理模块的打印任务，合成个人成果档案题录）、借阅查看和管理的功能。同时，功能管理模块为未来系统功能的扩充留有空间,需要增加的系统功能可以在此添加。

（3）用户界面和管理员界面的系统管理模块的基本功能。

用户界面的系统管理模块包含查看系统日志、留言管理、密码管理等 3个菜单（见下图所示）。

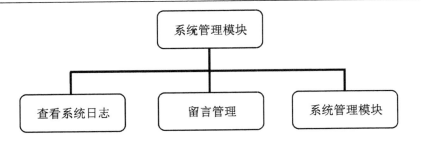

用户界面的系统管理模块菜单

管理员界面的系统管理模块包含系统日志管理、留言管理、数据库备份或恢复管理、密码管理等4个菜单（见下图所示）。

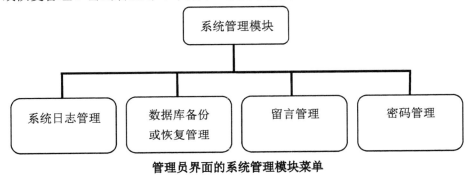

管理员界面的系统管理模块菜单

以上菜单的具体功能是：

①查看系统日志：用于用户查看系统日志。

②系统日志管理：该菜单只提供给管理员使用。通过统一的专用数据表来管理系统日志，系统日志由程序自动生成。管理员通过浏览系统日志，可以对访问人次进行统计，对访问操作进行记录，对数据的修改进行跟踪，对恶意用户的 IP 地址进行屏蔽。

③数据库备份或恢复管理：该菜单只提供给管理员使用。为保证数据的安全性，管理员定期将数据备份到本地磁盘，以备恢复系统时使用。该菜单还提供了数据备份的还原功能。

④留言管理：在用户界面，提供给用户留言的功能。在管理员界面，提供给管理员查看和删除留言数据表的功能。

⑤密码管理：用户和管理员都可以对用户密码进行修改，以保证数据库的使用安全。

第四节 大数据时代医院电子档案的重要意义

首先，为临床的诊疗提供有力的帮助作用。在医学领域，现在普遍存在过度治疗和治疗不足两种状况，这两种状况都将给患者的治疗带来消极的影响。即使对于同一个病人的同一种病症来说，在不同的医疗机构治疗中，都会采用不同的治疗及护理的方案，在这些不同的方案的治疗下，患者的治疗效果和所花费的费用也是截然不同的，所以一种行之有效的标准化的治疗方案对于科学诊疗来说的重要性不言而喻。在大数据时代，在充足的电子档案的基础之上利用计算机系统可以对患者的体征数据、治疗效果数据、治疗花销的数据进行系统的分析，这样的分析结果可以帮助医生在临床诊疗的过程中使用对于患者来说最实际也最有效果的方案。这样也就能很大程度上避免做出过度医疗和治疗不足带来的负面效应。

通过对已有电子档案的有效分析和患者对于症状的描述，在任何一个医疗机构中，电脑系统都可以即时提供几种可行的治疗方案。这些治疗的方案为临床医生提供了很好的理论依据，同时极大的提高了诊疗的安全性，对于降低平均住院日、减少患者的诊疗费用都有非常实际的作用。

其次，为医院的内部数据分析提供数据基础。电子档案除了在临床医疗的过程中发挥重要的作用，在医院内部数据分析中的作用也是不可小视的。从前大量的纸质文件产生的报表，使得医院很难获得准确有效的内部运行数据，但是在大数据时代，通过对电子文档的规范化制作，可以很快的分析出某项结果。同时对于全局运行结果的统计和分析也更加的全面。在这些分析结果的基础上，医院可以很方便的做出自我的运行评价，从而提高医院的服务质量并且有效的控制医院运行成本。这种做法改变了过去对于单一案例的长期跟踪的分析方法，大大提高了结果的准确性，减少了很多随机性。

通过对医院日常运行产生数据和临床诊疗情况数据的调取、自动归档、安全存储，实现医院对于科室的运行提出合理有效的指导性方案，为领导的决策、医院发展方向的制定提供了有力的科学化的数据保障。

第三，提高医学实验的效率。大量的医疗电子档案还有一个重要的作用就是对病症可以进行分析，同时和医疗实验室的实验数据进行对比，从而得出相关性的结论。这种结论可以大大提高医疗科研的集成化，为新的技术转化为生产力提供更快的理论依据条件。这种结论不会受到人为观念的影响，可以说是真实的发自于数据内部的理论依据。这对帮助患者更早更及时的采取必要而有效的治疗方案有很大的作用。

第四，加快新药问世，同时降低药品风险。在药品被研制出来之后到可以临床使用必须要经过漫长的实验过程，而多地点不同时间的实验结果在统计上存在着很大的风险，很容易由于人为的原因造成数据的不准确，这种不准确对于实验结果来说可以说是致命的。电子文档统一格式的报表结果正是对于这一风险的有效规避方式。这将大大加快新药的面世时间。同时对于有些存在风险的新药也有了很有效的防范措施。

第五，提供个性化的诊疗服务。

个性化医疗也是目前的热点问题，在科学合理的诊疗方案的基础上，由于病人个体情况的不同，效果往往也是各异的，针对不同的患者采用个性化的治疗，可以帮助患者更快的痊愈。

个性化医疗目前还处在初期阶段。麦肯锡估计，在某些案例中，通过减少处方药量可以减少 30%~70% 的医疗成本。比如，早期发现和治疗可以显著降低肺癌给医疗卫生系统造成的负担，因为早期的手术费用只是后期治疗费用的一半。

大数据的使用对于公共健康的监控来说也是一把利器，国家卫生部门可以通过全国医院的电子病历系统快速汇总数据，分析出可能发生或者已经发生的疫情，从而在第一时间进行预防工作。这将给社会带来诸多的好处，减少医疗的费用，降低发生传染病的风险，有助于人们创造更加美好的生活。

第十五章 医院电子档案管理的现状分析

第一节 医院电子医务取得的成绩

医院信息系统建设也要适应医疗改革的需求,进一步向深层次方向发展,建立面向临床的数字化医院,实现医疗信息共享,利用信息技术简化就医流程,降低成本,提高工作效率,减少重复检查,方便患者就医,解决看病难、看病贵的实质问题。电子医务当前几乎涵盖了医院日常工作的各个方面,涉及到诸多的管理系统,包括门诊预约、挂号收费、住院记录、出院收费、病案管理、经济统计、OA 自动化办公系统等等,这些大量的计算机系统会产生大量的电子档案。

目前在电子医务方面主要有以下几个方面的建设:

一、电子病历的建设

医院病案管理的信息化建设随着医院信息系统建设水平的提高而得以完善,病案管理人员应用条形码、数码、射频识别等现代化技术,不同的岗位使用不同的管理系统。目前,全国对于电子病历的建设都很重视,但是对其称谓不尽相同,电子病历主要涵盖了电子化的医疗记录、电子化健康状况记录、患者临床诊疗的电子记录、保健体检等方面的电子记录。

这些方面的电子化记录,被统一叫做电子病历。

电子病历系统是现代医院信息管理系统建立与发展中的一项重要内容。通过电子病历系统的建立,使得患者在就医时从挂号到治疗结束中所有的过程都省去了手工程序，极大地提高了就医效率，提高了医院的服务水平，也减少了传统就医中流程中断所引起的医患矛盾。电子病历可以保存患者从初次就诊直至一生的所有健康状况的信息。

作为临床医疗工作的重要参考数据，电子病历可以说非常有效地提高了诊疗的速度，因为电子病历的调取以及检索功能要比以前的纸质病历快捷很多。电子病历不仅仅是以前纸质病历的"电子扫描版本"，电子病历在共享、统计、检索、分类、存储等各个方面都是和纸质病历有着本质化的区别的。只有实现电子病历的数字化建设，才能为电子医务的发展提供坚实的基础。

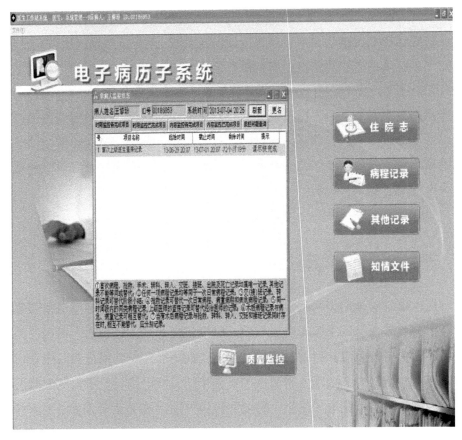

电子病历系统软件操作界面截图

上图为医院电子病历系统操作界面的截图，通过上图我们可以看到，在实际的操作中,操作者可以通过右侧的四个选项进入住院志、病程记录、其他记录、知情文件的子系统,在进入到这些子系统之后,又会分辨显示出对应的标准化的文本文档,在这些文本文档中可以进行对患者的相关信息的写入,操作界面的下方还有质量监控按钮,这个是由科室内部以及质量控制部门进行操作的子系统。

在此系统中,可以清楚的以标准化的模板记录患者在住院时的信息,包括住院号、入出院的时间、姓名、性别、年龄、联系方式等重要信息,这些信息为以后的检索提供了实现的条件。

电子病历文档在时间跨度上是非常长的,很多电子病历是要跨越人的一生的,在如此长的时间跨度上进行记录,就要求在前期对于电子文档的格式、编码有一个很好的预判,因为计算机技术发展迅速,编码格式更换频繁,所以没有一套可以长久使用的编码格式,几十年后必将会造成信息的缺失。

从电子病历的内容上看,电子病历记录不仅记录了传统病历里面记录的医生手写的诊疗记录,而且还包含了大量的检查数据,这些数据有文字,有图形,有表格,还有影像等多种格式的内容。包含出生信息、体检信息、疫苗接种等种种细节。这种详细的记录给以后的医生在诊疗过程中提供了很好的数据参考。

电子病历在功能上来说已经完全超越了之前的纸张式的病历了,病历可以直接打印给患者,而不再需要每次损耗式的复印病历。这对于信息的长久的、无损的保存来说是非常重要的。

同时电子病历的保密功能也比传统的纸质病历要好,只要对电子病历的调阅权限加以控制,就能很好的控制病人信息外流的问题。节约了大量的时间成本和人力成本,由于计算机承担了大量的分析、存储功能,并且对病历的书写提供了电子文本式的模板,这就节约了大量的人力资源来保管档案,在电子病历的书写上也更加的高效、快捷、准确。

电子病历是一种主动式的为病人服务的技术手段,以前的纸质档案只是一种被动式的填充记录,无法进行智能化的分析、汇总,电子病历通过计算机,可以主动式的为病人提供服务,这也是电子病历的真正的意义展现。

二、医院临床信息记录系统的建设

医疗工作是医院的中心工作，也是重中之重，医疗工作同时又具有很多的随机性和不可预知性，所以在医院的实际日常工作中，临床的信息记录系统的建设就显得更为的复杂化，它要处理的数据的从数量、门类、复杂性来说也都是最大的。

在医院的临床信息记录系统中一般会利用很多在管理系统中共享的电子文档数据，这些数据的获得又可以为医院的管理者很好的统计和分析临床繁杂而庞大的数据。临床信息系统一般被使用在医院的门诊诊疗过程、病房使用过程、各种医技科室的检查过程等一线工作中。

从某种意义上来说，医院的临床信息记录系统和医院管理信息记录系统一起构成了一家医院的整体信息化系统。临床信息记录系统与管理信息记录的不同点在于，临床信息记录系统的主要使用者是一线工作的医疗工作者，包括医生、护士、医技科室的工作人员等。

三、临床检验科室检验结果报告系统

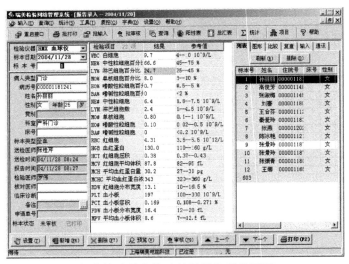

临床检验科室检验结果报告系统界面

在医院的检验报告系统可以自动接入到我们之前所说的临床信息记录系统中的数据，在病人在医技科室进行检查之后，病人的信息都会自动读取至检验科结果报告系统中，包括患者的姓名、年龄、住院号、门诊号、送检的医生等信息。在检验结果报告系统界面的左上方可以显示检验的项目、检验的时间、对检验标本的编号等；界面左边下半部分为病人信息的输入区域；界面最中央的主题区域是检验结果的详细显示；界面的右侧的区域列出了当天的所有检查人员的列表，方便使用者对当前检查者的快速查找。同时在界面的底部可以进行快速的编辑，包括打印等操作。当检查结果一旦做出之后，系统会实时更新到临床信息记录系统中来。

四、权限管理系统的建设

建立医院信息化标准，使医院信息系统成为重点，将专业细分化，应用软件小型化，将新技术融入医院信息系统，把现代管理作为新目标。

当前，我国的医疗体制改革不断的深入，各种的医疗保险伴随着绝大部分公民的一生，这其中包括新型农村合作医疗、城镇居民医疗保险、各种保险公司的医疗保险等。

医疗卫生领域的资金流入越来越多，医疗市场的发展不断加速，居民的健康意识也不断增强，这些都促使我国的医疗卫生机构必须在发展的同时不断提高服务水平，使医生不断提升自身的医疗业务能力，医务部门也必须加强对自身系统的监管，例如处方权的使用、麻醉药品使用的处方权、抗生素类药品使用的处方权、医学诊断证明的合理开具等多个方面。这就需要一套行之有效的管理系统与临床的医学系统可以对应，方便管理者进行数据统筹。定期或者不定期的对医疗人员进行考核，做到对工作人员的动态监控。

当然这些管控的目的都是为了确保就诊的患者可以得到及时、有效、快捷的医疗服务。权限的管理解决了每一级的医师和医院的管理者对于医院医疗全局的了解的基数。

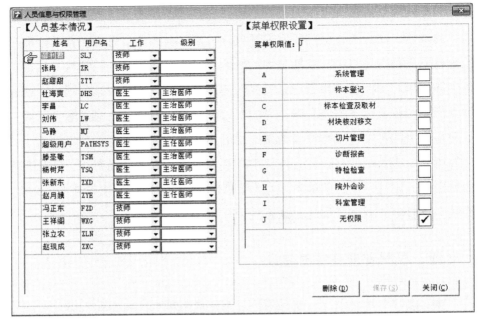

科室内人员权限管理系统页面

如上图所示，人员的基本情况包括了这个可是内部所有人员的姓名、用户名、工作内容、级别等多项内容。右半部分为权限的设置，包括具体的业务的项目明细，可以进行多项目的选择。科室领导可以根据实际的业务能力水平进行权限的管理，实现动态的调整。

在实际工作中，有些情况下还需要对某人的某项工作进行临时的授权，这在权限系统内部操作也是可以实现的，可以通过系统的自动临时授权方式加以解决。一旦患者发生紧急的需要立刻处置的情况，可以向电子病历系统的管理者临时申请上级权限的特殊方式以获得临时的上级权限，方便对患者进行紧急的救治。

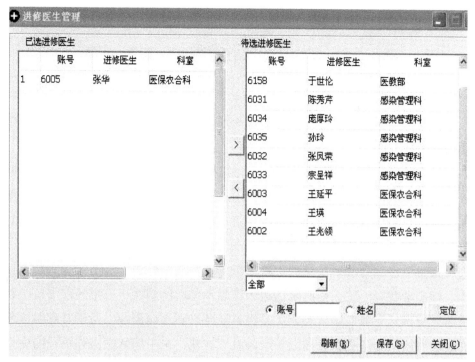

进修医生权限管理子系统界面

如上图所示，右侧包括了所有进修医生的名单和所属科室，在这里可以进行权限的修改，并且可以实时监控他们的授权情况。

第二节 医院电子档案管理存在的问题

任何一所医院，要想成功的管理和经营，一定要有良好的信息管理和信息处理系统。

随着信息化建设的不断深入，医院信息系统的应用范围不断拓展，医院临床医疗和医院管理正逐步向网络化、信息化和自动化迈进。建设一个完整的医院信息系统安全体系，在医院信息化建设过程中显得越来越重要。计算机网络在保证现代医院网络信息安全和系统安全中越来越显示出它的优势，大大推进了医院管理现代化的进程。卫生部自 2010 年开展电子病历试点工作，标志着我国一些大型医院的医院信息系统已经到达了一定的水平，医院信息化建设对完善医院管理模式具有重要意义和深渊影响。由于互联网技术的快速发展，电子档案也随之不断的发展变化，电子档案在医疗单位的安全管理也显得尤为的重要，如何保障医疗单位的电子档案安全有效的存储已经成为了一个必须被重视的问题。

当前对于传统的纸质媒介的档案存储，已经有了一套相当成熟的管理制度，各大医院都配备了专门的房间进行档案存储，并且有专人进行档案的管理工作，对于一些涉密的文件也有着严格的审阅的权限制度。但是对电子类档案，一般都没有详细的操作规程，特别是权限的划分上也存在着很多技术上的空白。

另外电子档案的存储在各家医院也基本属于各自为战，没有专门的电子档案的存储人员，更没有详细的安全管理制度，电子档案的管理和使用者有可能在无意间就造成了电子档案的缺失和损坏。

电子档案的安全有效的使用,不只是关系到了电子档案自身的安全存储，更加会涉及到医院所有与电子档案工作有关系的科室的正常工作能够顺利的开展，因此医院的电子档案管理过程中的安全性隐患不容小视。

一、安全性隐患

（一）防火墙访问防范措施不健全

"信息就是财富，安全才有价值"。随着计算机网络的不断发展和深入应用，全国各地医院的信息化建设迅速展开。医院信息系统一旦投入运行，要求能每天 24 小时不间断运行，其安全问题就成为系统能够持续正常运行的关键。

医院的办公网络都是由内部网络和外部网络共同组成的，防火墙是内部网络和外部网络之间的最重要的屏障保护，也是现在最有效的网络安全措施。计算机的防火墙处于计算机网络安全的最底层，网络之间的安全认证和安全传输都是由防火墙负责完成的，同时防火墙还要完成网络信息的过滤任务，并且为各种应用程序提供对应的安全保护。

如今的防火墙产品在保护用户的数据安全、保护计算机免收病毒和黑客的入侵等方面有着越来越出色的表现。

因此，在电子档案管理系统的内部网络和外部互联网之间安装相应的防火墙设施，可以有效的保护电子档案的安全，同时可以根据网络对话信息，应用程序的使用访问网络的用户以及被访问的用户等信息进行网络访问的控制，保证网络的整体安全，同时最大限度的保护了电子档案的安全。

（二）对于网络入侵检测防御的能力不强

随着当前信息技术的不断发展，越来越多的单位和组织开始借助于计算机网络来完善工作流程和提高工作效率。网络入侵防御设备 （Intrusion Prevention System，IPS） 可以在电子文档系统所在的网络遭受到入侵之前开始对电子档案的安全提供保护，这种保护对用户的风险告知，自动切断网络连接等，最终目的就是要组织网络入侵行为的发生。

医疗单位的电子档案管理采用网络入侵检测防御系统也是十分有必要的，它可以弥补防火墙在某些方面能力不足的现象。

网络入侵检测防御系统应该被安置在医院电子档案管理系统的前置网络

中，当网络攻击发生时，无论是来自于医院内部的网络系统，还是外部网络系统，都可以同时起到对电子档案数据的保护作用。

目前在大多数医院的网络系统中，网络入侵防御系统老旧，不及时更新，有的甚至长时间无人监管，这样的做法使得当网络入侵发生时，电子档案系统会直接暴露在网络入侵者的眼前，无法实时的保护电子档案，如果一旦发生网络入侵者对电子档案的自行修改，对某些关键性数据进行拷贝删除等，就比必将给医院带来巨大的损失，甚至是灾难性的，同时对于患者来说，如果某些检验和诊断信息被恶意修改，对于患者的生命健康来说也是一种巨大的威胁。

（三）对于先进的安全理念的接受较慢

由于医院的医疗系统是一套庞大的很长时间建立起来的综合体，各个子系统之间又都需要相互间的协调工作，这就使得在医疗系统中应用新的安全技术变得相对来说比较缓慢，一旦新的安全技术投入使用之后对各个子系统的磨合过程也需要很长时间，这些种种原因也造成了在医院中，电子档案的安全化建设相对滞后和缓慢，现有的电子档案的安全系统无法与快速发展的医疗技术相适应。

（四）客户端众多且类型不同造成的安全隐患

前面我们介绍了医院的各个电子医务的子系统，在终端的子系统间不断调用的电子文档的安全性隐患也很大，由于系统众多，对于电子文档的使用权限的划分就显得非常的重要，而由于医疗的特殊性所在，很多时候又需要临时为很多用户增加或者减少权限，这也非常容易造成权限使用的混乱，从而造成对原电子文档安全性的威胁。

（五）电子档案工作人员的安全意识不强

在医院的电子档案管理工作中，有些电子档案管理工作人员的安全意识不强也给电子档案的管理造成了很大安全隐患，这些隐患主要有以下几种情况，首先，存在工作人员使用内网电脑连接外部互联网的情况，增加了电子文档被感染病毒的几率；其次，对于电子文档管理工作的专用计算机随意安装软件，有些来自于网上下载的软件会捆绑病毒或插件，这也给电脑造成了安全威胁。第三，U盘不经过查杀病毒直接在电子档案管理电脑上使用，U盘对于病毒的传播概率是很大的。第四，风险意识不强，对于一些电脑上的未知文件随意打开，这些文件很有可能都是具有欺骗性的伪装文件。

（六）安全规章制度不健全

由于医院的中心工作是医疗工作，在详细的医疗规章制度的背后，电子档案的安全机制就显得很薄弱，没有安全规章制度的建立就很难实现真正的安全化的管理。

综上所述，目前在医院的电子档案管理工作中的安全方面的隐患还是不少的，需要医疗机构提起足够的重视。

二、存储标准不规范

（一）文字类档案存储不规范

首先对于文字类的电子档案的名称缺少规范化的管理，没有一种可以长期使用的分类别的编号命名方式，这就造成了文字类电子文档在调用时无法按照统一的标准进行检索，特别是一些突发事件或者非日常类的文字类电子文档，更是没有统一的分类。

其次，对于文字类的电子文档的保存格式没有统一的标准，现在常用的文字类文档的格式有很多，比如.txt（纯文字文档），.rtf（丰富文本格式），.doc（微软 Word 文档），.xls（微软 Excel 表格），.ppt（微软 PowerPoint 演示文稿），.htm/html（网页），.wpd（Corel WordPerfect 文档）以及.pdf（可移植文档格式）等等。这些文档格式有些需要专门的软件才能够打开，格式众多，也为电子文档安全存储的兼容性造成了很大的困难。

（二）管理方式上存在问题

图片文件相对于文本文档来说有着更多的文件格式，如 bmp、jpg、tiff、gif、pcx、tga、exif、fpx、svg、psd、cdr、pcd、dxf、ufo、eps、ai、raw 等。这些多种多样的图片格式在存储体积和存储质量上有着很大的差别，目前医院电子档案里的图片文件相对来说格式比较多种多样，这些图片有些体积巨大，有些可以用于冲印，有些则不能，这些没有在归档的时候做好格式转换的图片文件给之后的调用者造成了很大的困难。

视频文件也存在着图片文件类似的问题，avi、mpeg、mov 等等视频格式，高清、标清文件，种种不同格式的视频文件如果在存档时没有做好格式统一，那么后期在使用时就会要花费掉数倍的时间来进行转码。

（三）其他类型的电子文档存储不规范

这些电子档案无法以统一的格式进行接收和存储，随着计算机技术的不断发展，必然有些编码形式会慢慢的退出历史舞台，这些被淘汰的格式就会造成电子文档在完整性上的缺失。

由于电子文档具有电子编码的特性，可以人为的进行修改而不留下修改的痕迹，目前医院的很多电子文档在使用中往往被使用者有意或者无意间进行了改动，而由于电子文档在归档时缺乏统一的管理，对某些关键信息不进行权限的设置，也没有任何的加密防护，电子文档在形成的过程中也缺乏随时的数字化签名，这些改动很容易就被忽视掉了，以至于最后在使用时已经无法分清所调用的文件是不是原始文档了。

电子文件的分类方法与传统的纸质类文件有着很大的不同，每一个单独的文件都可以作为独立个体进行管理，但是目前的医院的电子档案管理工作往往对文件名称的编号方式很混乱，在归档期间有些就被放置在了错误的位置，那么在调取时就很难找到了。

存储标准的不规范还表现在归档程序的混乱以及存储硬盘等载体的不确定性，有的文件只有一份存储文件，这就加大了电子档案安全存储的风险，因为硬盘的屋里结构限制其并不是永远都是百分之百安全的，任何外力或者自然因素造成的硬盘损坏，就会使得只有一份存储的电子文档遭到破坏。

还有就是很多电子文档管理的工作人员在对电子文档进行归档时不进行鉴定，使得档案的质量和真伪都得不到保证。很多重要的有价值的文档由于没有得到鉴定，很快就被埋没在海量的日常工作文档之中了。

在进行归档时只是简单的拷贝，没有根据内容进行主题词的登记标注，使得很多医学文档无法被调用，利用率很低。

三、检索、调用中存在的问题

近些年，信息化建设在全国医疗系统中的发展突飞猛进，医疗机构购置电子化资源信息的进程也是日益加快。与此相对应，在日常工作中需要检索的文件类型也发生了本质上的转变，由之前的纸质类的文档转变成我们现在所使用电子文档，并且目前这种电子类的文档已经取代纸质文档成为了我们日常文件使用的主角。

在现在的医学体系中，已经离不开这些电子文档。在海量的电子文档的日常使用中，大部分医疗工作者都可以进行基本的文献检索和调用，但是在达到这个基本层次之后，就会陷入到了一种停滞不前的状态中。究其原因，主要有一下几个方面的问题。

（一）在进行检索和调取中使用的工具存在的主要问题

第一，绝大多数的搜索都依赖于互联网的搜索引擎，而对医院购买的医疗数据库的使用不充分。

互联网的搜索引擎具有操作简单、更新快、内容丰富等特点，大部分的医疗工作者的日常搜索都是依赖于网页搜索，并且认为互联网搜索是无所不能的，任何自己需要的资源都可以在互联网上搜索到。与此同时，医疗机构所购买的数据库则没有得到医疗工作者足够的重视。2015 年 1 月，在某医院 OA 办公系统中进行的一份调查问卷显示，85%的医院受访者在需要进行搜索时使用互联网的搜索引擎，而只有 15%的受访者表示曾经使用过医院所提供的医疗数据库。

互联网搜索得到的内容数量多且种类十分的丰富，但是在数量多的同时，质量却得不到保证，并且在技术文献领域的资料十分的匮乏。而医院数据库内有着大量的医疗技术文献，这些文献都是经过医学领域的专业人员审核过的，在质量上和准确度上可以得到很好的保证。所以，数据库的不充分使用，检索的单一性是电子档案在医疗领域使用中存在的一大问题所在。

第二，在数据库的使用中只进行中文的检索，而很少会对英文文献进行检索。

目前，由于欧美国家的医疗技术水平在很多方面要优于我国，很多国际领先的技术类文献都是使用的英文，但是医疗工作者在进行数据检索时往往只是局限在中文文献，这样就导致了很多先进的技术资料被忽略，造成了一种资源上的浪费。

当然，英语的水平问题也是不可忽略的一个重要因素，很多医疗工作者由于常年都不会使用到英语，再加上所学的英语水平也是参差不齐的，也导致了很难流畅的阅读英文文献资料。

第三，对于检索工具了解的不全面，造成了效率低下，浪费时间成本。

很多医疗工作者在搜索到电子档案之后就开始进行全文的通篇阅读，这也是很多初级使用者在调取档案后的习惯性操作。但是很多电子档案在数据库中都提供摘要的阅读方式，简单的阅读甄选过后的摘要部分，阅读者本就可以迅速地分析出电子文档是不是自己所需要的。但是目前在医疗系统中，一部分医疗工作者并不了解这种阅读方式，不知道在检索的时候可以实现这种高效快捷的方式，还有一部分医疗工作者对摘要的阅读方式存在着很大的误区，觉得摘要就是不全面的，就是残缺的。这些在检索和调用上的实物导致了大量的时间成本被浪费，工作的效率低下，同时由于精力有限，也不可避免的错过了很多自己需要的电子文档。

第四，检索时对于类型的选择过于单一。

医院数据库中除了文献类的电子文档，还有很多的电子类的图书报纸、会议记录、学位论文、各种报告等，这些不同类型的电子文档在实际使用中有着不同作用，它们之间可以起到很好的互补作用，不同类型的电子文档共同作用，构成了学术研究的保障体系。

在日常的电子文档检索调用过程中，医疗工作者往往只注意期刊类的数据库，这也致使很多有用的电子文档被忽略，仅仅选择一种类型是片面和不科学的。

（二）在电子文档检索时的使用技巧存在问题

第一，检索方式过于单一。

很多医疗工作者在检索电子档案时，习惯于采用系统默认的检索方式，而系统默认的检索方式一般都是最简单的初级检索方式。在实际的检索工作中，检索系统都会提供种类丰富的检索方式，比如高级检索和专家检索等方式。例如，一些先进的数据库还会采用二次检索服务。这些检索功能强大并且十分快捷，检索这可以根据需求进行选择。但是在医疗系统目前的电子档案使用，这些检索的方式基本很少会被使用，检索的方式过于单一依赖于初级检索方式。

第二，检索内容冗长，对于关键词缺乏认知。

在日常的浏览器检索使用中，很多人习惯于对于一句话的输入检索，这几十个字的检索内容，在网页搜索引擎中是可以被使用的。受到这种搜索习惯的影响，很多医疗工作者在使用医院的电子档案时，也习惯于使用长句作为搜索的内容，这样的搜索方式导致了大量有用的电子文档被遗漏，甚至如果搜索的字数过多，还会导致根本无法搜索到相关内容，直接影响了搜索结果的显示。但是目前，在医疗电子档案的检索工作中，很多人对于关键词的区分还是无法熟练掌握的，对关键词的提取也存在着误区，这也从另外一个方面直接导致了电子文档系统的资源浪费。

第三，思想上对于检索工作的不重视。

在医院的电子档案管理的实际工作中，很多电子档案的调用者对于自己的检索技巧并不能够清楚的认识，在自己没有搜索到所需要的内容的时候，往往会默认为系统中没有自己所需要的内容。这就对电子文档的检索使用者提出了在检索技巧方面的新的要求，不能简单的以为随便的输入就一定会得到自己所需要的内容，必须要善于发现在检索过程中存在的问题。

第四，没有充分认识到多次检索的重要作用。

很多医院电子档案的使用者，在第一次检索时如果没有检索到自己所需要的文件时，就会选择放弃继续检索，这也是医院电子档案在检索调用中的一大问题，实际上，很多专业电子档案工作者，也很难一次检索就可以获得自己理想的搜索结果，很多都是要经过多次反复的搜索，在搜索的过程中不断的改进自己搜索的关键词、搜索的方式、搜索的范围等，最后才能得到自己想要的检索结果。

四、垃圾数据多

随着医院信息化建设步伐的不断加大，各种档案数据库不断被设立并投入到使用之中，数据库拥有海量的医疗护理、行政管理、后勤保障等多方面的电子文档，方便高效、种类丰富的检索方式提高了使用者在检索和调用电子文档时的效率。但是与海量的有效的电子文档同时产生还有很多无用的电子文档，这些垃圾数据占用着大量的存储空间，同时对检索结果也起着误导作用。

垃圾数据的种类很多，在医疗系统的电子档案管理工作中产生的垃圾数据主要有以下几种。

第一，语法错误的电子档案，语法错误指的是在电子档案的记录中，某个位置写入的数据内容或者数据类型与该位置应该写入的数据不相符。例如，在医院的人事电子档案中，有些电子档案的出生日期为空白，有些电子档案的民族填写处却写的是阿拉伯数字。这些错误的输入语法都有可能直接导致这个电子档案变成垃圾数据。

第二，逻辑错误的电子档案，逻辑错误指的就是在电子档案的记录中，某个文职写入的数据内容或者数据类型如该位置应该写入的数据类型统一，但是却不符合客观规律或者正常的思维逻辑。例如，在医院的基建科室的电子档案中，有的电子档案对于医院的面积的描述为1000米乘以1950米，但是逻辑错误的电子档案却描述成了1米乘以1.95米。这种数据在人工检查时很容易被发现，因为它不符合人们的正常思维模式。

第三，内容相同或者及其相似的电子文档，这种类型的垃圾档案在医院的电子档案中很常见。例如，在医院宣传可是存储的图片电子档案中，很多照片在拍摄时有照相机默认编号进行了对照片的命名，在照片被拷贝到电脑之后，拍摄者对照片的名字进行了修改，之后很有可能又被照片的使用者依照自己的主观认识对名称进行了修改，在几次的修改之后，同一张照片就有了多个名字，这些名字在计算机看来会被认成是不同内容的文件，这就给电子档案的使用者制造了很大的难题，有可能在几次不同的关键词搜索之后得到的内容是完全一样的。

同样的问题在其他格式的电子档案存储过程中也是很常见的，甚至有些占据着大量的空间且不容易被发现问题。例如影像类的电子档案，由专业摄像机拍摄所得的影像资料，往往有着自己特殊的编码格式，如某医院所使用的佳能 XF305 摄像机，这种摄像机所记录的影片为 MXF 的数据格式，这种数据格式所占据的空间巨大而且一般的民用播放软件无法正常播放，这就需要由专业的剪辑软件将其打开，进行粗剪，去掉不需要的部分影片，然后转换成标准的存档格式进行存储。

目前部分医院所使用的影像剪辑平台为苹果的 finalcut 剪辑系统，因此所有的视频文件都已 mov 的格式进行存储。但是有时如果剪辑者在对剪辑过后的文件进行生成之后，没有删除较早的原文件，也就是摄像机的原生 MXF 文件的话，那么系统里就会留下这两种格式的同内容的视频文件。又由于 MXF 文件的数据量巨大，给存储造成了很大的压力。另外 MXF 的不易读取性也给电子档案的调用者在使用时造成了很大的困难。

垃圾数据导致电子档案系统的运行不稳定，由于计算机采用精确的数据计算方式，有些垃圾电子档案的错误数据虽然在人们看来是完全可以理解错误字符的内容的，但是计算机却会无法识别。例如在医院的很多报表中使用了中文数字进行数据的记录，这些数据在日常工作中被用到时，人们是完全可以理解这些数据的意义的，但是在计算机的数据库中，当阿拉伯数字和这些中国数字被混合到一起时就会造成了系统的误读。

在医院日常电子档案管理工作中，还有很多这种错误导致的系统问题，比如全角和半角字符的不区分使用，大小写的混乱使用等。这些日常注意不到的错误，都给电子档案系统的稳定运行增加了极大的风险。

人为的对垃圾数据的不重视以及不规范操作导致的大量垃圾数据。在某些权限管理不严格的系统里，有些电子档案使用者在进行某项事情的时候，对所调用的数据为了记忆方便进行人为的重命名，这些被重命名的文件会给之后的使用者在检索时造成极大的困难。

对数据的检查工作做得不够，电子档案目录输入是人为的基础性的工作，在电子档案管理的工作中，这项工作由于其重复性强的特点造成了很多电子档案工作者的怠慢，从而在日复一日的工作中产生了大量的数据误差，这些误差虽然是人为操作的，但是也是不可避免的。可是在医院的电子档案管理工作中却十分缺乏一种检查的机制，缺少了例行的检查工作，使得这些被认为输入错误的数据永久性的成为了垃圾档案。

对垃圾数据的清理工作无法很好的执行。有很多垃圾数据文件长期存在于电子档案系统之中，但是电子档案的管理者对很多垃圾文件并不了解，也没有权限擅自进行修正，造成了很多的垃圾数据成了"老大难"问题。一方面存储的空间有限，新的电子档案不断需要存储，垃圾数据却占据着大量的存储空间。另一方面，删掉某些垃圾数据又担心造成数据的缺失。

另外关于垃圾数据清理的协调工作做得也不好，很多找不到原始的存入者，这也使得大量的垃圾电子档案长期的存在于电子档案系统之中。

第三节 医院电子档案管理存在问题的原因分析

一、客观原因

电子档案的整理归档工作难度高，电子档案具备着高效、方便、快捷的特点，为了可以很快的检索到所需要的电子文档，要求电子文档管理者必须在做好电子档案的归档工作，使电子档案无论何时被需求都可以很快的被调取使用。这就要求电子档案的工作人员除了必须对电子文档进行处理，还需要对与电子文档有关的元数据进行处理，由此可能会导致涉及到多于电子档案本身几倍甚至几十倍的大量的元数据资料，也就意味着档案工作者需要对此付出更多的工作量。社会对于档案工作的不重视、不理解，档案工作往往被理解为简单的存放就可以了，没有任何的技术含量，这种认识导致在很多单位中电子档案工作长期被冷落，发展缓慢。

二、主观原因

第一，医院电子档案管理工作权责不明确，管理部分过多且分散。

医院的电子档案一般由一下几个部分组成：

1.文书类的电子档案、人事档案、经济档案等，这类档案目前在医疗系统中一般由医院的行政科室进行保存。

2.图片、影像等宣传类的媒体资料、这类资料一般由医院的宣传类科室进行保存。

3.患者的医疗病历，这类由于和临床医疗有着密切的关系，在医疗体系中一般是由专门的病案管理科室进行保存。

4.医技科室的 X 光片档案、检查化验类的档案。这类档案一般是由负责检查的科室内部自己保存。

5.日常办公产生的电子类的文档，这类文档分散在个人办公电脑理。

6.文献、资料类科研电子文档，这类文档一般存储于医院的图书馆的电子文档系统中。这些众多种类的电子文档分别属于医院的不同分支部门进行管理，这些类型的文档之间又充满了各种交集，很难非常明确的划分清楚这些部门之间在电子文档管理工作中的各自权限，并且这些部门之间很多时候也是缺乏有效的沟通。一旦出现了问题，就会出现谁都有权利管，而谁又不管的局面。

第二，医院电子档案管理的意识环节薄弱。

目前医院虽然都在进行信息化建设，建立了电子化的档案室，但是很多医院都属于知识搭建了一个电子化档案的空壳，机构有了，但是没有树立电子档案存储的意识，日常众多的分支部门产生的海量的电子文档没有人有意识的进行科学化的保存，更多的时候是随意的保存在个人的办公电脑里，缺乏及时归档的意识，导致电子档案丢失的现象时有发生。所以，电子档案管理意识上的薄弱也是造成电子档案在医院发展存在诸多问题的原因之一。

第三，电子档案管理制度不健全。

医院电子档案管理制度的不健全对医院电子档案的安全性来说是一个很大的威胁，没有一个行之有效的工作制度，权限不明确，造成了电子档案管理工作的混乱。

第四，领导重视不够、资金匮乏。

很多医院建立了电子档案室之后缺乏持续性的资金支持，电子档案室的设备陈旧，安全隐患大。防火墙，入侵检测等技术设备没有资金来源。这些看不见摸不着的威胁，不像过去的档案室的安全威胁那么明显，这也是重视不够的很大原因。

第五，工作人员水平不高，缺乏长期有效的培训。

由于医院的电子档案管理科室众多，所以电子档案的管理者也不在少数，这些管理者分散在不同的岗位，有的甚至身兼数职，对电子档案管理的知识有些人甚至十分的匮乏，在日常的工作中，对于网络安全、计算机病毒的防范、电子档案使用权限的管理、电子档案的归档等工作存在各种不合理的现象。同时医疗又是一门专业性非常强的专业，很多电子档案如果没有一定的医学知识基础的话很难看明白内容，这也给电子档案的管理人员提出了更高的要求。

第六，电子档案管理工作的硬件不能满足日益发展的电子档案工作的需要。

电子档案管理需要大量的数字化的硬件设备，这些设备需要耗费大量的资金进行购买安装和日常维护，很多医院在硬件上的投入不够也是造成医院电子档案发展缓慢的重要原因。

第十六章 建立和完善医院电子档案管理的对策分析

第一节 建立健全医院电子档案管理机制的指导原则

医院的电子档案是医院发展历程的忠实记录者，也是医院无形资产中最珍贵的部分。不断加快信息化建设的脚步，做好医院的电子档案工作，是医院势在必行的道路。要建立健全的医院电子档案管理机制，必须有着科学地指导原则。

首先，要做好电子档案管理工作必须对电子档案的作用有着清楚的认识，只有对电子档案的本质有着清楚的了解，才能把实际工作做好。

其次，必须使用利用科学的办法不断加大对电子档案建设工作的投入，要清醒的认识到电子档案的建设不是一味的金钱的投入，加强对医院电子档案信息资源的开发利用，对于提高医院的管理水平是有着重要意义的。

第三，要有风险意识和全局观念，数字化是医院发展的必经之路，不快速进入数字化发展的快车道，就有可能被市场淘汰，所以必须有数字化改革的魄力与风险意识。

第四，必要的知识储备和人才培养是医院信息化发展的技术基础，信息化建设必须依赖高水平的新型技术人才，必须为这些技术人才提供用武之地，用他们的才华来不断提高医院信息化建设的水平。

第五加快基础化设施的建设，电子档案工作的发展离不开硬件设备的不断投入和建设，电子档案工作是一项长期的任务，所以，在电子档案建设的起始阶段，必须加快基础化设施的建设。

第二节 建立健全医院电子档案管理体系的若干对策

一、提高电子档案管理工作者的业务素质

建立健全的电子档案管理机制，快速发展医院的电子档案管理工作首先要做到以人为本，不断提高医院电子档案工作者的业务水平，提升医院电子档案的服务水平。电子档案管理者是医院电子档案工作的主力军，必须不断提高管理者的主体意识、服务意识、业务水平、文化技术水平和实际操作能力。医院的电子档案工作者是医院档案工作成败的决定因素，电子档案工作人员业务水平的高低往往决定了医院在电子档案工作上的水平和质量。档案技术随着时间的发展不断地变化，这些新技术新设备的出现，对电子档案的工作人员也提出了新的要求。

第一，医院的电子档案工作者必须具有高度的爱岗敬业的品质和优秀的医德医风。医院的电子档案工作归根结底来说还是一项服务性质很强的工作，随着时代的发展，电子档案取代过去普通的纸质档案成为医院档案的主力军，这些电子档案必须能够很好的为医院医疗工作提供良好的技术支持与服务，在现代化的医疗体系中，一份电子档案往往涉及到医院众多的临床医技科室以及行政管理科室，者就要求医院的电子档案工作者必须具备高度的爱岗敬业精神，能够积极准确及时有效的服务于医院的众多部门，同时为这些部门工作的顺利开展提供良好的服务。医院的电子档案工作者在日常工作中要尽力的保证电子档案的全面性、原始性和准确性。同时应该具备一些医学、法律和行政管理的知识，这样才能够在档案的管理工作中可以确保文件来源的真实性和可靠性，从而为电子档案的使用者提供有力的理论保障。

第二，医院的电子档案工作者需要具备发展的眼光和开放的思维，顺应时代的发展，要突破原有的档案管理模式，在新形势下不断的创新发展。一名档案工作者的创新精神是他工作不断发展的原始动力，通过创新不断解决

医院电子档案在新形势下遇见的困难，提高电子档案的准确性、及时性和安全性。

第三，增强医院电子档案工作者的服务意识，不断为使用者提供良好的使用体验。要变被动为主动，不断改进服务理念，拓展服务的思路和领域，增加服务领域。及时收集信息反馈，进而不断改进电子档案工作。第四，在提高业务水平的同时也要不断的增强法律意识，特别是作为临床一线的电子档案工作者，会涉及到很多跟法律有关的电子档案文件，这就需要档案工作者具备过硬的法律知识，保证电子档案的使用合理合法。

第四，作为一名医院的电子档案工作者还需要具备良好的科学文化技术水平。电子档案工作中接触最多的就是文字类的电子档案，如果没有良好的文字功底的话，很难对大量的电子档案进行有效合理的归档工作。另外，还有大量的声音、图片、影像类的电子档案，这些档案的格式更加的纷繁复杂，所以科学文化知识的储备在电子档案的工作中有着非常重要的作用。

第五，电子档案管理者应该具备一定的医疗知识。医疗工作是医院的中心任务，电子档案的内容大部分都离不开医疗，如果没有一定量的医疗知识储备，在日常的档案工作中会有非常多的因为内容理解错误导致的归档错误。

第六，在熟练使用数字化设备的同时还要具备扎实的传统档案管理业务的功底。在数字化的新形势下，一方面要大力发展电子档案建设工作，另一方面也要把传统档案管理工作中好的经验使用到电子档案管理工作中，同时根据电子档案的特点不断探索技术上的突破。

第七，电子档案管理工作者应该具备良好的人与人沟通的能力。在日常的电子档案工作中少不了和电子档案提供者和使用者之间的沟通，行之有效的沟通方式可以使电子档案的归档和管理工作变得非常的顺畅，同时也可以从电子档案使用者那里及时了解到用户的反馈，为电子档案管理工作的发展提供灵感。

第八，电子档案工作者应该具有自我提升的能力，因为电子档案工作随着信息技术的发展自身也在不断的发展，电子档案工作者要适应这种技术的发展步伐，具备自我提升的能力，不断地学习新技术新知识。

二、增强电子档案工作者的服务意识，提升服务质量

医院的电子档案工作者必须树立服务意识，一切的电子档案工作都是为了更好的服务于医院的临床工作，服务于患者。电子档案不能只是简单把之前的纸质档案数字化，而是要利用数字化的优势，通过临床的实际工作，包括诊断、检查、手术等等各种途径获得患者病症的第一手资料，在患者信息共享的基础上，积累大量的电子档案数据，从而在医院内部科室，医院与医院之间，医疗机构与医疗机构之间建立起一种信息共享的平台。电子档案工作者要时刻牢记高质量的电子档案是共享平台的数据基础，这一切的数据采集和积累都是为了提高医疗的效率和效果。

增强服务意识，提高服务质量就要在日常的电子档案工作中不断的发现需要改进的地方，为电子档案的建立者提供更快捷的提交途径，更高质量的进行档案归档工作，为电子档案的调阅者提供更加全面、快速的检索途径。

由于医疗行业的特点，医院的数据平台也很多，在不同的数据平台之间共享电子档案，最大程度的使患者就医便捷，为一线工作的临床医护人员提供高效快捷的服务，为医务管理人员提供监控及质量分析的数据基础。充分发挥新形势下信息技术的优势，提高医院的科技核心竞争力。

提升服务质量就必须不断的优化电子档案的工作流程，在电子档案信息的采集、传输、使用的各个途径中最大限度的提供资源共享，以方便使用者提高工作效率。通过对现有流程的不断改进，部分城市的医院开始实行门诊分时段预约挂号，患者可以通过互联网、手机应用程序和电话三种途径进行就诊前的预约挂号，同时利用微信平台对医院的科室、专家、新技术新项目进行介绍。在实际就诊中，使用社会劳动保障卡和居民健康卡这两种介质卡的市民，在医院收费窗口充值后，就可以在检查检验、药房等科室直接刷卡付费，从而省去了反复排队缴费的麻烦，大大节约了患者盲目等待的时间。只要持有社保卡或居民健康卡就可以在全市的任何一家医疗机构看病，再也不需要反复办理就诊卡。最终达到智慧医疗的目标：

一人一卡，一生享用，联网医院，一卡通用。目前有的医院已经在抽血

处、检查科室（X 光、CT、核磁等）、药房的工作站、口腔科、皮肤、眼科等门诊科室增设了划卡和扣费的窗口，只要卡上的余额足够，就不用到缴费窗口重复排队缴费了。为了给患者提供更省时、更方便、快捷的就医环境。从根本上改变了过去起早甚至是提前一天就开始排队挂号的现象，极大的方便了患者就医，减少了患者就诊的时间，提高了工作效率。在提高患者就诊体验的同时也使得医院有了更快的运行效率，在有限的资源的前提下，医院也可以获得更多的利润，使有限的资源发挥出更大的效力。这些工作效率的提升离不开医院的信息化建设，同时也依赖于医院的电子档案建设，每日大量的电子数据需要进行汇总。这些数据的保存对医院进行门诊工作的分析也起着重要的作用。

三、大力加强对医院电子档案保护的安全措施

信息技术飞速发展，电子档案存储的媒介也在不断的改进，硬盘、光盘以及现在流行的云存储。目前医疗系统的电子档案也基本储存于这几种媒介之中。

虽然随着科学技术的不断进步。这些媒介的容量不断提升，存储的稳定性也得到很大的改进，但是作为物理的存储介质，其运行的长久性始终是存在风险的，单一存储介质的存储方式对于珍贵的电子档案资料来说风险还是很大的。

目前照片存储方案采用了四种存储方式，这种多方存储的做法在很大程度上规避了安全隐患，是珍贵的照片资料可以长久的保存下去。这四种存储方式分别为：

第一，硬盘式的存储，照片在进行拍摄之后保存在相机的存储卡中，相机的存储格式一般设置为 RAW+JPEG 的方式，这种记录方法每次按下快门会产生两个图片文件，分别为 raw 和 jpeg 的格式，虽然这种记录方式会产生较大的数据量，但是避免了某些重要场合突然发生的事件无法及时完成高质量的拍摄的缺陷，RAW 格式的照片记录下了按下快门的一瞬间拍摄场景的大

量信息，方便后期对照片进行无损的修改，同时 peg 格式的照片体积小，方便及时进行预览。这两种格式结合的照片拍摄格式为高质量的照片电子档案的建立提供了有力的技术保障。在照片拍摄完成后及时导入到电脑中，目前有些医院的照片存储电脑使用的是苹果公司生产的 IMAC 的台式电脑，这种电脑采用的是苹果的混合硬盘解决方案 Fusion Drive，这种硬盘既提高的数据的读写速度，又具有大容量的特点。照片在备份到电脑之后，有照片的电子档案管理员和拍摄者共同进行照片的筛选、删除、修改等工作，之后把符合要求的照片进行关键词的标注，包括参见活动的人物、照片中事件发生的时间、地点、以及发生的主要事件，之后存储在电脑硬盘之中。对于每日的照片存储工作完成之后，使用备份硬盘利用 mac os 系统的 timemachine 工具对这个电脑进行备份。同时利用第二数据备份硬盘对数据中的照片部分进行备份。这些存储在硬盘中的照片可以说已经是三保险，很大程度上提高了照片电子档案的安全性。

第二，光盘存储，每月一次集中的对已经存储在硬盘中的照片进行集中的备份，这些照片被分批的刻录到光盘中，光盘作为相对便宜的存储介质来说，具有长时间的保存价值。

第三，网盘存储，对需要存档的照片上传至网盘中专门的账号中，这种存储方式不仅增加了安全性，同时还为不同地点不同电脑对照片的调取使用提供了很大的便捷，只要使用者持有账号和密码，在连接了互联网的电脑中就可以登录网盘，对照片进行调取。

第四，每年一次的上交档案室的备份，一整年的照片集中交至院档案室中进行存储。

以上这四种方式的存储方案有力的保证了医院照片电子档案的安全。这种存储模式同样也适用于文本类的电子档案文件和影像类的电子档案文件，当然，影像类的文件具有比照片文件大得多的存储空间要求，要做到多方面备份就需要更大容量的存储介质。

在保证电子档案存储长期有效的同时还要注意保证存储介质的长期使用，数字格式档案的格式具有更高的便捷性的特点，但是其兼容性也是一个必须要解决的问题,目前稳妥存储的电子档案能否在几十年后继续可以使用,也是摆在人们面前的关于电子档案安全性的重大问题。比如一张刻录在光盘上的电子档案,10 年后它还保存的完好无损,但是有可能到时候已经无法找到读取光盘的机器了,因为随着数字技术的快速发展,光驱到时候已经被淘汰了,那么就要求我们为了保存一份可以长期有效的电子档案,必须当一种介质面临淘汰时,及时的将数据转移到新型的存储介质中,这种数据的迁移必然会具有很大的工作量,但是为了保证电子档案的安全,这也是必须要进行的一项工作。

大力加强防火墙访问安全防护方面的建设,防火墙作为医院内部网络与外部网络之前的安全屏障,其作用是不可小觑的,也是医院电子档案管理中最基本的网络安全设施。成熟的防火墙应该具有以下的安全特性:

1.经得住时间的考验,有着良好的业绩表现。

2.同时具备独立的硬件设施和程序软体。

3.具备有全状态监测系统。

4.在管理功能上得设计要方便快捷。

5.具备方便的权限划分功能。

6.具备大数量的连接数的功能,可以对用户进行分组管理。

7.可以不断升级防火墙。

8.对本地管理和远程操控都由很好的系统支持。

9.实时告警功能等等。

防火墙除了要被使用在内网和外网之间,在内网的具备不同的安全等级的系统之间也应设置防火墙。

积极建设网络入侵检测防御系统,网络入侵检测防御系统需要被设置在电子档案管理里系统数据存储设备之前,当有网络入侵的情况发生时,不论共计的源头在哪里,都可以对电子档案数据提供强有力的保护措施。在医院电子档案管理系统的数据中心,为了保证日常访问业务的正常进行,网络入侵防御设备应该具备专门的硬件设施,以确保其高速的处理问题的性能。另外,网络入侵检测防御系统除了对于外来信息的检测防范之外,还要对自身保护的数据进行检测，以保证进入和出去的数据都具备安全性，做到双向保护。

建立网关病毒防御系统，以往我们对病毒的查杀方式基本都属于一种被动式的操作方式，即当病毒已经对系统造成感染之后，我们才开始进行查找处理病毒。这种方式对系统安全是一种极大的威胁，风险很大。并且当我们在对系统进行病毒查杀的时候会占用掉大量的系统资源。所以我们在建设医院的电子档案管理系统的时候要抓住病毒主要依赖互联网进行传输的特点，把病毒的防御阵地提前，建立网关病毒防御系统，对进出网络的数据同时进行检查，阻止病毒的传播。

不断加强电子档案管理工作人员的安全防范意识，要制定电子档案工作人员的安全守则，特别的防范由于工作人员安全意识薄弱造成的对电子档案的威胁。很多计算机病毒的传播都是由于人为的操作失误造成的，所以要做到电子档案的安全存储就要对人为的计算机操作做出安全事项的规定：

首先不能在电子档案专用电脑中安装规定以外的电脑程序，特别是互联网上下载的盗版软件很多都藏有病毒或者木马程序，这些程序很多隐藏的很深，不易发现，但是攻击性却很强，很容易造成系统的瘫痪和数据的破坏。

其次应该避免使用电子档案专用电脑进行外部网络的访问。一旦连入外网进行访问就很有可能被网络黑客锁定，进而进行网络非法访问，造成电子档案数据的泄露或者丢失。

第三切断病毒传播的途径，比如 U 盘和移动硬盘。第四对于自己不清楚不熟悉的文件不要轻易的打开，避免一些诱惑性欺骗性很强的病毒被误打开。

四、以法律为基础建立电子档案的安全机制

一套有效的电子档案的安全机制必须是建立在法律的基础之上的，所有的电子档案工作要遵守法律法规，杜绝一切有意或无意的对电子档案的破坏活动。同时对故意进行电子档案信息破坏的不法之徒产生震慑的作用。

医疗机构每天会产生大量的和患者个人隐私有关的电子档案，这其中又

有很多事具备法律用途的，所以安全机制的建设就显得尤为的重要了。

电子档案的安全机制可以使电子档案工作做到有法可依，有理可循。另外，合理的电子档案安全机制还可以当问题和矛盾发生时作为约束来将其解决。

医院的工作以患者的治愈为最大目标，在整个治疗过程中会产生大量的电子文档，医院一般只是保存和医疗相关的电子文档，其他衍生出来的很多信息文档则往往被忽视，不进行保存但也没有及时的销毁，这种做法也会对电子文档的安全性造成一定的影响。有了电子档案管理的安全机制就可以从根本上杜绝这种现象的发生，从而达到保存电子档案完整性的目的。由此可见，一套完整的电子档案安全机制在医院的电子档案日常工作中是非常有必要的。

提高整个医疗行业的档案工作意识，加强档案管理工作的力度。有效的电子档案信息安全体系的建立需要所有医疗工作共同努力来实现。不断加大对电子档案安全机制法律法规的研究力度。

医院电子档案的工作关系到广大人民群众的切身利益，国家也应该制定专门电子档案方面的法律法规，来约束和保护电子档案工作。

电子档案系统安全稳定的运行既关系到电子档案数据的安全，同时也关系到需要调取这些数据的部门和个人正常工作的开展。因此关系到电子档案存储的设备都应该具备很高的安全性。例如电子档案管理使用的网络系统、电子档案存储硬盘、服务器以及软件部分等。